本书为国家社科基金重大项目"网络空间社[...]
（项目编号20&ZD299）的部[...]

高 虹 著

非话题型流行语的理解与翻译：语用认知阐释

南京大学出版社

图书在版编目(CIP)数据

非话题型流行语的理解与翻译:语用认知阐释/高虹著. — 南京:南京大学出版社,2024.7. — ISBN 978-7-305-28257-7

Ⅰ.H034

中国国家版本馆CIP数据核字第2024TS4937号

出版发行	南京大学出版社
社　　址	南京市汉口路22号　　邮　编　210093
书　　名	**非话题型流行语的理解与翻译:语用认知阐释** FEI HUATIXING LIUXINGYU DE LIJIE YU FANYI: YUYONG RENZHI CHANSHI
著　者	高　虹
责任编辑	董　颖　　　　　　　　　编辑热线　025-83596997
照　　排	南京南琳图文制作有限公司
印　　刷	苏州市古得堡数码印刷有限公司
开　　本	880 mm×1230 mm　1/32　印张 8　字数 208千
版　　次	2024年7月第1版　2024年7月第1次印刷
ISBN	978-7-305-28257-7
定　　价	55.00元

网　址:http://www.njupco.com
官方微博:http://weibo.com/njupco
官方微信号:njupress
销售咨询热线:(025) 83594756

* 版权所有,侵权必究
* 凡购买南大版图书,如有印装质量问题,请与所购
　图书销售部门联系调换

目 录

第一章 导 言 ………………………………………… 1
 1.1 研究对象 ………………………………………… 1
 1.2 研究背景 ………………………………………… 4
 1.3 研究目标 ………………………………………… 10
 1.4 研究方法 ………………………………………… 13
 1.5 本书结构 ………………………………………… 15

第二章 文献综述 ………………………………………… 17
 2.1 流行语的界定 …………………………………… 17
  2.1.1 词典定义 ………………………………… 17
  2.1.2 文献定义 ………………………………… 21
  2.1.3 流行语和新词、热词的意义辨析 ………… 27
  2.1.4 本研究工作定义 ………………………… 33
 2.2 流行语的多种研究 ……………………………… 39
  2.2.1 流行语的特征研究 ……………………… 39
  2.2.2 流行语的流行原因研究 ………………… 41
  2.2.3 流行语产生途径研究 …………………… 43
  2.2.4 流行语的构成方式和特点研究 ………… 44
  2.2.5 流行语的传播研究 ……………………… 45
  2.2.6 流行语案例研究 ………………………… 48
 2.3 流行语的多学科研究 …………………………… 49

2.4　流行语的翻译研究…………………………………… 51
　2.5　小　结…………………………………………………… 53

第三章　理论框架………………………………………………… 55
　3.1　关联理论………………………………………………… 55
　　　3.1.1　关联原则…………………………………………… 57
　　　3.1.2　话语理解的解码和推理…………………………… 60
　　　3.1.3　明说、暗含和弱暗含……………………………… 64
　　　3.1.4　关联性：加工代价与认知效果…………………… 67
　3.2　关联制约下的语用认知………………………………… 73
　3.3　词汇语用学的研究……………………………………… 75
　　　3.3.1　词汇语用学概观…………………………………… 75
　　　3.3.2　词汇意义在不同语境中的语用充实……………… 78

第四章　研究设计………………………………………………… 84
　4.1　研究问题………………………………………………… 84
　4.2　语料收集………………………………………………… 87
　4.3　语料分析………………………………………………… 88

第五章　流行语的语用意义解读………………………………… 93
　5.1　交际中会话含意的推导………………………………… 93
　5.2　语用意义………………………………………………… 96
　5.3　语用意义的维度………………………………………… 100
　　　5.3.1　语用意义的概念维度……………………………… 103
　　　5.3.2　语用意义的人际维度……………………………… 105
　　　5.3.3　语用意义的修辞维度……………………………… 109

5.4　流行语个案分析：山寨的语用意义 …………… 112
　　　　5.4.1　山寨的词汇意义 …………………………… 113
　　　　5.4.2　流行语"山寨"的概念维度 ………………… 114
　　　　5.4.3　流行语"山寨"的人际维度 ………………… 117
　　　　5.4.4　流行语"山寨"的修辞维度 ………………… 121
　　5.5　流行语语用意义的特点 ……………………………… 124
　　5.6　小　结 ………………………………………………… 146

第六章　流行语语用意义解读的认知过程 …………… 148
　　6.1　流行语理解的语用认知机制 ………………………… 148
　　　　6.1.1　对流行语明说部分的理解 ………………… 150
　　　　6.1.2　对流行语暗含部分的理解 ………………… 158
　　6.2　流行语理解中的收窄和拓展过程 …………………… 162
　　6.3　流行语理解中的隐喻化过程 ………………………… 172
　　6.4　流行语理解中的认知联想 …………………………… 178
　　6.5　小　结 ………………………………………………… 182

第七章　流行语英译的个案分析 ……………………… 184
　　7.1　基于关联理论的翻译观 ……………………………… 184
　　7.2　翻译的语用维度 ……………………………………… 190
　　　　7.2.1　语境与翻译 ………………………………… 190
　　　　7.2.2　语用充实与翻译 …………………………… 192
　　7.3　流行语英译的个案分析 ……………………………… 193
　　　　7.3.1　"潜规则"英译的个案分析 ………………… 194
　　　　7.3.2　"裸×"英译的个案分析 …………………… 201
　　7.4　流行语语用充实对翻译的启示 ……………………… 207

第八章 结 语

8.1 研究的主要发现 ……………………………………… 210
8.2 研究的启示 …………………………………………… 214
8.3 研究的不足 …………………………………………… 216
8.4 研究展望 ……………………………………………… 218

参考文献 …………………………………………………… 220

附 录 ……………………………………………………… 234

第一章 导　言

1.1　研究对象

　　一个中国人如果因某种原因离开了自己所处的国内语言环境，其间也没有机会和渠道接触国内的语言环境，那么当他再次置身国内汉语的语言环境时，他很有可能听不太明白周围人说的话了。

　　网上曾经有这么一个很火的段子：

　　　　（1）青年问禅师："大师,我现在很富有,但是我一点也不快乐,您能指点我该怎么做吗？"禅师问道："何谓富有？"青年回道："银行卡里8位数,五道口有3套房不算富有吗？"禅师没说话,只伸出了一只手,青年恍然大悟："禅师是让我懂得感恩与回报？""不,土豪……我们……可以做朋友吗？"

　　　　　　　　　　　　　　　（网易新闻2018年10月26日）

　　这里"土豪"的含义与人们长期以来对"土豪"一词的理解是否一样？汉语词语"土豪"的由来是有历史背景的。南朝梁开国功臣沈约撰写的《宋书·殷琰传》中有："叔宝者,杜坦之子,既土豪乡望,内外诸军事并专之。"到了中国近现代,最为人熟悉的"土豪"一词当属与军阀、官僚、劣绅等并列的地主阶级剥削者的称呼,显然例(1)中的"土豪"不具有类似的含义。又如：

(2) 2022年10月起,共青团中央社会联络部联合微博校园,开展"做节约粮食践行者"主题活动,邀请全国青少年一起践行节粮理念！千所高校、百万学子参与,广泛运用新媒体的内容形式,号召青少年学生加入"光盘一族"。活动一经推出就引爆全网,约602.3万微博用户参与本次活动。

——腾讯新闻2023年2月1日

加入"光盘一族"并不是指他/她热爱购买或收集那种人们所熟悉的、可以播放文字、声音和图像的存储器。再如:

(3)《我的儿子是奇葩》是由安徽广播电视台、浙江华谊兄弟影业投资有限公司联合出品的一部都市话题喜剧,讲述了生长在江南小镇的江波、楚汉民、何花三个好朋友,大学毕业,闯荡京城,为事业、为爱情、为父母的面子、为光宗耀祖,拼尽全力的北漂生活。

——百度百科

该例中,说一个人是"奇葩"是夸还是骂呢？另如:

(4)近日,北京一男网红穿女装进女浴室拍照,并配文"进女浴室怎么了"。2月9日,@平安北京朝阳通报：该男子以女性装扮进入朝阳区某酒店女宾浴区更衣后,到公共休息区域自拍照片并发至本人社交平台账号,以制造话题、赚取流量。目前,该人已被依法行政拘留。经查询,该男子在多个平台有10余万粉丝。

——新浪看点2023年2月9日

该通报中被依法行政拘留的李某某想要赚取的"流量"到底指

什么?

诸如此类的话语数不胜数,让人疑惑不解。这种情况正在发生,也会继续发生下去,原因很简单:我们赖以生存的语言正不断地发展变化着,新词语和新语义随着社会的发展和交流的需要不断出现,不身处其中,几乎就无法完全跟上其发展的步伐。一段时间内与语言环境的脱节,势必造成对语言发展变化的滞后认识,语言交流中的不解、误解甚至中断也就在所难免。

上面所列举的四个词语,都被收录在《咬文嚼字》编辑部不同年份发布的年度十大流行语中。既然是当年的流行语,那么一定反映了当年的社会语言生态,折射出人们的心态和价值取向,也一定被赋予了更丰富、更新鲜的内容:在例(1)中"土豪"摇身一变成为暴发户的代名词,对于无权无势无钱的人而言,"土豪"反映出人们对有钱人既鄙视又羡慕的心态;在例(2)中,事件的背景源于北京一家民间公益组织在2013年1月发起"光盘行动",倡议市民就餐后打包剩饭,"光盘"离开。随后,中央电视台《新闻联播》号召大家"节约粮食,从我做起";"光盘行动"席卷全国;例(3)中的"奇葩",原指珍奇而美丽的花朵,通常是用来比喻不同寻常的优秀文艺作品,而此处则用来比喻某人某事或某物十分离奇古怪,含有揶揄和调侃的意味。至于例(4)中的"流量",原是一个物理学名词,指流动的物体在单位时间内通过的数量;而在网络时代,指在一定时间内打开网站地址的人气访问量;流量的多少与经济利益密切相关。

流行语游离于常规词语或语言表达之外,又与常规语言表达息息相关。不管人们对它们认可与否、喜欢与否,没有人可以完全绕开它们、把它们从日常生活中彻底清除。流行语的不断出现已经成为我们语言生活的常态。鉴于此,人们开始关注流行语,对流行语展开了多角度的研究,其中有语言研究的学者,也有普通语言使用者。把流行语作为语言研究的对象,不但是对语言发展变化的记录,也是对国家语言现状的规范和发展提供的具有参考价值的资料。除此之外,权威机构或媒体评选的年度流行语都会在每一年的年底发布,俨然成为当年最受关注和最具影响力的社会重大事件和人们生活状态的风向标,对它们进行研究和解读必然可以帮助我们了解国情和民生,紧跟时代的发展。与此同时,流行语的研究也为世界了解中国的发展变化提供一个可以看见其最独特风景的窗口,是跨文化交往和不同国家、民族间消除误解、求同存异、互相尊重和包容、相互间沟通和理解的重要载体和渠道。

在多元文化发展和个性解放的社会大背景下,本书把流行语作为研究对象,探究其对传统语言的创新,同时可以借此知晓当代人的生活状态、社会情绪和价值判断。在本书中,流行语将会基于语境、交际目的等因素来进行研究,因而本研究中的流行语不是孤立地以词汇的形式出现的,而是被置于话语和语境中来看,突显它们简洁明了、易记易传、标新立异、俚俗奇巧、反讽隐喻、富于张力、复制简便、类推性强等特性,找寻出它们能够广泛流行的理据。需要指出的是,本书中研究的流行语并不囊括广义流行语范围内的所有类型,而是选取更具有研究意义和价值的狭义部分进行分析,选取的标准将在后文做详细阐述。

1.2 研究背景

目前的中国,乃至全世界,都正处于社会的飞速发展时期。当前的语言环境正处于一种变化莫测的阶段。新的词语和用法层出不穷,词典编纂远远赶不上更新的需求,而对流行语的研究开始大量涌现。这是一种趋势也是一种必然,一个民族和国家的通用语言需要稳定和继承,也需要不断更新。新的词语和流行词语的出现让我们看到了语言的活力和生命力,也体会到对此进行系统研究的必要。对每个年代的流行语或新词进行检测、统计和发布,可以从语言的角度表达人们的价值观念和文化心态,真实地映照出社会现象和时代变迁。现在是记录国家语言文字的规范、丰富和发展的极好时机。

20世纪90年代初,北京语言大学的张普教授开始提出建立"大规模现代汉语动态语料库"的计划,意图跟踪现代汉语的动态变化。进入21世纪,北京语言大学DCC(Dynamic Circulating Corpus)博士研究室成立,通过网上下载的方式,逐步形成了基于报纸语料的"现代汉语动态流通语料库",所选取的是发行量排在最前面的100种报纸里的10种发行量最大的报纸(综合参考其他因素选取),后来又增加到15种[①]。他们开展了"中国主流报纸十大流行语跟踪与发布研究",并从2002年起,每年发布一次。2004年,由教育部语言文字信息管理司牵头,又与教育部语信司合作共建了"国家语言资源监测与研究中心平面媒体分中心",使动态语言知识更新的研究得以更好地发展。截至2022年12月31日,北京语言大学联合国家语言资源监测与研究中心以及其他媒体或科研机构共发布了21次年度十大流行语,包括综合类、其他分类别(行业类和专业类)以及当年热点专题类(如2008年的"奥运专题",2010年的"世博专题",2020年的"抗疫专题")。其中2002—2005年的发布名称为"中国主流报纸十大流行语",2006年为"中国报纸、广播、电视十大流行语",从2007年开始改为"中国主流媒体十大流行语"(见附录1)。

纵观2002—2022年总共21年发布的流行语的分类,可以看出具有以下几个特点:

---

① 这15家主流报纸是(按音序排列):北京青年报、北京日报、北京晚报、法制日报(2020年8月1日更名为《法治日报》)、光明日报、广州日报、南方周末、华西都市报、钱江晚报、今晚报、人民日报、深圳特区报、羊城晚报、扬子晚报、中国青年报。每年的文本数量为90万—100万左右,语料字数为6亿—7亿。从2006年起,年度流行语提取的语料来源增加了电视台、广播电台和门户网站的文本和语料;以2007年为例,该年度流行语的提取语料的内容包括15家主流报纸语料库,5家主流广播电台,9家主流电视台的有声语料库,5个门户网站,共计14.9亿字、1 564 949个文本。本研究对每一年度的语料来源不一一列举。

一是时政、时事和经济类都是每年的焦点。年度流行语使人们感受到了影响国计民生的一些重大事件或决策,以及由此带来的人们生活方式和思想观念的某些变化。

二是随着流行语统计工作的深入,近几年来开始出现了强化专题的趋势,显示了流行语对某一特殊事件的实时反映以及在广大民众中所产生的巨大影响力。如2004年在"国内时事类"流行语中出现了"食品安全"一词,之后在2005—2009年间连续发布了与食品安全事件相关的流行语。2011年干脆把"食品安全"单独列出,发布了"食品安全专题十大流行语"。

三是每年发布的流行语越来越涉及文化、社会生活等关乎民众日常生活的方方面面。年度流行语俨然已经成为了解我们国家每一年发展变化最快捷、最有效、最精准的途径。

与此同时,《咬文嚼字》期刊编辑部从2008年开始,在每一年都广泛收集社会语文生活使用中的高频词语,约请应用语言学界的专家、学者进行评议,确认每年的十大流行语,到2023年年底为止,发布了16次,总共160个词语。

与北京语言大学等多个媒体每年联合发布的年度流行语相比,《咬文嚼字》编辑部每年发布的十大流行语一直都坚持自己的选择标准,对每年出现的纷繁多样的流行语有自己的取舍。《咬文嚼字》的选择标准依照了三条原则:第一,重视语词的创新度,纯新闻性词语(如"表叔""刘耕宏女孩"等)不选;第二,重视语词的规范度,以谐音、游戏或非常规缩减等手段创造出来的词语(如"童鞋""喜大普奔""绝绝子"等)不选;第三,重视语词的文明度,格调不高、低俗不雅的词语不选。

综合评价北语和《咬文嚼字》发布的流行语,可以看出两者的发布都主要以词语作为流行语的语言单位,尤其是北语的发布,包括了专有名词,另有少量词组,而《咬文嚼字》的发布则有多种语言单位,包括句子。对于词语则更倾向于选择单一的词或词素,因此在此基础上更具有扩展性。北语的流行语发布更强调从事件性和社会性的角度进行选择,而《咬文嚼字》的发布则更强调从语言性的角度进行选择,因此,后者的发布具有更高的语言研究价值。事实上,在两者的年度发布中,有一些流行语是重合的,这些在两处都上榜的流行语,往往更具有代表性,兼有社会性和语言性的特征和研究价值,值得重点关注。

多个机构和媒体频繁发布的流行语不仅仅是对社会生活中语言使用的总结,与文化之间也有着密切的联系,离开社会文化背景,流行语在语言体系中至多只是一种新兴词汇、一种新的格式用法;一旦结合其产生的背景、使用的环境等一系列社会文化条件后,这些新词语、新格式就可以被解读出丰富的内涵。在这个大背景下,流行语的研究蓬勃开展起来。除了研究语言和文化的专家学者,甚至普通大众都开始对流行语表现出浓厚的兴趣。专业和非专业的研究者从各自的角度对自己所感兴趣的流行语的方方面面进行或深入或粗浅,或细化或宽泛的探讨,有的是做简单的归纳和总结(如陈芳,1999;郭大松,陈海宏,1999;劲松,1999;张颖,马连湘,2003;丁柏铨,2005;肖丹青,2012;曲质斌,2020;岑泽丽,2020),有的是阐述和解释(如张辛欣,娄瑞娟,2010;夏中华,2010;张蕾,2011;夏中华,2012;杨全顺,2020),有的是个案的分析(如蔡晓,2008;刘斐,赵国军,2009;缪俊,2009;陈文博,2010;郑庆君,2010;周统权,杨静,2010;张雪梅,陈昌来,2015;乔彩,2018;马若宏,杜敏,2021),有的是对流行语研究某一维度的论述(如周洪波,1994;曾常红,2004;杨建国,2004;夏中华,曹起,2004;辛仪烨,2010;崔蓬克,2012;岳好平,黄钰涵,2018;杨娟,曾贤模,2020),还有的是从其他学科的角度延伸出的与流行语相交部分的研究(如任荣,2004;杨建国,2004;顾源,2009;李玉洁,2009;刘晓丽,2010;孙冬惠,张恒军,2018;杨薛颖,2022;冯青,2022),诸如此类不一而足,后文将对此作详细论述。

流行语研究的历史并不久远,而另一个与流行语有部分类似特性的语言现象——新词的研究则可以回溯到20世纪三四十年代,之后的五六十年代,新词语研究和整理初具规模(刘晓梅,2003)。新中国成立之初,文化需要普及、现代汉语需要进一步规范化,这时期的新词语研究偏重于词汇规范问题。但是从词汇学的角度来看,当时的新词语研究已经有了一个相对成熟的模式,并有学者提出"新词语并不单指新造的词",也可以赋予旧词以新的意义和新的用法,或者以旧词为基础另造新词(向超,1952)。此后的八十年代开始,中国进入改革开放,出现了大量关于政治决策和经济类的新词,"及时编写新词词典"成为"一项重要任务"(王德春,1980),便于"及时记载新词新义"(王德春,1981),并且倡导"大家来关心新词新义"(吕叔湘,1984)。到了今天,新词语的研究进入了一个相对繁荣的阶段。人们创造、使用新词语新用法是表现出几种社会心理:求新、求雅和类推心理(徐幼军,1988);与"求雅"相对的"求俗"心理(刘一玲,1993);"趋和谐"心理(王铁琨,1988);"游戏"心态(徐默凡,2012)等。还有学者从宏观视角探索新词语的显现(王希杰,1990;周洪波,1994)、推广(语用所课题组,1993)、预测(周洪波,1996)、隐退(王铁琨,1999)以及新词义的深入(李行健,1994;周洪波,1996;王珏,1997;范可育,1993)等等。

不可否认,在当代的流行语中,有一些是属于新词的范畴,因此新词的研究可以给流行语研究提供参考和思路,也是流行语研究的学术基础。

流行语的研究始于改革开放之后,繁荣于新媒体和网络的兴起。"社会的发展变迁必然会在语言的词汇里留下反映各个时代特色的词语,起着历史见证的作用"(沈怀兴,1992),而流行语则是投射这种历史的显示器,它所反映的社会生活变化最积极、最准确、最快速。

回顾近三十余年的流行语研究及其成果,我们可以大致得出以下特点:

第一,流行语的研究形式丰富。首先,出现了一些研究流行语的专著,如《北京现代流行语》(周一民,1992)、《流行语漫谈》(林伦伦,2003)、《流行语与社会时尚文化》(黄涛,2003)、《流行语折射的网络文化》(仓理新等,2012)、《当代流行语研究》(徐朝晖,2013)、《面向多媒体的当代汉语流行语研究》(夏中华,2016)、《网络流行语的生产与扩散机制》(蒋秀玲,2016)、《网络流行语嬗变与审视》(于鹏亮,2020)、《当代流行语的社会价值研究》(宋子然等,2021)等。其次,涉及流行语的辞典更为丰富,如《当代中国流行语辞典》(熊忠武,1992)、《五十年流行词语(1949—1999)》(郭大松等,1999)、《最新流行语小词典》(亢世勇,2002)、《上海流行语辞典》(阮恒辉等,2003)、《中国当代流行语全览》(夏中华,2007)、《100年汉语新词新语大辞典:1912年—2011年》(宋子然,2014)、《新时期网络流行语汇释:2008—2019》(杨全顺,2020)等。再次,大量对流行语进行更深入更广泛研究的学术论文,涉及流行语研究的方方面面,真实全面地反映了当前流行语研究的现状。

除了传统的出版领域,网络上对流行语的探讨和研究也异军突起,形式多样,从多个角度为流行语的研究提供了语料和参考,如专门性报道、媒介机构倡导发起的相关讨论、网民自发兴起的讨论和流行语收集活动等。这些探讨不仅具有极强的时效性,真实反映了现时代流行语的面貌,而且分析角度灵活思辨,体现了流行语使用者的真实感受,与学术界的讨论相映生辉。

第二,流行语的研究成果丰硕。以"流行语"作为关键词检索中国知网,截至2022年12月底,可以找到包括学术期刊、报纸、学位论文和会议论文在内的9915个结果,其研究内容几乎涵盖了所有在某一时段广为使用和传播的流行语,对其进行来源探究、含义分析和使用总结,包括对某一特定流行语的研究,如"雷""山寨""被××""破防""一言不合就××"等的研究,对一系列有共性的流行语的研究,如"校园流行语""体育流行语""影视流行语"研究,对流行语现象一段时期的概述研究,如"十年流行语研究""三十年流行语"等;研究角度也越来越具有多元的视角和跨学科的性质,如传播学视角、语言学视角、新闻学视角、社会学视角、心理学视角、动态流通语料库视角等,其中,单单是语言学视角就可细分为社会语言学视角、生态语言学视角、认知语言学视角、符号学视角、语用学视角、语言变异视角、语音视角、修辞视角等等;从研究的目的看,流行语的研究除了对这一多彩的语言现象进行剖析、解释和预测,还有如何译介的问题。

对流行语的研究正持续引起社会各个参与主体的广泛关注,已经有了不少丰富多彩的研究成果;但流行语的特性应该是其在使用中的意义解读和使用效果,而在现有的研究中,却缺乏对其解读认知机制和认知效果的研究内容;流行语使用对于交际场景的依赖性,决定了其解读必定是语境化的,其内涵应该是语用意义,而非话语意义。本书将在此研究背景下对这一部分进行探讨。

1.3 研究目标

本研究将首先对宽泛的流行语概念进行再界定,把"能产性"流行语作为研究对象,以便可以更加深入细致地了解流行语的本质属性。本研究把研究对象置于话语语境之中,基于语境和交际目的,从认知的角度来动态地研究这些流行语的理解,力求对现有的研究进行有效补充,使流行语的研究更具有现实意义。在此基础之上,以流行语的个案为例子,尝试以语用认知解读为依据,探讨该流行语的英译。本研究将以关联理论为指导原则,结合词汇语用学的语用充实方法,力图从流行语的语用意义的特点出发,探究流行语语用意义的理解机制,通过语境化了的语用充实,达到语用意义的认知效果。以语用意义的解读为前提,进而可以为流行语的英译带来一些启发。

具体来看,本研究有以下几个方面的目标:

(一)对广义的流行语进行概念上的界定,提出狭义的(即"能产性的")流行语的定义和判定标准。流行语从开始出现起,就有过许许多多的定义。这些定义从不同的角度对流行语进行了界定,目的在于给出流行语的概念范围,提取出特征,寻找出共性,并以这些为依据,进行梳理和研究。这些定义包含了许多共性的特点,如广泛性、新颖性、高频使用性等,但也因为各个研究的侧重点不同,提出了其他特点,如研究青少年流行语,则提出"反映青少年的心理状况"(孙云梅,林巍,2006);如研究流行语的语言形式,则在定义中详细说明了是"被反复使用的词素、词、词组、短语、句子或格式"(张蕾,2011);如研究流行语使用的游戏心态,则强调流行语的"无关指称"特性(徐默凡,2012)。鉴于本研究并不涵盖广义概念上的所有流行语,因此本研究在词典和学者定义的基础之上,通过多个限制条件和属性特征的提取,给出工作定义,从而可以遴选出那些符合条件的流行语作为研究对象。这个界定的过程既是对现有概念界定研究的梳理总结,也是对本研究的预期目标思考的过程,期望通过符合本研究工作定义的流行语的研究,对现有的流行语研究进行某些方面的有效补充,并为后续的研究打下基础。

(二)对流行语的语用意义进行解读。流行语作为一种特殊的语言现象,其在话语交际中的使用也具有特殊性。语言的魅力是在使用中呈现出来的,流行语尤为如此,因此,流行语在什么情况下使用?在使用中它们的语义是如何通过语境的协助呈现的?它们是如何优于普通语言表达的?表达的含意如何在听话人之处得到合理解读?这些都是流行语使用中的根本问题。本研究试图在此方面进行一些有益的探索,从动态的使用中来找寻流行语在话语中的意义,分别从概念、人际、修辞等维度来讨论流行语在各个维度下的语用意义,进而总结出流行语语用意义的多个特点,并根据这些特点转而为流行语语用意义的解读提供指导,使含有流行语的话语交际在交际双方间更加顺畅、达意。

(三)对流行语语用意义解读的认知过程进行分析。流行语的语用意义的解读过程也遵循了语言交际中对话语意义理解的认知机制,只是更具有独特性。话语在交际中意义的理解,即话语语用意义的理解,虽然因为不同的交际对象、交际内容和交际场合,总是千变万化,似乎没有理解的规律和原则,但是有一些认知过程却是几乎所有的话语语用意义的理解都要经历的基本过程,如对词语解除歧义、确定某个词语的指称等,然后结合语境进行必要的语用充实,得出恰当的语用意义。流行语的语用意义的认知也要经历这样的过程,不过,流行语因为其特殊性还具有特定的认知过程。当流行语在特定语境下使用时,其使用的语域应该可以明确,在此基础上,可以对其语用意义进行假设,列出候选的解读项,并在关联原则的制约下,对它们的可及性程度进行排序,选择关联程度最高的那个解读。假设的过程与认知相关,如认知百科;但可及性的程度和最后的选择却是在关联原则的框架下进行的,语境提供了关联与否的依据,当付出的加工代价最小、获得的语境效果最大时,那个解读就具有最佳关联,也即为流行语的语用意义。

流行语语用意义假设的获取过程也就是语用充实过程,除了收窄、拓展等一般语用充实过程,是否还有流行语特有的语用充实过程?这些特有的过程是否与流行语的话语意义的特性密切相关?这些问题也是本研究需要关注的内容。

(四)流行语语用意义的认知解读的研究对流行语的英译提供一些启发。流行语紧密联系着中国的时代特性;紧跟流行语的产生和流行,就是紧跟了中国发展的脚步。没有什么比言简意赅、新颖别致、寓意深刻的流行语更能反映中国的现实了。不管流行语反映的现实是积极的还是消极的,社会往前发展的趋势是不会被改变的,流行语对于社会文化和语言本身的影响也是积极的,应该得到肯定。因此,对流行语进行英译,让更多的人了解中国的变化和发展也应该得到鼓励和支持。流行语因为其特殊的文化特性,往往承载了太多的文化内涵和社会背景,因此,它们的英译会更加困难重重。但是,这并不意味着流行语英译是不可能的。流行语语用意义的特性,需要流行语在英译时能充分考虑语境的因素和话语上的关联,在译出时辅以一定的阐释。本研究试图通过流行语的翻译个案分析,为流行语的英译提供一些有用的启示和建议。

1.4 研究方法

本研究将对收集的流行语语料进行分析,通过对流行语语用意义的解读,来探究其语用意义的认知机制和认知过程,并对流行语的英译提供一些启示。

流行语的语料浩如烟海,如果没有一定的收集标准,随意地收集流行语语料,将会带来一些难以解决的问题。首先,面对大量芜杂的语料将很难找到合适的角度进行分析和研究;其次,即便对大量的语料进行了某些标准下的筛选,所筛选出来的语料也仍然可能难以满足研究的需要,或是不够相关,或是不够充足,对语料进行的分析和研究也难以有效进行下去。因此,对于随处可见的流行语语料,不能不假思索、不加选择地拿来,而是要先制定某些筛选的标准和条件,并据此有针对性地进行选择和收集,这样才能使语料真正为研究所用,起到应有的作用和效果。根据研究目标,本研究的语料是狭义概念上的流行语,因此,需要在一定的标准下对大量的流行语进行选择,选取有代表性的若干流行语个案,并以这些流行语为关键词,搜索网络媒体和印刷媒体的电子版,选取带有语境的流行语语料,对这些语料进行分析。

本研究从流行语界定、语用意义解读,到语用意义认知过程探析,循序渐进,从总体上看可以采取以下几种分析方法:

(1)文献法。文献法即对现有的文献进行梳理和总结,并根据本研究的目标进行一些评价,汲取前人研究的成果,并结合自己的研究对象和研究目标,找出研究问题和研究空间所在。比如,在流行语界定的研究目标下,本研究总结和梳理了现有的英汉两种词典和中外学者对流行语概念的界定，找出共性及个性的特征，并提出在本研究下的工作定义。这一工作定义是在文献基础上进一步完善提炼出来的。

(2) 对比法。对比法是最直观呈现流行语语言特色的方法。用这种方法，可以对同一语境下，使用和不使用流行语来表达同样的语义进行比较，着重探讨因此而产生的概念、认知、修辞和交际效果的不同，由此看出流行语在话语交际中担当的特殊功能，也从侧面揭示了人们使用流行语的初衷和意图。这是共时状态下的对比。另外，以鲜活的实际语料作为分析的载体，也可以体现出在自然状态下流行语使用的动态发展过程，对比流行语使用初期和后续使用中的异同，对流行语的发展和变化的规律一探究竟。这是历时状态下的对比。对于那些经历了完整发展过程、意义和使用已经固定下来的流行语，研究它们的发展，可以从中对于新出现的流行语的后续发展状态有一个预测，并可以在后续的研究中验证发展的趋势，从而检验流行语发展的普遍规律，并对语言的动态发展观添加新的事实依据，为语言动态研究提供新的佐证。

(3) 语境分析法。语境分析法是针对语言使用的研究所用的方法，尤其是在语用学的研究中。一个语言现象脱离了使用语境来看是没有意义的。即便是词典中相对静态的语言，也无法完全脱离语境来理解其含意。作为语言中最活跃的成员，流行语的研究必定无法脱离语境来进行。通过语境的分析，我们可以了解话语交际中哪些情况下是最有可能使用流行语的，比如从话语的交际者、交际场合、交际目的等角度来看，就能够对流行语的使用特点有一个全方位的审视和考察，同时也可以反过来证实流行语本身所具有的属性与其使用特点的一一对应性。特定语境可以为流行语语用意义的选择提供依据，可以帮助排除关联度低的语用意义，甚至可以在语境中进行临时意义的构建。因此语境的分析对于流行语的研究是最关键最有效的，也是最明确的。

(4) 个案研究法。个案研究法应该是去描写客观世界的真实故事,描写的态度也应该是客观的。在语用学研究中,个案分析往往选取真实交际中的一个语言现象,跟踪它的使用背景、使用者和使用目的,收集与此相关的材料,依据某一特定的理论进行阐释。流行语在个案研究上有着天然的优势,因为任何流行语最初的出现都是因为特定的事件或人物,并在真实交际中完成的,随之而来的广泛流行也必然离不开交际。每次交际即个案。当流行语的使用最终相对稳定和固化后,其先前使用的语料即成为个案研究的背景和素材,从中可以发现其发展和变迁,找寻规律性内容。

除了以上几种本研究涉及的方法,流行语的研究还可以穿插一些其他的方法,如语料库法。通过语料库中某一特定流行语的话语语料的提取,既可以进行定量的分析也可以进行定性的分析,同时还能观察该流行语使用中的动态发展趋势。多种研究方法并不可能完全独立使用,往往是两个或多个研究方法合并使用、发挥作用,共同对流行语的研究提供有效的研究路径和方法。

1.5 本书结构

本书共分为以下章节:

第一章是导言,包括了本研究对象、研究背景、研究目标和研究方法。作为开篇的内容,本章主要对本研究的脉络进行一个大体的交代,以便能够较为清晰地呈现研究的空间和研究的指向。

第二章是文献综述,主要从流行语的界定、流行语研究的多种角度和跨学科研究,以及对汉语流行语英译的研究等多个方面,对现有的流行语的研究成果进行一个梳理、总结和评价,从而找出存在不足的研究部分,以便可以对现有的流行语研究进行一个更有意义的补充。

第三章是本研究的理论框架。一是运用关联理论,对话语理解的推理过程进行制约。流行语的语用意义的认知过程需要在关联原则的指导下进行,包括对流行语的明说、暗含和弱暗含部分的理解。二是运用词汇语用学的理论,呈现该理论之下词汇语用意义的充实过程和方式,尤其是对词汇意义的临时意义构建的论述,可以很好地帮助我们来解读话语中流行语的意义。三是运用基于关联理论的翻译观来考察流行语的英译问题。

第四章是研究设计。本章在明确了研究对象的基础上,针对研究对象的特点,提出了本研究的三个研究问题以及如何通过语料收集和语料分析进行研究。

第五章是流行语的语用意义的解读,本章从流行语的概念维度、人际维度、和修辞维度等几个方面来考察流行语的语用意义。为了使研究更具体,本章选取了若干个案分别进行以上三个维度的分析,并通过分析得出三个维度上的各自的语用意义。在个案研究的基础上,本章对流行语的语用意义特点进行了总结,得出了其区别于普通词语的独有特征。

第六章是流行语语用意义解读的认知过程的研究。本章讨论了流行语意义的语用认知机制,特别是语境对于其语用意义的作用;语境是流行语语用意义充实的依据,尤其是在其泛化过程和隐喻化过程中。这些过程都离不开流行语理解中的认知联想,在足够的语境中对流行语意义的联想,可以引出弱暗含和诗性的效果,很好地帮助我们解读流行语在语境中最适切的意义。

第七章是流行语语用意义对翻译理解的启示。本章通过对流行语"潜规则"的个案翻译尝试,探讨了关联理论视角下的语用意义对流行语翻译的重要性。通过对流行语语用意义在特定语境下的意义充实,流行语的英译应该让英语读者得到多层次的含意。

第八章是结语部分,本章对全文进行了归纳总结,提出了研究发现、研究价值和研究启示,同时也提出了研究的不足,并对今后的研究进行了展望。

第二章 文献综述

本章节将对现有的流行语研究的文献进行梳理总结,从流行语的界定、流行语的研究文献中,审视流行语研究的现状,找出现有研究的不足和疏漏,以便在可行的研究空间中尝试补缺,力争对现有的研究做出一些完善。

2.1 流行语的界定

流行语的界定似乎永远是研究者首先需要触及的问题,本研究也不例外。为此,笔者拟从多个渠道入手,提出适合本研究的界定。

2.1.1 词典定义

对于"流行",1989 年版《辞海》的解释是:"迅速传播或盛行一时。"2005 年第 5 版《现代汉语词典》的解释为"传播很广;盛行"。百度百科的解释虽然学术性存疑,但仍有一些启发意义:"一种普遍的社会心理现象,指社会上新近出现的或某权威性人物倡导的事物、观念、行为方式等被人们接受、采用,进而迅速推广以致消失的过程。流行涉及社会生活各个领域,包括衣饰、音乐、美术、娱乐、建筑、语言等。"既然"流行"的概念涉及包括语言在内的社会生活的各个领域,那么流行语也就是新近出现的反映普遍社会心理现象、事物、观念、行为方式等的语言,尤其是词汇和短语。

流行语具备流行的基本特质,同时也有自身的特点。在汉语中,"流行语"本身也是一个新词。对于"流行语",许多汉语词典并无对该词条的释义,从网络版的互动百科可以找到对"流行语"这一词条的释义如下:"流行语是一种词汇现象。从研究的角度来说,是一种词汇的分类研究。流行语,作为一种词汇现象,反映了一个国家、一个地区在一个时期人们普遍关注的问题和事物。不同时期有不同的流行语,而不同的流行语则作为社会一根敏感的神经,反映出社会的变化。"严格来说,该释义并不完全等同于定义,但是对"流行语"的内容特征给予了一定的描述。

英语中也有对"流行语"的界定。为了考察英语中的界定,首先要关注的是该词在英语中的对应词。由于关注角度和重点不同,若干不同的英文词或词组都具有类似"流行语"的含义,如:new word, fad word, catchphrase, neologism, nonce(word),其中 new word 和 fad word 简单明了地表达了"新"和"流行"的概念,其他则可以在英语词典中找到它们的释义。以下选取四种权威的英语词典,分别从中摘录以上几个词语的词典释义。

Longman Dictionary of Contemporary English 2004 年第 4 版的定义如下:

Catchphrase: a phrase, often with little meaning, which becomes fashionable and widely used for a time.

Neologism: a new word or expression, or a new meaning for an older word.

Nonce: tech (*esp*. of a word or phrase) invented for a particular occasion only.

Merriam Webster's Collegiate Dictionary 1996 年第 10 版的定义如下:

Catchphrase: an expression that has caught on and is used repeatedly.

Neologism: 1. a new word, usage or expression, 2. a

meaningless word coined by a psychotic.

Nonce: occurring, used or made only once or for a special occasion. ⟨a～word⟩

Collins Cobuild Advanced Learner's English Dictionary 2006 年新版的定义如下：

Catchphrase: A catch-phrase is a sentence or phrase which becomes popular or well-known, often because it is frequently used by a famous person.

Neologism: A neologism is a new word or expression in a language, or a new meaning for an existing word or expression.

The American Heritage Dictionary of the English Language 在线词典的定义如下：

Catchphrase: A phrase in wide or popular use, especially one serving as a slogan for a group or movement.

Neologism: 1. A new word, expression, or usage. 2. The creation or use of new words or senses. 3. *Psychology* a. The invention of new words regarded as a symptom of certain psychotic disorders, such as schizophrenia. b. A word so invented. 4. *Theology* A new doctrine or a new interpretation of scripture.

从以上的词典定义内容不难看出，汉语的"流行语"含义和英语中的几个与流行语类似的词汇有着重合的部分，但也存在着不对等现象，从语言属性、时间跨度、传播广度、内容限定、使用主体等几个方面看都有不同。

首先，在流行语是否属于词汇这一语言属性判定上，百度百科仅仅提到了语言的概念，并没有具体说明是词汇、短语抑或是句子;汉语互动百科的定义明确说明流行语是一种词汇现象。英语中列出的几个词中,nonce 是个形容词,需要与名词如 word/phrase 搭配才能表达类似的概念,即便如此,nonce word 这个短语也与汉语的"流行语"有很大的区别,因为 nonce word 强调的是临时性,是为了一个特定的情况或临时的需要而从无到有地创造出或者临时借用的词汇,并且在 *Collins Cobuild Advanced Learner's English Dictionary* 和 *The American Heritage Dictionary of the English Language* 两本词典中并无该词。相比较 nonce word,其他两个词 catchphrase 和 neologism 更接近于汉语"流行语"的含义,但并不完全等同。根据各词典对 catchphrase 的释义,该词强调了是一种表达方式,既可以是词语,也可以是短语或句子,而 neologism 的释义包含了词汇、表达和用法的多重概念。

从时间跨度上看,汉语的"流行语"强调了该词汇的使用发生在一个特定时期,并且认为,不同的时期有不同的流行语,包含了一种历时的概念。英文表达中,catchphrase 在 *Longman* 中的释义确定了"一段时间内广为流行和使用"的概念,而对 neologism 的释义都没有提到时间跨度的问题。

从传播广度来看,汉语的"流行语"本身所含有的"流行"二字,已经明确表明了传播的广度问题:一定是很流行并被人们广泛使用的词语才可以称为流行语。英文词典对 catchphrase 的释义中使用了诸如 fashionable, widely used, used repeatedly, popular, well-known, frequently used 等词或短语,反映了广为流行、高频重复、为人熟知等特性,这一点与汉语"流行语"概念中的特性是基本一致的。

从内容来看,汉语的"流行语"强调了要反映"一个国家、一个地区在一个时期人们普遍关注的问题和事物","反映出社会的变化",也就是说,流行语的内容是社会的现实问题和关注热点,载体为语言。英文 catchphrase 一词在不同的词典中释义有较大的不同。*Longman* 的释义中提到"with little meaning",这与汉语的含义几乎不一样。*Collins* 强调了"often because it is frequently used by a famous person",表明了该词的使用主体,并因为这一使用主体的特殊性以及影响力而得以频繁使用。*American Heritage* 的释义则表明该词是反映一个特殊群体为了特殊目的而使用的标语或口号性质的短语表达,与中文的"流行语"的含义相比较,似乎也有较大差异。至于 neologism 一词,各个词典都毫无例外地强调了该词含义中"新"这一特性:new word/expression/usage/meaning。这种"新"的特性体现在两个方面:一是词汇或表达本身就是新的,二是已经存在的、旧有的词汇或表达被赋予了新的含义和用法。除此之外,*Merriam Webster's* 和 *American Heritage* 都列出了 neologism 的一个特殊释义,即有精神疾病的人如精神分裂症患者所生造出的毫无意义的词语。这一释义与所要研究的"流行语"概念并不吻合,因此不作考虑。

从使用主体看,只有 *American Heritage* 提出了 catchphrase 之所以流行是因为由某一个名人首先使用,然后逐渐流行开来,并被其他人频繁使用,这一释义似乎强调的是一种名人效应的推动作用。其他词典的释义都没有对使用主体进行界定。Neologism 一词的释义中,除了我们的研究所不作考虑的"精神病患者"这一极其特殊的使用主体,没有具体涉及该词的使用主体。而中文对"流行语"一词的解释,也没有具体谈到使用的主体。但是实际上,流行语已经有了比较详细的分类研究,在对一类有共性的流行语的研究中,比如,大学校园流行语、中学校园流行语、网络流行语等,针对的其实就是不同的使用主体。虽然使用主体分属不同的类别,但是各个类别却覆盖了广泛的人群,流行的就是大众的,也就是人人都可以拥有、可以使用的。

2.1.2 文献定义

除了从词典中可以找寻对流行语一词的界定,对流行语进行研究的学者,无论其研究的对象、角度、重点有何不同,几乎都在研究的开始给出了流行语的定义,以便在后续的研究中能够由定义出发,或明确定义中的特征,或阐释定义中的原则,或从定义推导出流行语新的发展趋势。名正才言顺,在对某个语言现象进行研究时,先对其进行界定也就顺理成章了。

流行语研究成果丰富,给出的定义也数量众多。有相当一部分的定义本质是相同的,只不过在措辞上有一些细微的差别。综合来看,研究者一般从以下几个侧重点对流行语进行定义。

第一,对流行语的使用主体下定义,即使用者,如"某一人群中迅速传播、盛行"(张普,2004),"某些人"中间,主要是在"青少年中间"(胡明扬,张莹,1990;郭熙,2004),"反映青少年的心理状况"(孙云梅,林巍,2006),"青少年人群普遍喜爱使用"(丁加勇,2004),这也与人们对流行语的认识相符——年轻人总是对流行的东西最敏感最热衷。媒体和机构对流行语的年度发布,也证实了在相当大的程度上,流行语被当作青少年或者年轻一代所特有的语言现象,因而才会出现"中国青年十大流行语""大学生十大流行语""校园十大流行语"等针对特定使用主体的流行语发布。

第二,对流行语的使用范围下定义。有的定义中如"一定社群"(杨文全,2002)"特定区域"(吕勇兵,2001)的表述,都明确提到了流行语必须是在一定的区域或范围内流行的。但是,随着流行语在大众生活中越来越常见,人们对流行语的接受程度也越来越高。使用流行语并不是一种盲目的跟风和赶时髦,而是在国家社会生活飞速发展变化的新形势下一种必然并且合理的语言使用。从这个意义上说,流行语使用范围的边界已经渐趋模糊,并开始慢慢消退,扩大到了社会生活的方方面面,也扩散到所有人群中。

第三,对流行语的时间跨度下定义。"一定时期内"被反复、高频使用(张蕾,2011)作为对于时间跨度的简单规范,出现在了几乎所有对流行语的定义中。然而,"一定时期"的提法本身是比较模糊的概念,既没有提到时间的跨度长短,也没有提到时间的周期问题,因而无法给流行语的界定提供一个明确可靠的依据。什么时间点产生的可以叫作流行语？流行必须达到多长的时间跨度才能归为流行语？流行时间内有峰谷的周期特征吗？流行语是否也有诞生、成长、衰老、死亡的生命历程？这些问题都无法通过"一定时期"这样简单的表述而得以明确，因而对流行语的时间跨度问题在现有的定义中是不完整不清晰的。虽然也有研究者在定义中提到"过一段时间又为新的词语所替代而悄然消失"（胡明扬，张莹，1990）的特征，但是在后续的研究中并无给出"一段时间"的明确跨度。

第四，对流行语的传播下定义。张蕾（2011）在定义中提到"且被广泛传播"，很多研究者也在定义中不约而同地提到"迅速传播""广泛流行""广为人们传播""广为流行"等传播的特征。这一特征是不言自明的，因为"流行"一词本身的含义就是"迅速传播或盛行一时""传播很广"。然而对于流行语传播的速度和广度，即，在多快的时间内传播到多大的范围内，定义中并没有明确说明。"广泛"一词的概念其实是相对的。流行语传播的速度和广度在多大程度上影响流行语的界定，学界还没有明确的研究结果。实际上，随着网络等新媒体应用的飞速普及和深入人心，流行语的传播速度和广度已经完全超出了传统意义上语言和语言形式的传播，人们不再依靠口口相传或是传统的媒体——广播、电视、报纸——对某些热点和新的语言表达形式进行传播。网络以其无形的大面积覆盖度、便捷性、迅速性，在极大程度上代替了传统媒体对传播的影响。

第五，对流行语的内容下定义。流行语可以是一种"心理状况"（孙云梅，林巍，2006），可以是"一定时期内的焦点话语"（张蕾，2011），也可以是"一定时期内社会政治、经济、文化、环境及人们心理活动等因素的综合产物"（杨文全，2002）。毫无疑问，流行语反映的一定是当下的现实，无论是新兴的事物还是旧事物，被赋予了新的意义和新的观念、心态、价值体系等。因而，流行语内容纷繁复杂，很难给予一个明确的范围，因为它几乎触及了世界和社会生活的各个角落。对这样庞大芜杂的研究对象进行研究是一项浩大的工程,因此,流行语的研究势必要大大缩小范围,以便在某个可控的范围内对其进行可行的研究、对有代表性的个案进行研究、对最关乎公众利益和诉求的语言表达进行研究、对最能反映社会生活变迁的语言进行研究、对最能充实和发展我们自己语言的内容进行研究。通过确定标准,来筛选研究对象,流行语研究才有意义,才有可操作性,才能对社会和语言的发展产生价值。

第六,对流行语的语言形式下定义。在这一点上,无论中外的研究者,都有很多分歧。光从汉语的"流行语"这一提法,就无法确定其语言形式。"语",可以是词汇,也可以是各种语言表达形式。因此,流行语有时被认为是"词、短语、句子或特定的句子模式"(杨文全,2002),或是"被反复使用的词素、词、词组、短语、句子或格式"(张蕾,2011),流行语似乎应该包括所有的语言形式,从最基本的词素到最形式多样的句子和格式。但也有研究者把流行语的语言形式限定为"词"(杨建国,2004)、"词汇"(张普,2004)、"词语"(胡明扬,张莹,1990;吕勇兵,2001;张颖,马连湘,2003)。当流行语被限定为词语时,就排除了相当大一部分的非词语形式的流行语,只保留最基本、最普遍的语言形式。词语作为最基本的语言单位之一,可以进一步形成短语和句子,因而对词语的研究,也能够成为后续的两种语言形式的研究基础。

从上文的词典定义中可以看出,英文的 catchphrase 和 neologism 与中文"流行语"一词的内涵和外延并不完全一致,因此国外学者研究这一语言现象时所给出的定义也体现不同的含义,有不同的侧重,并涉及了不同词之间的辨析。

雷伊(Rey,1995)对于 neologism 的定义是:"词汇的单位,如单词、词素,或者短语,其意义或者其能指和所指之间的关系,在特定的交际模式中被假设具有有效的功能,之前在语言的词汇中并没有作为一种具体的语言形式而存在。这种新颖性体现在精准的、实证的定义上,并通常与说话人的感觉相吻合。"(a unit of the lexicon, a word, a word element or a phrase, whose meaning, or whose signifier-signified relationship, presupposing an effective function in a specific model of communication, was not previously materialized as a linguistic form in the immediately preceding stage of the lexicon of the language. This novelty, which is observed in relation to a precise and empirical definition of the lexicon, corresponds normally to a specific feeling in speakers.)该定义强调了新词的新颖性特征：以前所没有过的有效的交流功能；强调了词汇性：属于词的范畴，符合语言使用习惯。

穆纳塔（Munat，2007）则指出了 neologism 和 nonce formation 的差别，neologism 指"在相对短的时间跨度内在不同语境下重复出现"（with repeated occurrences in different contexts in a relatively brief span of time）的词。根据穆纳塔的定义，neologism 要具备两个条件，一是必须在不同的语境下反复使用，二是这种反复使用必须是在相对较短的时间跨度内发生的。这与汉语对流行语的定义有相似的地方。对于 nonce formation，穆纳塔则认为是"具有很强的语境依赖性，因而它们的解读需要语境的支持……从功能的角度看，我把 nonce formations 定义为无法进入词汇的词语，不是因为它们的构成属性，而是因为它们强烈的语境依赖特性使之在整个世界中没有真正的所指"（heavily context-dependent and their interpretation thus requires support from the co-text ... From a functional perspective, I define nonce formations as words which cannot enter the lexicon, not because their structural properties, but due to their heavy context-dependence and lack of referential utility in the world at large.）由此看来，neologism 和 nonce formation 的区别就非常明显了：后者对于语境有强烈的依赖性；可以说没有相应的语境，后者将没有任何意义。这也是穆纳塔认为 nonce formation

不可能最终进入语言的词汇表中的原因。

崔(Choi，2006)在研究 2003—2004 年韩国出现的新词时，提出了 fad words(流行词)的概念，并把它定义为"新近创造的、在我们每天的口头和书面语言中广泛使用的另外一种新词。这些词表达新想法，可以表达得非常恰当，可能有与众不同的词语形式和发音"(another group of neologisms, newly coined, and are widely used in our everyday spoken and written language. These words may express novel thoughts, they may very fittingly express things, or they may have distinctive word forms and pronunciations.)他并进一步指出 20 世纪 90 年代以来 fad words 的一个现象，即"大量出现的新的流行语并没有消失，反而越来越流行"(the large-scale emergence of new fad words that did not fade away but rather gained more and more popular usage)由此看出，这里的 fad words 正如崔接下来提到的那样，是限定为"established"fad words，即已经被人们广泛接受并进入词汇表的流行词，属于新词中的一类。崔在给出新词的基本定义之后，还对这类新词的特性进行了更细致的描述，比如，大多数的此类新词与社会事件有关；忠实全面地解读新词传达的信息必须了解新词产生的背景和使用的特定年龄层和社会人群；新词可以根据内容进行分类，反映了社会生活的各个方面；随着时间的推移，此类新词会反映出公众的兴趣变化，从政治转向社会、文化、经济等。这些内容在许多方面与国内的流行语研究相符，也表明了新词/流行语在研究中互相依存的关系。

另外，通过对 *Merriam-Webster's Collegiate Dictionary* 2005 年第 11 版中收录的 10 个新词的研究，石川(Ishikawa，2006)讨论了流行新词进入词典的标准，即用来判定新词是否能成为可接受的流行词语。其中还回顾了其他学者提出的词典收录新词流行语的标准，如梅特卡夫(Metcalf，2002)提出的"FUDGE"原则，即"频率高、不突兀、多语境多使用者、意义和形式的产生、概念的耐久性"

(Frequency, Unobtrusiveness, Diversity of Users and Situations, Generation of Meanings and Forms, Endurance of the Concept)。

从以上对"流行语"一词的英文释义和定义的分析来看,中文的"流行语"并不完全等同于英文中的 catchphrase 或 neologism;它们确实有很多共性的特征,有一些交集,但是并不完全一样。相比较来看,"fad word"更接近中文"流行语"的含义,因为"fad"一词本身就有"流行""时尚"之义,而时尚往往来自创新,因而隐含了"新"的意义。因此"流行语"这一中文词可以用"fad word"表达。

2.1.3 流行语和新词、热词的意义辨析

学界对当代流行语的研究已经有近四十年,但对于最基本的概念界定问题,学者们依然有不同的看法。

已有的流行语的定义或对流行语的特点描述都各有侧重,这样就会出现一个问题,即"什么才是流行语",这一问题无一致的判定标准。与此同时,在对流行语这一社会语言现象进行讨论和研究时,有不少研究者提到了另外两个概念,即新词和热词(李明洁,2014;周炜,2014;管雪,2011;吕兆格,2010)。流行语、新词、热词是否属于同一概念,三者有无差异,其涵盖的范围是否存在交集。这些问题的解答对于流行语属性研究是很有必要的。流行语具有明显的新异性特征,同时又具有阶段性,一些流行语在使用的高峰期过了之后,逐渐淡出了人们的视野最后完全销声匿迹。流行语具有的这种阶段性,使人们过多关注流行语"新"的特征,对其概念的认识不够完善,其中一点就是媒体常常把流行语与新词、热词等同起来。例如下面的一篇报道:

> 日前,北京语言大学的国家语言资源监测与研究中心平面媒体中心发布了"2013年春夏季中国主流报纸流行语"。本次流行语发布,在记录2013年这个春夏国内

外重大事件和社会变革的同时,也反映了这个时代的中国风貌。

本次发布的流行语包括7个类目及1个专题,分别为:综合类、国内时政类、国际时政类、经济类、科技类、社会生活类、文化体育娱乐类,以及社会问题专题。其中,综合类十大流行语是:"中国梦、H7N9禽流感、雾霾天、神舟十号、国五条、雅安地震、八项规定、正能量、棱镜门、厉行节约。"

2013年春夏季流行语客观、真实地记录了国内外这个春夏季发生的重大事件和社会变革,准确把握时代发展脉搏和走向。国家语言资源监测与研究中心平面媒体中心主任杨尔弘指出,"中国梦"是今年两会的热词,具有很强的时效性,它代表着国家富强、民族昌盛这么一个全民关注的梦想。"神舟十号"发射与"太空授课",说明我国航天科技又有了新突破。另有专家指出,"雾霾天"的入选,则真实反映了社会公众对环境问题的焦虑。(齐鲁网 20130816)

从报道中可以看出,媒体对流行语和热词两者的概念理解比较混乱和模糊,许多情况下把热词误认为是流行语。根据报道的描述,北京语言大学的国家语言资源监测与研究中心平面媒体中心发布的流行语榜单上的词语大多为热词,从报道中也可以明确看出两者在概念上的混淆:综合类十大流行语中出现了"中国梦"一词,而在后面的评述中又说"'中国梦'是今年两会的热词,具有很强的时效性",文中似乎把"流行语"等同于"热词"。流行语大多数情况下确实是热词,但流行语并不等同于热词,热词与热点事件(社会热点和新闻热点)紧密联系(李明洁,2014;管雪,2011;吕兆格,2010),因为事件被热议而被热用,具有特指性和唯一性,等事件的热度退去之后,热词也会渐渐被人遗忘,因此,也不会成为流行语,例如,2003年"非典"毫无悬念地排在了北语发布的该年度综合类流行语的第一名,但是随着非典这一疫情在中国被逐渐消灭以及疫苗的研发和生产,"非典"已经淡出人们的生活,渐渐被人遗忘。不过需要指出的是,如果某一热词的所指事件被用来泛指同类的事件,那么该热词的意义就有了类指性,具有了成为流行语的条件,例如2009年北语和《咬文嚼字》不约而同地把"躲猫猫"列为该年度的流行语,即是源于当年的热点事件;之后,"躲猫猫"的含义被不断泛化,被用来类指那些隐瞒真相、欺骗公众的不透明言论和行为。与"非典"一词的淡出相比,"躲猫猫"则从热词发展成为流行语。

除了北京语言大学,各类研究机构和媒体对流行语概念的使用确实十分模糊。还是以上面报道中的"2013年春夏季中国主流报纸流行语"中的"综合类十大流行语"为例,其中的"正能量"一词在2013年被广泛而高频地使用,可以算是当之无愧的流行语。同时该词又是属于新词中的"旧词新义"(周炜,2014;张梅,2006)的类别。"正能量"本来是物理学名词,如果以真空能量为零,能量大于真空的物质则为正,能量小于真空的物质则为负。2012年8月,湖南文艺出版社翻译出版了英国心理学家理查德·怀斯曼(Richard Wiseman)的专著《正能量》(*Rip it Up*),书中将人体比作一个能量场,通过激发内在潜能,可以使人表现出一个新的自我,从而更加自信、更加充满活力。书中的数十个案例和步骤,给予了读者理想的实践指南,通过该书,读者可以了解自身的能量,知道如何散发并引导这股能量。当积极的能量被引爆时,人生将会得到神奇的大转变。根据书的内容,中文版的书名被译作《正能量》。起初,在2012年奥运火炬传递期间,有人率先在微博上发表"点燃正能量,引爆小宇宙"和"点燃正能量,运气挡不住"的博文,得到了很多博主的转发,之后这两句话迅速被网友跟进和模仿。后来网友把"点燃正能量"作为励志口号,"正能量"一词也借此在中国走红。

鉴于新词、热词与流行语常常会在不同的语境下被混淆使用,我们有必要对新词和热词与流行语作一个大概的辨析,这也正是一些研究者在对流行语进行界定时首先做的。对于新词新语的界说,在我国,最早是吕叔湘先生和陈原先生,他们曾明确指出,新词新语既包括不久之前产生、含义、色彩和表现形式都给人们以新颖感的那种词语,也包括旧有词语的新义项、新用法(廖志勤,文军,2008)。在之后的研究中,又有多位研究者(邢福义,吴振国,2007;杨绪明,杨文全,2009;邹嘉彦,游汝杰,2008)对新词做出了界定,尽管他们有不同的表述,但是核心概念与吕、陈两位的界定是一致的,有的还加入了对时间上的限定,如"改革开放以来出现的"(杨绪明,杨文全,2009)。

流行语中有相当一部分都是新词,即一些新产生的词语或旧词语的新用法;只要是有表达的需要,总是要同步创造出新词或给予旧词新的含义,如作为2013年度十大流行语的新词"女汉子""土豪"等。新词承载了新的概念,在现有的语言体系中,找不到一个可以与其含义相符的词汇,这个新的概念或者借用一个现有的词汇,增加一个新的释义,或者索性创造出一个全新的词汇。不管是哪一类新词,如果反映了最新鲜的社会现实,被人们广泛关注并提及,就具备了成为流行语的条件;但不是所有的新词都能最终成为流行语。如果只是因为指代的需要,例如具有专业性(科学技术)的新词如"物联网",其本身不具有流行语的流行基础,因而这类新词不会成为真正的流行语。

热词是指向当下人们关注的社会热点事件的关键词。"百度热搜词"和"搜狗热词"每天都会提供一个热词(短语)列表,显示过去一天内这些热词(短语)的搜索量排名。一些新出现的热词有成为流行语的潜质,因此流行语很多都是热词。但是正如前文所说,热词不一定都能够成为流行语。热词以在媒体或搜索引擎中出现的频率为标准,有一些是与热点事件有关的专有名词,如人名或地名;而流行语的判定标准应该不仅仅是频率,也不包含专有名词,对此许多研究者也做出了一些辨析,如流行语是"在一定时期和一定的语言社区内,反映社会热点和社会心态,具有民间性、可复制性、传染性和变异性的新生语言单位"(崔蓬克,2012),在这个定义下,流行语的特征就排除了部分热词。流行语反映了社会热点问题,所以必然会成为人们关注和搜索的热词,但是热词不全是流行语,因为流行语具有的可复制性、变异性等特征不是所有的热词都会具备的。因此,从检索频率角度看,热词的范围应该更广,一般的新闻词语由于在某段时间内被高频使用,都会成为热词;但是流行语反映的核心特征不仅仅是频度问题,还具有频度之外的其他特征,如持续性:一个热点事件本身已经慢慢淡出人们的视野,而来源于该事件的流行语却显示出强大的生命力,被人们运用于多种语境,反映出与原始事件具有本质相似性的社会价值和人们的心态。流行语一定来源于热点的事件和人物,才能广为流行,但是并不是所有的热点事件和人物都具有产生流行语的价值;一旦热点事件和人物不具备反映社会发展变迁和普遍社会现象和问题的属性,它就难以成为流行语的来源,也就会随着时间的流逝被渐渐淡忘,尘封在历史之中不再被人提及。

不难看出,以上辨析中提及的流行语,是一个相对狭义的概念,与人们日常所说的流行语不同,后者是一个更广义的概念,其内涵丰富,外延很广,至少在当前,被人们用来囊括所有在日常生活和社会生活的话语中频繁使用、流传甚广的语言单位。从北京语言大学历年发布的年度流行语来看,除了把新词、热词等词汇都归于流行语之类进行发布外,流行语的发布中还涵盖了除词汇之外的其他语言单位,如短语(失独家庭、直播带货)、框填式结构(最美××)、句子(元芳你怎么看?我太南了!)等。因此,广义的流行语包括了所有不同领域、不同使用主体、不同语言单位、不同传媒载体上的所有反映了当下社会现实、社会问题、社会心态、社会观念、社会影响的语言表达,不仅仅反映了中国国内的社会状况,还包括国际动态。在这个概念下,新词和热词都是广义流行语中的类别。

以上对流行语的广义和狭义的定义已经做了基本的阐述。下面的表格可以用来比较狭义流行语、新词、热词的特征。

表 1 流行语、新词、热词特征异同比较

	广泛性	高频性	阶段性	新异性	持续性	可复制性	变异性
流行语	+	+	- +	+	+	+	+
新词	-	-	+	+	+	-	+
热词	+	+	+	-	-	-	-

说明：+ 表示具备该特性；- 表示不具备该特性；- + 表示该特性不明显。

从表 1 可以看出，流行语几乎具备了一个在日常生活和社会生活中被频繁使用、广为流传的语言单位的所有特征。

新词最基本的特征应该是"新"，内容新、形式新、新出现，它们在一定阶段内出现，有时是新的词，有时是旧词被赋予了新的意义，具有新的特征，它们可能并不在最大的范围内流传，或许也没有被频繁使用，它们的流行也可能是在一个特定的范围和使用者中，不具备可复制性，经过一段时间的使用也有可能渐渐淡出人们的视野，或是消亡或是休眠，有时在一段时间以后，因为新的使用需求会被重新启用，但会与时俱进地被赋予另一个新的意义，所以新词在某种意义上说是可以流变的。

热词的特征顾名思义应该是"热"，所以它们有明显的阶段性，在一定阶段会广泛和高频使用，这往往与社会生活的现实密切相关，一旦某一事物或事件成为公众关注的焦点，它就会成为人们谈论的热点，不光是因为该事件确实值得关注，也因为人们的从众心理驱使人们无法刻意避开对某一热点事件的关注。但是，热词的生命力也因为它们的一度"过热"而在短时间内被集中耗尽，大多数的热词无法延续较长的生命周期，社会变化日新月异，每时每刻总有新的事件和人物必然或者偶然地登上历史的舞台，成为人们新的关注焦点。当原来的事件渐渐平息，人们渐渐厌倦，新的热点必然会吸引人们的视线，新的热词取代已经成为"冷词"的旧热词。

另外，从语言单位的类别来看，流行语应该是"语"，包括了词汇在内的所有语言表达，而新词和热词应该是"词"，只是词汇，但这也不是绝对的，有时词组也被归于新词和热词之列。

2.1.4 本研究工作定义

综上所述，广义的流行语纷繁芜杂、数量庞大，如果需要进行分析和研究，将会是一个非常大的工程。如果对这一庞大集合进行多种限定，选取最有代表性、最有研究价值、最有可操作性的部分来进行研究的话，流行语的研究可以进行得更为深入和细致。陈芳等(1999)提出"广义的流行语通常指某一段时间或特定的区域内广为人们传播的语言。狭义的流行语是其中那部分基本已被普通话语接纳的词语"。根据这一限定，大量的广义流行语可被排除。流行语最初以新异性和广泛性为基本特征，但一些流行语在使用的高峰期之后，逐渐淡出人们的视野或者迅速销声匿迹，如"他不是一个人在战斗"[①]；有的虽然还在使用着，但是使用的广度和频度有明显的下降，也没有进入常用词汇之中，如"给力"和"神马都是浮云"，二者在2010年的一段时间里曾疯狂流行，但现在的流行程度有了明显的减弱，将来的进一步发展有待时间的检验；还有一些流行语因为其意义和形式都具备成为常用语汇的潜质，从而在语汇中渐趋稳定，如"潜规则""山寨"等。

因此本研究对广义流行语和狭义流行语进行区分。广义的流行语指在一定时期内、在较大范围内广为传播且高频使用的话语形式，反映了一定时期的政治、经济、文化、心理等各个方面的集中关注，并由多种传媒（如报纸、电视、广播、网络等）推动，"可以是任

---

① 原央视体育频道主持人黄健翔在解说2006年世界杯意大利对澳大利亚的半决赛时对该队球员格罗索场上表现的赞誉。

何一种语言项目:一个词语、一段话语、一种语法格式、一项话语标记,甚至是一个字形,一种语调……"(辛仪烨,2010),以及字母或是数字组合(如PM2.5),其中包括了普通名词(如"潜规则")、专有名词(如"汶川大地震""冰墩墩")、词组(如"和谐社会""野性消费")、短语(如"反对贸易保护""同心共筑中国梦")、句子(如"信不信由你,反正我信了"),以及专业领域已经存在、之前并未广泛流行的用语(如"三聚氰胺""碳中和")。

狭义的流行语,或曰能产性流行语,指在一定时期社会语文生活中高频使用的词语和框填结构(此处把流行语的"语"限定为词语),它们内涵丰富,可以在多领域灵活使用,具有社会现象和问题的代表性和典型性,因而在多语境下被使用,其中包括具有能产性的构词元素,如"被××""××族"等。狭义的流行语可以分为三类:

第一,流行语直接使用,以词语本身含义为流行主体,如"潜规则"。

第二,流行语从最初的原始概念进行语义泛化,并进而广泛流行。如"裸奔"一词,语义泛化的前后,即在该词的本义和隐喻义上,词的形式并无变化。以下是该词泛化前后的例子:1. 清华大学毕业生为庆祝毕业校园裸奔(腾讯网,20080717)。2. 如何防止个人信息"裸奔",技术与法律需共同发力(澎湃新闻,20230209)。

第三,流行语的框填式结构,以形式为流行主体,在语义泛化的推动下不断进行扩散,如"被××",呈现出鲜明的能产性特征。

这里有必要进一步对框填式结构的概念进行一些阐述,因为框填式结构的流行语,最大程度上体现出流行语的能产性特征。

框填结构中,编码着特定话语关系的框架被提取出来,不相关的词语被删除,"为的是在形成的空位上充填新的词语,从而将框架编码的话语关系推广到新的话语情境中去"(俞燕,仇立颖,2009)。框填现象并非流行语所特有,整个语言机制,无论句法还是词法都可以在"框"中通过"填"入一定的形式而运作起来;而框填现象在流行语的扩散中表现得更为显著、更为有效。一般情况下,当流行语出现后,人们会尽量使用这一新鲜的表达方式来替代现有的表达方式,努力在话语交际中找寻可以用其来表达的语境;但是语境中的表达对象往往会超出流行语本来的语义范围,我们却又非常想使用这一流行语,这时流行语就会被迫发生变化来适应新的语境,先是语义泛化,把特指变成类指,当语义泛化也无法满足使用要求时,就不得不开始了形式上的变化,"这时整体介入的语义泛化被打破,敏感于流行语义的成分被保留,指向具体表达情境的不敏感成分被替换掉,这显然要比隐喻更能够使一个流行语明确地指向更多的对象"(辛仪烨,2010)。通过形式的变化,需要扩散的流行语义与指向具体语境的语义被分离开来,指向具体语境的那部分语义在使用中可以进行替换,是充填物;需要扩散的流行语义是框架,在使用时是不变的。这样,即便是不同的语境,流行语也可以通过用不同的充填物来指向具体的语境,这种充填是在流行语义的框架下进行的,所以既保留流行语义又可以完美适应千变万化的语境的表达需要。

框填可以说是当今流行语中最活跃的一种形式,而这种框填并非有人教导,而是千百万流行语使用者自发的行为,因此,框填是一种流行语能产的语言机制。辛仪烨(2010)分析了流行语使用者的语言动机和实际进行的语言操作,得到的很可能是这样的一个过程:

(1) 有一个流行语引起了使用者的浓厚兴趣,他极力希望将它用于当下新的场景,为的是将他强烈体验到的流行语义推广到这一场景上。

(2) 但是流行语中的逻辑语义并不指向当下的场景,所以他无法直接使用这个流行语。

(3) 不过他感觉到了那些需要保留的流行语义只依赖语言单位中的某些成分存在,而无关当下场景的语义则依赖于另一些成分。

(4) 所以他会提取出那些相关的成分并舍弃掉无关的成分,结果是提取出来的那些成分靠着固有的相互制约关系造成了一个框架,而舍弃掉的成分留下的关系纽结造成了框架中有待填充的空位。

(5) 他将新的话语场景中有待表达的对象填入框架的空位,这样就完成了一个既能满足当下场景表达要求,又保留了流行语义的框填式流行语。

(6) 如果大量的使用者都在以相同的方式对这一流行语进行框填式操作,流行语负载的流行语义就会迅速扩散开来。(辛仪烨,2010)

如此一来,大量合乎语言规则和交际原则的流行语被创造出来,这一过程真实地发生在每一个使用者的大脑中,这是在一种固有的语言机制的指导下发挥出巨大创造力的表现。

辛仪烨(2010)根据框填式流行语的母体来源和框架成分的性质,把框填式流行语分为三种类型:话语框填(如:由母体"黎叔很生气,后果很严重"框填而来的"领导很生气,后果很严重")、词语框填(如:由母体"裸奔"框填而来的"裸考""裸辞")和形式框填(如:由母体"范跑跑"通过保留形式框填而来的"郭跳跳""楼脆脆")。本研究在狭义流行语的研究范围内仅讨论词语框填这一类型。

相当多的流行语的流行语义要依赖该词语的全部构成,因此其流行和扩散也只能以整体的方式进行,如"山寨""雷"等;但是也有许多词语流行语的流行语义只附着在某个构成的成分上,只要保持这一构成成分,无论它与什么其他词语相组合,其流行语义都能保留下来。在《咬文嚼字》编辑部发布的年度十大流行语中,有一部分其实并不能称为流行语,而是流行语义得以保留、传播的必要构成的成分,也就是所说的"框",如,2009年的"裸",2010年的"二代""控""帝",2012年的"舌尖上""中国式""最美",2013年的"微",2016年的"一言不合就××",2022年的"沉浸式"。仅仅从语义上看,它们并不能代表流行语的全部语义,只是一个框架,这个框架可以是一个词素,如"裸",也可以是简洁的词组,如"最美",它们不足以代表流行语的整体,充其量只是半成品,如果单独来看,也不具有任何让流行语扩散的生命力;只有在此框架内的充填行为发生后,该流行语才最终成型,才能够在不同的语境内表情达意、取得生动的认知效果。词语框填的充填成分需要面对的是多种多样的场景中的具体对象,因此在词语框填中的框架如果意义越抽象,就越能显示出类似于词缀的特征,也越符合语言内在的生成机制,如类词缀"奴"对"房""车""孩""卡""证"等充填词语的不断适用,也使得其表达越来越类指化。

词语框填在不断充填来适应新的语境的过程中实现了形式上的泛化,但是语义泛化的过程在语言的动态使用中也从未停止,因此在充填的同时,框架自身的流行语义也在进行着泛化。以"裸"为例,"裸×"的框架形成后,在其空位的充填过程中,框填结构不断被用于多语境中;但是如果"裸"的语义保持不变,就只能是维持本意"没有穿衣服",如"裸奔""裸替""裸聊""裸模"等,这样许多本意之外的语境,就无法被该框填结构所指称,其所指就会被限制在一个非常狭窄的范围内,泛化就进入了瓶颈期。但是事实上,"裸"作为框架,本身也在进行着不断的语义泛化,通过隐喻化的手段,只要是任何与"完全无""完全没"有关的概念都可以进入"裸"的大军(此处必须强调"完全无"的概念,这是与"裸"的原语义最重要的相似性),于是许多新的义项产生了,每一个新的泛化后的义项都会引起"裸×"框架新的充填,成为蔚为壮观的众多次生体系列,如:(1)没有任何附加服务的"裸":裸机、裸卖;(2)没有任何保留的"裸":裸捐、裸退;(3)没有任何遮蔽的、透明的"裸":裸价、裸降;(4)没有任何其他成分的"裸":裸妆、裸博;(5)没有任何牵绊的"裸":裸官;(6)没有任何准备的"裸":裸考……不一而足,这两种泛化互相推动,使流行语的使用达到极致。

词语流行语的框填形式给了使用者更大的创新空间。一般的词语流行语的创新程度较低,使用者主要对流行语进行选用、模仿以对当下话语场景进行契合,并不创造新的词语;而流行语的框填形式可以让使用者通过在框架中充填词语,对流行语加以个人的塑造,直接将创新因素在形式层面体现出来,满足了使用者更强的创新的心理需求的同时,也让框填形式的流行语的表达更加具有开放性。使用者从流行语中提取合理的框架,然后选择适应新话语场景的词语来充填,充填得越巧妙,使用者就越能从中获得乐趣,正因为如此,框填式的流行语受到大力热捧,其多语境适应性和能产性成全了流行语的泛化和扩散。

综上所述,本研究选择的研究对象是狭义概念的流行语,参考《咬文嚼字》编辑部流行语发布的遴选标准:第一,一般的新闻词语不在研究范围内,如"打虎拍蝇";第二,反映某种文体的不列入研究,如"凡尔赛文学";第三,按一种形式的临时组合不在研究范围内,如涨价系列中的"蒜你狠""姜你军""糖高宗""豆你玩"等。按照这三条标准,结合上文中流行语的分类和流行语与新、热词的异同分析,并考虑流行语的两个重要参考量——共时性和历时性,本研究关于狭义流行语的工作定义是:**在变化的社会生活背景下,大众所使用的一些新的语言单位,或是被赋予了新意义的旧的语言单位,以词语为主,兼顾框填式结构,这些语言单位因为语义的泛化得以流行,通行面广,具有普遍性以及很强的语境适应性或开放性。**

这个工作定义反映了以下几点:(1)流行语的使用主体应该是大众,而不是特定的人群,研究的对象具有普遍意义;(2)流行语的语言单位被限定为词语以及具有词语性质的框填结构,这样就把林林总总的各种语言单位形式的流行语进行了大量缩减,有利于分析和研究的深入,通过研究最为基本的语言单位——词语,找寻流行语的本质特征;(3)语义泛化是流行语的发展的必经阶段,泛化后的流行语能够在多语境下使用,语义中只保留其所代表的属性特征;(4)流行语在语义泛化后具有了很强的语境适应性,因而是开放的,接受度也良好。具有以上四方面特征的流行语反映了语言和社会文化发展的规律,具有更好的研究价值。

2.2 流行语的多种研究

除了对流行语的界定这一最基本的概念和定义的研究,当今的流行语研究已经包含了各个层面,角度也开始细化和深入,并且越来越多地引入了跨学科的研究方法,把流行语的研究放在一个更大的背景之下,以更宽广的视野来进行,使研究的成果更加具有普遍意义和学科价值。以下将对流行语研究作一个系统的回顾。

2.2.1 流行语的特征研究

流行语的特征研究是为流行语概念进行界定时必须涉及的方面。对流行语特征的探讨,可以更好地在研究中寻找流行语的普遍规律。

流行语作为一种词汇现象,具有流行的时间性、层级性,以及底层性、隐秘性、反正统性等附属特征(劲松,1999)。流行语都有一个从不流行到流行,再从流行到不流行的过程,这个过程只可能产生两种结果:一是在使用中渐渐淡出,被慢慢淘汰;二是在使用中被大众接纳,含义渐渐泛化,进入一般词汇范畴。流行语的层级性特征讨论了流行语发源的问题,即发源于地域方言或社会方言,并指出地域方言是各种社会方言的总和,它们处于不同的层级,被特定的社会群体所使用。除了时间性和层级性的特征,该研究还提出了6个流行语的附属特征:底层性、隐秘性、反正统性、非通用性、非规范性,以及平行性,此处对平行性稍作说明。流行语的出现,很多情况下并不是因为表达方式的欠缺,需要流行语来补足空白。实际上,流行语常常与一般词语或表达处于重叠的状态,有的像同义词或近义词,有的像同形词。以现在已经进入一般词汇的

"山寨"为例,在"山寨"火爆之前,已经有一个近义词"盗版"存在,该词几乎可以用来指"山寨"所指的所有内容,因为在"山寨"之前,"盗版"一词已经有了语义的泛化,它已经不局限于指对版权所有人未经授权情况下的复制、再分发的侵犯行为,该词已经可以泛指大量其他的假冒行为。但是现在,针对各种假冒行为,"山寨"已经全方位取代"盗版",成为对这一现象描述的主流词汇。其原因可能有多种,但是一个很重要的原因是,前者带来的新鲜感和时尚性,以及从中反映出的一种娱乐和游戏的心态,完全符合当下的现实,也迎合了人们的审美情趣,引人瞩目、耐人寻味。因此,从平行性特征中,其实可以窥探到流行语流行原因的一些端倪。

流行语的扩散性、时效性和密集性(也称高频性)是其最重要的特点(曾青青、杨尔弘,2010);另外,特征研究还根据语言性特征对流行语进行了分类,列出了新词语、通用词、略语、专有名词、固定短语、口号等六类不同的语言形式,并对每一种类别都进行了实例分析。

语料库等技术,对一些流行语的最高频度、最大散布度、最大流通度、大致流行周期和基本特点等方面可以进行统计分析(杨建国,2004)。北京语言大学"大规模现代汉语动态语料库"在建立后的近三十年间,依托语料库,对流行语进行了如真实文本、大规模真实文本及统计、使用度与散布系数、流通度、历时流通度曲线、语感、网络时代语言规划、动态知识更新等等问题的研究,意图跟踪现代汉语的动态变化,尤其是流行语的出现和使用。从语言学的角度来看,诸如:音节构成、构词规则、语义表现形式等,都可以作为流行语的分类标准。

在对流行语界定的专门研究中,研究者们也总结出了一些特征,如"形式新颖、仿效性、前沿性、时段性、易变性"(丁加勇,2004),"开放性、能产性和幽默性"(曾常红,2004)。本研究认为,这里提到的"开放性、能产性"两点可以作为对研究对象,即狭义流行语,进行遴选时的标准。

综上所述,流行语的界定研究基本上是从流行语的特征出发来进行总结提炼,并以此成为是否为流行语的判定标准。流行语特征的提出,可以是对多个流行语的共性的总结结果,也可以是一种假定,并通过对流行语实例的分析来验证假定。有的界定中特征比较宽泛,比如,只要流行的就是流行语,这样囊括进去的范围就很大;有的界定中特征比较具体,比如前文中梅特卡夫的"FUDGE"原则,这样就大大缩小了范围。

2.2.2 流行语的流行原因研究

流行语流行的原因也是流行语研究的重要组成部分,通过找出原因,可以力证流行语存在的必然性和合理性,也就可以进行下一步的深入探讨。

对流行语的流行原因,每个研究者都会从若干个方面来寻找,并对各个原因进行分析,同时举例说明。如,丁柏铨对主流报纸流行语的流行原因的探讨(2005)就包括了以下原因:1. 时代原因。语言变化的根本动因来自社会生活的发展、变迁,报纸流行语不仅仅是具有时代特色的语言能力现象,也是内涵丰富的社会现象;2. 社会原因。主流报纸流行语反映了当下的社会心理。也正因为其真实反映了社会心理,才能引起广泛共鸣而得以传播和流行。主流报纸流行语,既反映了一部分以自在形态存在的社会心理,又反映了一部分具有自为色彩的社会心理。所以,主流报纸流行语折射、透映出了社会心理,有着丰富内涵;3. 语言原因。一般说来,能在普通语言使用者中,特别是媒体上得以流行的语言,从形式上看,都不是那种佶屈聱牙、艰深难读之语;相反,话语紧凑、简短、高度浓缩、非关键性语素被省却才是流行语的语言特征上的前提,这样才易读、易记。在流行语中,语言的某些法则和规律被颠覆、被重构,但由于约定俗成和默契,依然得以流行。

基于对近三十年汉语流行语的考察与分析,夏中华(2010)探讨了流行语流行的基本理据。他从以下几个方面对此进行了探讨:1. 语言和社会结构的共变性。语言社会性的一个方面就是语言现象和社会现象存在共变。社会发展会在语言的词汇中留下烙印,而流行语就是这种印记。2. 除了社会政治,经济的发展更能推动流行语的大量涌现,其主要因素,一是语言社团的经济强势影响一些词语成为流行语;二是经济强势的国家或地区的词语进入其他语言或方言成为流行语。3. 流行语的出现和传播与人的因素关系密切。首先,流行语是人创造性使用语言的结果。其次,人的心理需求也是流行语形成和传播的重要因素之一。人的求新求异心理、人的从众心理,使得人们在语言使用上竞相创新、不甘人后、彰显个性、寻求认同;再次,使用者的言语解读也影响着流行语的生成和流行。言语交际的最后环节是听话人,他们如果不按照流行语新的解读方式来解读的话,流行语最终也很难形成并传播。4. 文化因素也是流行语形成和传播的重要原因之一。这种影响,一是民族之间文化交流的影响,二是民族内部文化交流的影响。世界一体化格局使得民族间的影响日益显现,如外来语的数量增多和普及程度增高;同一民族内部方言文化的交流,不同行业、专业之间的文化交流,都会促使一部分词语成为流行语。5. 流行语能够迅速而广泛地传播,现代传媒起了不可或缺的作用,尤其是网络的普及。作为一种新兴媒体,网络有传统媒体无法企及的优势:快速、便捷、高效、覆盖面广、价廉。大众传媒及其多种现代传播的内容和技术,是流行语得以兴起和传播的信息源泉和技术保障。有的语言形式通过网络这一渠道可能会在一夜之间成为流行语。

  流行语产生和流行的原因在不断变化的世界对于语言交流中新概念、新事物的需求压力。在李(Lee, 2010)看来"语言变化来自使用者变化",因而流行语的使用和流行就是一个与使用者同步变化的必然趋势。

  综上所述,流行语之所以会流行,原因在于人们所生活的这个社会变了。社会变了,话语交际中的语言也变了。变化意味着不同,既有新的东西的加入,又有旧的东西的淘汰。人的本性决定了新的东西必然会引起关注,不管接受与否。社会的一切发展和变化,是流行语最本质的流行原因。

2.2.3 流行语产生途径研究

这个方面的研究,与上文讨论的流行原因研究有着相呼应的内容,因为流行的原因往往也指明了流行语产生的源头:如何产生的,来自哪里。夏中华、曹起(2004)对流行语的产生途径研究结果如下:首先,如果流行语是新词,那么它们的产生途径来自以下几个方面:1. 国家的政策变化以及党和国家领导人的讲话中所产生的新词;2. 社会发展变化产生的新词,如我国近 20 年来,从以政治为中心转向以经济建设为中心,催生了大量反映这一变化的新词;3. 人们日常交际中产生的新词,反映了人们在语言使用中希望标新立异的心理;4. 通过传媒产生的新词,传媒对一些重大事件和新鲜事物进行报道,精练概括了一批新词,继而被大众熟知和接受,而后流行开来。其次,如果流行语是旧词,那么它们的产生途径,主要来自旧有词语的语义泛化,"套牢"不再仅仅用于股市,遇到麻烦难以摆脱或深陷于事业、家庭中不能自拔,就是被"套牢"。"下课"声也不仅仅在学校能够听到;对于那些有影响力的、被人关注的公众人物,只要在自己的工作岗位上无法达到公众预期的成果,那么此起彼伏的"下课"声一定不会让他们觉得陌生。

除了以上新词和旧词的产生途径,流行语的产生还可以来自外来语、方言、传媒语言,以及文艺语言大众化(夏中华,曹起,2004),这方面的论述在其他许多学者的研究中也被屡屡提及,例证也很丰富,比如:外来语"克隆""脱口秀"、方言"炒鱿鱼""大腕"、传媒语言——特别是网络语言,如图形字母、汉英夹杂、缩略语、生造词等,比如"打 call""emo""YYDS""栓 Q"等等。这里要特别说明一下文艺语言大众化的产生途径。简单来说,这一途径就是影视剧的某一台词、歌曲中的一些歌词、歌名,以及畅销书的标题等等,因为其语义和文化内涵,与大众产生共鸣,在适当的语境下,被人们借来表达自己的感受、想法、评价等,以期收到更好的表达效果,如"都是××惹的祸""让××飞""过把瘾就死"。通过这类途径产生的流行语往往是较长的语言形式,如短句、词组等。

归根结底,在社会原因下产生了反映政治、经济的流行语;人们求新的原因催生了人们交际中产生的流行语;文化间和跨文化的交流下人们开始从外来语和方言中进行吸收和借鉴;传媒因素下,媒体语言常常被人们迅速接受并传播流行。原因和途径其实不能机械地割裂开来看,流行语的研究始终应该是一个有机的整体。

2.2.4　流行语的构成方式和特点研究

流行语的构成方式越来越多样化。流行语的词长即字数的不固定,流行语的语言构成要素也超出了字词句的范围,变成了多种表达符号的组合,即汉字、字母、数字、标点、符号的不同组合(曾青青,杨尔弘,2010),但是,无论流行语还是新词的产生和创造,都"必须遵循一定顺序,往往受语音、语义、语法和语用多方面的限制"(李兆增,2001)。

在新词语构词的研究中,如构词的大量类比化、语言能指缩略化(曾衍桃等,2009;周秀苗,2007)、词汇内部结构短语化、符号所指单义化、语用过程口语化、表达方式委婉化等(周秀苗,2007)语言因素和社会因素都有所体现。另外对流行语的构成研究中还包括产生渠道、内部构成的修辞性理据等方面(杨文全,徐瑾,2003)。鉴于流行语中确实有大量的新词,因此一些新词的研究也可以反映流行语的构成方式。

国外的研究者们根据自己所使用的语言中的新词状况进行了一些相应的研究。如李讨论了韩语中新词构成的几种主要方法:语音方面的新词和词素方面的新词,构成的方式有隐喻延伸、复合、借用、首字母缩略、截短、新创、转换等。在对语言创新方式的研究中,莱勒(Lehrer,2007)认为,其中的混成法(blending)之所以增多是因为各种因素为了如何吸引人们的注意力而相互竞争。

当一个新颖聪明的 blending 词语形式更容易吸引我们的注意力并使我们愿意阅读倾听时,其他人会通过类比的方法创造出相似的词语形式,因为这样做会更时尚,因而表明他们自己也是紧跟时尚并且富于创造力的。鲁阿(Rua,2007)通过收集短信息、电子邮件(email)和其他形式的电子交流中的语料,讨论了使用者在交流中的新词语特点,由于电子和网络交流的特性,需要人们通过键盘来输入交流的内容,这就比口头表达要费时费力,为了达到迅捷的目的,增加交流的高效性,人们的关注焦点放在了快捷上。因此研究的重点放在了各种截短法(shortening)形成的新词语构成方法上,只要是比原始表达更紧凑短小的构词方法,都可以被归入截短法中。在流行新词的来源研究中,艾托(Ayto,1995)通过讨论流行新词构词的三个广义的来源形式,并以此为依据,提出流行语的形成方式可以归纳为词义改变、创造、转换和借用,如此产生的新词,除了其中的"创造"是从无到有的过程,其他三种形式都是在原有词汇的基础上进行调整,用旧词承载新的意义。作者指出,这些词汇具有更长久的生命力。

综上所述,新词的构成对流行语的构成有借鉴意义,因为往往新事物出现后得到大量关注,进而产生了指代该事物的流行语,但具有研究意义的流行语的使用范围会远远超出其最初的语境,指代也不再是唯一,在意义被泛化后具有了类指的特性,使用语境也因此扩大。

2.2.5 流行语的传播研究

如果没有高效的传播,流行语无法成其为流行语。只拥有少量使用者,或在很小范围内使用的语言形式,无论其形式和内容多么的新颖独特、创意无限,也无法成为流行语。传播是流行语最终形成的必要途径,因而也是流行语研究的重要关注点。

在关于流行语的界定中,许多研究提到了两个共同的判定标准:迅速传播和广泛传播,这也是流行语公认的特点即传播的时效和广度。研究传播，必然要关注媒体和人。人是信息传播最初的参与者，口口相传是最初的传播途径；即便是在现代社会，人在传播中的作用依然是不能忽视的。然而，媒体尤其是新媒体和自媒体，正发挥着主导的作用，其中网络平台起着推波助澜的作用。全媒时代是对目前媒体发展态势的概括，包括电视、广播、报刊、网络、手机、户外视屏、公交视频等多种媒体形态的复合（刘晓丽，2010）。在这个多模态的媒介平台上，流行语毫无疑问受到了这一"全媒时代"的影响。首先，媒体的话语是对流行语认定的语料样本，比如借助大规模报纸动态流通语料库以及计算机技术手段，流行语的评选变得更为科学和客观。其次，媒体传播也具有"蝴蝶效应"[①]，任何一个微小的信息，通过网络的交互性，都有可能被放大，并产生连锁反应，演化成有巨大影响的社会流行语。全媒时代，话语权已经不是少数人的专利。再次，媒体传播与语言使用存在共生效应，即，互相依赖、互相影响、互相促进。大众媒体一方面吸收已经被人们认可的流行词语进入到普通词汇系统，另一方面又主动散播、促进适用范围有限的词语被更多人接受，也使得其意义不断泛化。在现代传媒的"炒作"下，许多流行语能在短时间内深入到社会生活的各个角落。

　　在流行语传播研究中，有一个理论始终吸引着众多研究者的眼球，那就是模因论。作为一种基于达尔文进化论的观点，模因论是用来解释文化进化规律的新理论，它借用生物进化模式探讨文化的基本单位、一个存在于大脑中的复制因子——模因的复制、传

[①] 蝴蝶效应最初是由麻省理工学院气象学家洛伦兹在1963年提出。其大意为：一只南美洲亚马孙河流域热带雨林中的蝴蝶，偶尔扇动几下翅膀，可能在两周后引起美国德克萨斯州的一场龙卷风。这种现象的原因在于：蝴蝶翅膀的运动，导致其身边的空气系统发生变化，并引起微弱气流的产生，而微弱气流的产生又会引起它四周空气或其他系统产生相应的变化，由此引起连锁反应，最终导致其他系统的极大变化。"蝴蝶效应"说明，事物发展的结果，对初始条件具有极为敏感的依赖性，初始条件下微小的变化，能带动整个系统长期的巨大的连锁反应，现在也用来比喻由于小细节引起的大事件。

播和进化(何自然,2005)。模因作为文化基因,不是通过遗传,而是通过模仿而得到传递(陈琳霞,何自然,2006;赵改梅,王晓斌,2007)。流行语的广泛传播正是有着模因的驱动,通过话语交际,人们根据信息交流的需要,对现有的模因进行选择并组合,有时是自觉的行为,有些是受了群体中他人的影响,需要使用特定的话语以便对群体产生归属感。当某种模因通过大众媒体宣传后,接受和使用的人会越来越多,生命力不断加强,最后成为一种相对稳定的模因固化在语言中。从模因论的角度看,语言模因解释了话语流传和语言传播的规律(张辛欣,娄瑞娟,2010)。根据道金斯(Dawkins)对强弱模因的划分标准,流行语实质上就是一种强势语言模因,它们复制能力强、传播速度快、范围广、形式简洁、社会关注度高。强势语言模因中最典型的代表莫过于网络流行语,流行语在网络的平台中得到大量的复制和广泛的传播,网络流行语现象是典型的模因复制现象(李迅,2013)。由于网络流行语的产生往往是基于某一特定的事件,其生成传播机制可以按以下线索发展:焦点事件—核心概念认知(初级模因)—扩散(强势模因)—语模提取(模因泛化)—再传播,其中,初级模因可能只是新词,泛化了的模因才是流行语;但是,不是所有的焦点事件都会以这一线索发展,有的焦点事件仅仅停留在核心概念认知阶段,不具备扩散的条件,因此,也不会成为流行语。模因论为语言演变引入了信息复制的观点。在模因机制的作用下,得到复制的不仅仅是新词语,还有创造新词语的创意,从而人和语言产生了互动(周炜,廖瑛,2011)。但是在信息和思想被复制之前,它们还只是潜在的模因;只有具有模因性且被复制的新词,才能最终进入流行语的行列。在这个意义上说,流行语都是成功的模因。关于流行语的语义泛化中模因性的影响,郆昌鹏、汪红(2011)提出了"模因域"的概念,即特定语义特征的集合。他们指出,流行语的语义泛化过程因此可以划分为三个阶段:语义在同一模因域内传播为特征的第一阶段;语义跨模因域传播为特征的第二阶段;自私的模因疯狂传播为特征的第三阶段。在此之后,有些无限泛化的模因语义虽然达到了生命的巅峰,但是已经不堪人们的到处使用而奄奄一息了。有幸存活下来的会渐渐失去当初的影响力,有些会进入普通词汇的行列,让生命力得以稳定和延续。

另外,模因论还被用来解释某一个流行语的生成、复制和传播,如对"山寨"一词的个案研究(武和平,王玲燕,2010)等;或是被用来讨论某一系列的流行语,如对新闻标题中流行语的模因论研究(杨婕,2008)等。

2.2.6 流行语案例研究

该研究可以分为两大部分,一部分是对特定类别的流行语研究,另一部分是对流行语个案的研究。

对流行语的特定类别的研究不仅有详细的分类,而且也拓展了研究的深度和广度,比如校园流行语的研究。年轻人对于新鲜事物有本能的崇尚,他们也善于学习并创造新事物,胡明扬等(1990)、陈建民(1991)曾经明确指出,流行语的使用群体主要是城市青少年。因此,校园流行语向来是流行语研究的一个重要领域,比如,可以展现校园中流行语使用的真实生动的现状,发掘校园流行语的使用特点以及流行原因(肖丹青,2012),或者大学生在流行语使用这一问题上存在的性别、年级和学科的差异(孙云梅,林巍,2006)。总之,校园流行语作为流行语大类里的子类别,具有流行语的一般特性,但又由于校园的特殊环境、使用群体的单一身份而具有自己的特点,比如关注内容较为集中一致。研究校园流行语,可以让人们更好地了解当代青少年的心理和价值取向,方便教育工作者及时掌握青少年的思想和心理动向,随时做出合理的引导,帮助他们面向更好的未来。

还有相当多的流行语研究集中在新闻和新闻标题之中的使用上,因为新闻需要尽可能地吸引读者,引起关注,因此其风格上一定要有特殊之处,如,在对新闻中的流行使用的新词汇进行的研究中,雷诺夫(Renouf,2007)指出,在新闻中的词汇创新,主要意图是获得一种特别的风格效果,比如幽默或讽刺效果。也可以用来传达给读者一种感觉:作者的博学、老练、恰当的距离感等等。表现的形式有双关及其他文字游戏、隐喻延伸、故意的错误等。雷诺夫还对英国媒体中流行的新词意义进行了个案研究,如 chav,hoodie,neet,tsar 等。

对流行语个案的研究则十分丰富多彩,流行语的多姿多彩也使得该类研究具有不少趣味性。该类研究可以再细分为两个方面,一是对某个特定流行词语的研究,探讨来源、划分使用、解读含义并进行归纳总结,如对"雷""山寨"等的研究(徐洁,徐国珍,2011;缪俊,2009);二是对某个流行语的语言形式的研究,主要是框填类流行语的研究,如"×控""被××""很×很××""厉害了我的×"等的研究(陈文博,2010;何洪峰,彭吉军,2010;郑庆君,2010;蔡晓,2008;王莹莹,2017)。这类流行语的研究,因其个案的多样性特点,不能对其进行相对较为普遍的规律总结,但依然可以发现流行语的一些共性,如意义的嬗变、语义的泛化、框填结构的语境适应性等。

2.3　流行语的多学科研究

不管对流行语自身的研究是在哪个层面上进行的,流行语终究是一种语言文化现象,与人们的社会心理、价值取向息息相关,同时,它们的传播又与现代传媒手段和网络信息技术密不可分,因此,任何对流行语的研究都无法完全绕过以上提及的各个相关视角,这些多多少少在研究中会体现出来。从这个意义上说,我们探讨流行语研究的多学科视角从来就不应该是孤立的,不同方面的研究可以结合与之相关度和契合度最高的研究视角,有针对性地采用其他学科相应的理论和方法,对流行语的不同方面给予有理有据的分析。比如,界定研究可以采用动态流通语料库的视角,以提高研究的科学性,流行原因的研究可以采用语言学和社会心理学视角;产生途径的研究可以是语言学和文化传播的视角;而传播研究显然应该采用新闻学和传播学的视角。

在各个学科视角的研究中,语言学视角被采用得最多,不仅仅是因为流行语本身就是一种新兴的语言现象,也是因为语言学的视角也不是单一的,它拥有许多更为细分的子视角,包括社会语言学视角、生态语言学视角、认知语言学视角、语用学视角、语言变异视角、语音视角、修辞视角等等;丰富的子视角让流行语的语言学研究更加充实,孕育了不少果实,其中尤以采用社会语言学、认知语言学、语用学和修辞学等视角为多,比如姚力之(2012)对流行语语义变化的认知隐喻解读,周统权、杨静(2010)对"山寨"一词成为流行语的演变的认知发展过程研究,郑庆君(2010)对框填式流行语"被+××"现象成因的语用分析,等等。

除了语言学视角,从其他学科角度进行跨学科的研究现在也蓬勃发展起来。其他专业领域的学者完全可以从自己熟悉的领域,对流行语进行研究,如社会学视野下的网络流行语分析(顾源,2009),语言经济学角度的流行语分析(任荣,2004),符号学理论下的网络流行语传播的分析(李玉洁,2009)等。沃索(Worsøe)(2011)则从整合理论和社会心理学的角度,关注新词和语法化,解释了人们在社会网络中获得身份和相互理解的原因,提出了一个新的概念,"被映像的词"(the mirrored word),来理解处理词的动态意义、不断变化的情境及语境化过程。这些研究作为语言学视角研究的补充,使得流行语研究更具多棱性和整体性,不仅可以折射出更斑斓的色彩,还可以让我们看到流行语发展的全貌。

综合以上关于流行语研究的各个方面,我们可以看出,对流行语的特征、流行原因、产生途径、传播和对特定流行语及个案的研究,以及从其他学科角度进行的流行语研究,都取得了丰硕的成果。流行语作为最能反映社会变迁和人们生活变化的语言风向标,在人们的交流互动和媒体的推广之下,在人们的语言生活中占有日益重要的地位。流行语的使用和解读,关乎交际的顺利与否,一方面,说话人是否恰如其分地传达了想要表达的意义,这里不仅是指语义上的传达,还有该语言表达所能产生的语言效果是否符合说话人的预期;另一方面,听话人是否顺利接收到了言说者所要传递的语义信息和他想要达到的表达效果,他为何不用一个普通词语而用了一个新的流行语来表达同样的意思?他的目的何在?他是为了紧跟潮流,还是彰显个性,或是居高临下,抑或是寻求群体归属感?这时,仅仅依赖对语义本身的解读,已经无法全面地呈现说话人的真实意图。是谁在说?说给谁听?在什么场合下说?什么样的时间?什么样的地点?什么样的前言,什么样的后语?所有以上产生影响的因素,归于一个词,就是语境。如何把对于语境的认知细化为语用层面的假设,构建出临时信息,并在关联的制约下,选择最具有语境效果的解读,是现有的研究中没有涉及的,因此本研究将对此做深入探讨;同时,为了得到流行语语境化后的意义,需要对流行语进行语用充实,其充实的过程,与一般的语用充实过程相比有何特殊性,也是本研究需要涉及的。它们为流行语的进一步研究提供了一定的空间。

2.4 流行语的翻译研究

流行语的翻译研究应该与前文所述的研究内容并不属于同一个层面。以上的研究都是研究流行语的本质属性,而翻译是流行语在流行过程中的另一个方向。

从翻译的角度来谈流行语的研究并不算多。但语言作为文化的载体,它的作用就是交际,通过交际让双方更多地相互了解。中国的变化有目共睹,世界已经无法忽略中国的发展和变化,以及这些变化给整个世界带来的深刻影响。世界需要了解中国,中国需要向世界展现自己,讲述自己的故事。汉语流行语作为真实反映中国社会巨大变化的显示器,对于世界认识一个动态发展着的中国有重大的意义。因此对流行语的翻译也成为世界和中国沟通的桥梁,对此进行研究具有非常积极的意义。

在流行语翻译中,涉及许多问题,如流行语的语义解码问题(即概念内涵和外延意义解读);流行语引发的新义辐射解码问题(语义泛化后抽象化意义在多语境中的具象性解读);流行语句中的词性处理问题(张向京,2004)。对流行语来源进行统计归纳,并进行分类,也可以据此总结出一些翻译策略(余义勇,2010)。从翻译原则上看,流行语翻译的本土化途径,也是有些研究者所倡导的:翻译应该体现创作思想和意识,进而影响译入语的文化。在全球化的语境下,对于汉语时兴新词的翻译要从文化和本土化的视角,采用一些例如音译、音义译、译借或回译,以及语义再生创译等翻译方法和途径进行处理(廖晟,2008)。陈德彰(2011)在《热词新语翻译谭》中对热词新词的翻译实践进行了综合性探讨。他认为,在第一时间让世界了解中国的国情、民情,是翻译界的一大任务,而词典的编纂永远赶不上时代的脚步,许多新词语如果翻译不恰当,在对外传播中很可能会引起外国读者的误解。他主张在翻译中全面考虑包含有新词语的汉语时文的翻译,把词语的翻译放入文本翻译中进行统一考虑。

在国外的流行语翻译的研究中,崔(2006)研究了2003—2004年韩国出现的流行语的口译,总结出了流行语的口译策略:一,可以借用原语的词汇,在译语中成为借用词;二,在译语中创造与原语相对应的新词。另外,他还提出了译员如何做好新词翻译的培训方法,如阅读自己所能掌握的所有语言的报纸,随时记录出现的新词和短语等。

有的研究者对新词语的翻译研究的角度则比较特别,如:韦思贝里斯(Veisbergs,2007)对这类翻译进行反向思考,不仅仅关注译出后的语言如何主动适应该目的语的使用特点;他还研究了从英语译出的文本如何影响目的语的词语形式和短语的创新。翻译作为最重要的跨文化交际形式,不断影响着目的语文化、思维习惯和语言,而词汇创新就是目的语主动适应来自原语中新概念的一种方法。他认为,外来的影响是可以在语言的创新和创造性词语的游戏上得到体现的。

本研究认为,对于流行语这一特殊语言现象,要根据其来源特性、流行的动态过程,尤其是不同语境下的解读来进行翻译,并能因此提供一些启示。流行语翻译的语境观正是强调了语境的重要性,没有语境的流行语甚至不能称之为流行语,那些旧词新义的流行语,一旦脱离了语境就不再是流行语,只有赋予了特定的语境,其流行意义才能显现。在对它们的翻译中同样需要结合语境来把握它们的意义。

2.5 小　结

通过文献的梳理,我们对流行语的研究现状有了大致的了解,从最基本的概念界定研究,到关于流行语的本质特征和属性的研究,再到流行语的多角度多学科的研究,大量的研究者已经获得了丰硕的研究成果,为后续的研究打下了坚实的基础。对流行语研究的总结和回顾也让一些问题逐渐呈现出来:

(一)现有的研究未能就"能产性"的流行语进行专门的研究。正如前文所述,能产性流行语代表了流行语中能够既反映社会文化又反映语言发展属性的典型例证,它们的发展变化更有戏剧性、也更有研究的价值、更能对社会文化和语言的研究提供参考。当我们遴选出那些具有能产性的流行语时,其实就已经对流行语的某些属性和特征做出了一些假定,当这些假定通过语料分析得到证实时,能产性流行语的特征将会更明晰,也将会为今后类似流行语的发展趋势找出相对普遍的、可循的规律。

(二)现有的研究未从语用的角度来专门研究流行语的理解及其机制。流行语只有使用才能保有其生命力,任何不结合语用意义和认知效果的研究都无法对流行语做出准确的解读,尤其是流行语理解中的问题:流行语是如何在使用中被说话人赋予了复杂的含意?流行语是如何在听话人处得到层层解读,透过表面意义呈现出深层的含意的?这些都需要通过对流行语在交际中使用的研究来寻求解答。

(三)现有的研究未能基于语境对流行语的解读提供较为完备的阐述。流行语的使用必然是要依赖语境的,什么样的语境可以适合某一流行语的使用,或者在什么样的语境下由于使用了流行语而使得流行语的语义被迫进一步泛化,从而适应语境,这些体现了流行语和语境之间的作用和反作用,语境要适应流行语的语义,流行语也会适应不同语境来传达含意。基于语境的流行语研究是流行语动态发展的研究。

(四)现有的研究未能很好地结合流行语的解读来探讨使用的效果。流行语的使用效果是流行语能够吸引人们去使用的终极原因,正因为流行语有比普通词语更丰富的内涵承载,才使得使用流行语之后的效果非常惊人;仅仅是用流行语来代替了普通词语,就有更多默契、互明、心照不宣的内容,就会为听话人提供源源不断的联想和暗示,联想到什么样的遥远的地方则完全由听话人自己掌握,这种效果会因人而异,与听话人自身的知识条件和知识储备紧密联系,效果也是各不相同。

(五)现有的流行语的翻译研究缺乏基于理论的意义分析,研究的问题和内容也尚未突破一般翻译实践研究的基本套路。如果我们能够就流行语翻译中的第一步——关于其语用意义的解读进行详细的过程分析,必然会对其理解提供很大的帮助,在此基础之上的翻译也会更加顺畅和达意。

本研究将主要讨论以上提及的各个问题,力争对现有的研究有所完善和突破。

第三章 理论框架

本章节将阐述研究的理论框架,主要包括关联理论中对交际话语理解的最佳关联原则的制约,对语境的认知能力在语用层面的实现,并在关联的制约下选择语用层面最合理、准确的解读。

3.1 关联理论

法国学者斯珀伯(Dan Sperber)和英国学者威尔逊(Deirdre Wilson)的专著 *Relevance*:*Communication and Cognition* 提出了阐释交际和认知的关联理论(1986/1995)。

关联论从认知心理学角度来研究话语解读,认为人类心智是朝高效率方向迈进的,注意力和认知资源倾向于自动处理那些相关联的信息,话语理解过程涉及心理表征的推理和计算。换言之,人类心智的信息处理以关联为驱动力,对所掌握的信息进行选择性处理,从而构建出适切的话语表征。

关联是一个在科学、哲学和日常生活中非常重要的概念。但是,关联又是个意义模糊的词,不同的人有不同的用法,同一个人在不同的时间也有不同的用法。

日常的关联的概念就是"有关",比如,一个路人向另一个路人询问时间,第二个路人拿出手表看了看,并告知第一个路人具体的时间,那么第二个路人的行为和话语对于第一个路人来说就是高度关联的。这是日常交际中最普通的关联概念。如果第二个路人看了看天空,然后告知第一个路人说他不知道是什么时候了,那么他的话语对于第一个路人就是高度关联的,但是他的行为表面上看与第一个路人的问话并无关联。事实情况的确这样吗?

我们可以相信,人为了达成交际,总是倾向于使用关联度高的语言和非语言信息,并同时期待交际的另一方也同样提供关联度高的语言和非语言信息。人出于本能,在处理话语信息时,对于关联具有一种直觉,并自始至终可以区分关联的信息和无关的信息,继而自动处理那些具有关联的信息。对于关联的直觉离不开话语的语境,哪些语境是需要考虑的,哪些语境是不用考虑的,人脑中并没有明确的标准来控制。如果刻意将语境限制在某种人造的语境之内,会完全违背语境构建的自然过程。当自然的语境加入行为和话语的分析中时,许多看似不相关的东西就具有了关联性,话语理解也会做出符合当前语境的选择性处理。

比如在上面的例子中,自然的语境就是两个陌生人的会话交际,会话的目的是一方想要得知当时的具体时间。当被问话人抬头看天空的时候,基于对关联的直觉,问话人会把这一行为与自己的问话联系在一起,在对这一行为的意图进行推理时,就会做出与"时间"相关的理解选择。那么"看天空"一定不是想知道天气情况,因为这与"询问时间"的语境不吻合,问话人没有理由相信被问话人完全没有听懂他的问话,或者被问话人故意回避他的问话(即使是故意回避也是一种关联,比如,不便回答的某些问题,或者不便回答的某些场合,一定是与问题本身、问问题的人和问问题的语境有关联的)。这时,对于被问话人行为的解读就一定自动朝着关联的方向去进行。天空和时间的关系对于有常识并有正常思维能力的人来说就是,没有手表等计时工具时,天空中太阳的位置和光线的明暗可以大致反映时间的信息。但是这种看天推时间的能力既然是普遍共有的,那么问话人就也应该具备,因此问话人想要知道的时间信息一定就不是以这种看天的方式推出的模糊时间信息,而应该是精确的时间信息。当被问话人意识到,对问话人的问题并不能提供实质性的帮助时,他选择的是不提供任何信息。这种选择,符合与问话人的提问相关联的语境,尽管被问话人也许会有非常丰富的生活经验,看天推测的时间常常会非常准确,他依然选择了符合问话人关联期待的回答,即我想要得到的回答是,告知计时工具上显示的准确时间。

人们话语理解的过程存在一个重要的心理特征,这个特征使得人们的交际能够通过特定语境下倾向于关联的解读来使交际得以实现。那么合理的解读是通过什么过程来实现的呢?在解读的过程中,关联是如何得到体现并如何决定解读步骤的先后顺序、如何确定解读到某一步骤可以终止,这些问题的深入了解有助于对关联的概念加以理论性界定,这种界定不是一个简单的定义可以胜任的。越是在使用中熟视无睹的概念,越是能够解释千差万别的现象,它的意义越是模糊,越是需要抽丝剥茧的分析来界定。

3.1.1 关联原则

关联原则是对合作原则的继承与发展,二者都试图解开人能够传递和理解交际话语和交际意图的秘密,也尝试以不同的理论假设来对人的交际做出解释性的研究。

格赖斯(Grice)的合作原则强调了交际中的合作,指导这一原则的推理是建立在理性的基础上的,即说话人是理性的人。基于这样一个前提:会话交际的参与者都会相互合作,力争能让交际顺利进行下去。在这个前提下,人们在说话中就会遵守一些准则。格赖斯把这些准则分为四个方面:数量准则(你所说的话应该包括且仅包括当前的交谈目的下所需要的信息),质量准则(努力使说的话真实,不要说虚假或缺乏足够证据的话),关系准则(要有关联),方式准则(说话要清楚明白、简练、有次序,避免晦涩、歧义)。四个准则的实质,是使交际双方不断理解对方说话的目的和动机,并据此适时调整自己的说话内容和说话方式,使交际能够进行。

斯珀伯和威尔逊的关联理论关注了交际与认知两个方面:"话语的内容、语境和各种暗含,是听话人对话语产生不同的理解;但听话人不一定在任何场合对话语所表达的全部意义都得到理解；他只用一个单一的、普通的标准去理解话语；这个标准足以使听话人认定一种唯一可行的理解；这个标准就是关联性。"（Sperber & Wilson，1995）

可以看出，在"合作"的概念中，交际双方都在一定程度上意识到某个目的，都会理性地看待交际的行为，因而他们努力并默契地维护这个目的，交际不是由一串不相干的话语组成的，谈话是相互合作的行为。"会话过程中无论话怎样说、具体说了些什么……都认为是合作；一旦发现了对方某一话语出现'偏离'合作，就只好'谋求'一个'说法'来填补或纠正这一'偏离'"（徐盛桓，2002）。关联理论对于言语交际行为的解释更抽象、更彻底。关联理论力图完整探讨言语交际行为的全部过程，在1995年第二版中原来的关联原则被细化为关联第一原则和关联第二原则；前者是认知原则，即人类认知常常与最大关联性相吻合；后者是交际原则，即每一种明示的交际行为都应设想为这个交际行为本身具备最佳关联性（Sperber & Wilson，1995）。

格赖斯在讨论合作原则时曾说过这么一段话：在关系范畴底下我只放一条准则，即"要有关联"（1975/1989）；根据格赖斯的观点，交际双方都应该知道并遵守合作原则，该原则下的质、量、相关和方式四个准则，概括起来说，就是在以上四个方面都要与交际相关联。斯珀伯和威尔逊也曾明确提出要用关联原则统括（subsume）格赖斯的合作原则及其各项准则（1981），理由是格赖斯的准则太模糊了，例如合作原则中的数量准则都没有说明判断数量是否充足的标准，而这个标准要根据与交际意图的关联度来确定，因此关联原则可以统括所有格赖斯准则（姜望琪，2014）。此外，许多学者也注意到了关联的概念对理解人类交际的重要性，比如语用学家和哲学家达斯卡尔（Dascal，1977，2003）认为，关联是所有交际中最基本的前提，没有对关联的普遍认可，也就没有交际的进行。在他看来格赖斯的合作原则中也强调了关联准则的重要性，因此合作更像是关联。

合作原则本质上有一个理想的假设,即交际双方是合作的。但是交际双方必须合作才能让交际进行下去吗?说话人一定要做到表达真实、充分、相关和清楚明白吗?是否听话人需要能够识别出说话人是否违反了某一准则,从而产生了语义的蕴含?虽然合作原则可以知道如何通过解码和推理推导出会话含意,但是会话含意理解的过程无法被解释,因此,其理论性不够,也缺乏严密性。

关联理论也有一个对关联与认知和交际之间的假设,即"人类的认知是以关联为取向的","所以人都自动地趋向于最有效率的信息加工"(Sperber & Wilson,1995)。任何交际中的话语都自动传递自身的关联。关联原则不是遵守或违反的问题,它反映交际者的认知能力,一个理性的交际者都可能期望与听者建立起最佳关联(Sperber & Wilson,1995)。"关联是一个认知效果和加工之力的问题",不管说话人提供的信息是否为最大关联的信息,至少提供的信息"会足以产生使听话人认知的效果",同时,"由于存在达到目的效果的不同方式,所以要求说话人耗费不同的加工之力,然而理性的说话人会选择易于听话人进行信息加工的方式,向听话人明示要表达的信息"(张绍杰,2008)。这是关联对于交际过程的理论建构。另一方面,关联理论帮助建立了交际中话语含意的推导模式,即假定任何话语的命题形式都具有语义的不确定性,需要在语境中通过语用过程加以确定,而语境既是话语理解推理的依据,也是推理的结果,从而又建立起语境假设和语境效果的概念。通过对话语的语用充实,推导出语境化后的话语含意。

因此,与合作原则相比较,关联原则理论性更严密、实际中更有可操作性,其建立了从话语意义到话语含意的理解机制,比较全面地描述了语言运作的整个逻辑过程,从话语输出的表达式出发,一步步与产生最大语境效果的假设发生最佳关联,走向理解。

然而,关联有一个非常难以界定的方面,那就是度的问题,关联度是很模糊的概念,一个人觉得很关联的东西,另外一个人可能认为关联度并不高。

那么交际双方对关联度的不同认知是否会阻碍交际的顺利进行？实际上，很少有两个人在各个方面的认知都非常一致，所以对话语内容是否关联的态度也存在偏差；但是，在日常生活的会话交际中，除非一方刻意中断交际，双方会话交际难以顺利进行的例子并不常见。这也说明，对关联度的不同认知，并不实质性地影响会话双方对话语的理解。那原因何在？话语的解码和推理是语境假设和语境效果互为前提的过程，"某一语境以命题形式作为语境假设，它可以作为下一步推理的依据；作为语境效果，它又是推理一定阶段达至的理解"，这样层层推理下去，其中"最一般、最显著、最普遍的共同特性是同被推理的对象必定关联"（徐盛桓，2002）。因此，交际双方本着关联的原则，会不断调整自己对话语关联度的把握，并推进会话向前。

3.1.2 话语理解的解码和推理

语用学研究的核心问题是，面对可作多重解读的话语，听话人如何根据特定语境，利用表层的语言所提供的基本信息，解读出说话人意欲传递的暗含（implicature）。

话语理解的研究不同于句子语义表征的研究。语义表征研究的是语法和词汇在人头脑中引发的认识，是将其进行解码，并对它们进行描写，而语用学则对解码出来的语义进行推理，基于语句使用的时间、地点、说话人身份、说话意图等语境因素来进行解释，得出会话含意，并在语境中达到一定的认知效果。请看下面的例句：

例（1）今年这里的降水偏少。

根据语义表征研究，例（1）是陈述句，陈述了一种气候情况，并在陈述中提供了时间和地点等信息。句子的语法结构和组成句子的词语的基本词义信息，提供了句子的语义表征，这是非常清楚明了的。但是,仅仅看语义表征,并不能得到该语句在使用时的完整信息。在实际使用中,该语句所反映的内容远远大于语义表征所能告诉我们的东西。如:今年是哪一年?这里是什么地方?什么国家什么城市?降水偏少是以什么作为标准来比较的?如果这些内容没有相应的语境信息作为理解的前提和背景,该语句的使用是达不到任何交际的目的和认知效果的。因此一个语句孤零零地放在那里,也许只是一种没有任何交际意义的语法操练,我们并不认可这是自然的语言使用。只有把语句放入语境之中,语言才有灵魂,才能为我们所用,才能体现语言的生命力。

那么,对话语的理解需要经过什么样的过程?是复杂多变、无序可循,还是遵循着一种内在的规律?人脑对语言的习得和使用,可以说是世界上最复杂最不可捉摸、同时却又是最自然最看似简单的事情。这样的一件事情要彻底弄清楚其中的奥妙是非常困难的;但是人们对于语言的使用进行了长期的观察和研究,已经在一些方面取得了相当的成就,如语言的习得、语言的语法结构、语言在交际中的解读、语言的语用功能等。其中语言在交际中的解读成功与否,会直接影响语言的语用功能,也就是语言使用中真正的意图所在,即交际目的。因此,了解交际双方是如何通过语言进行交际的,即,交际一方对于交际另一方的语言是如何解读的,并做出相应的语言或非语言反应的,应该是语言研究中非常重要的方面。

语言在交际中充当了意义载体的功能,但是这个载体是非常特殊的,并不是像电流通过电线这一载体、传递到电线的另一端、并发挥电流的作用那么简单。一种语言通过话语承载的意义分为两个层面,一个是表层的意义,属于语法和词汇的语义层面,只要是能弄清楚该语言的语法和词汇的语义,一般就能明白这一层面的意义。这是语义学研究的抽象意义,是孤立于语境之外的意义;但在许多情况下,抽象意义也不是唯一的。而另一个层面的意义就比较复杂,它取决于话语使用的场景、说话人和听话人。在什么场合使用？是工作场合、社交场合，还是家庭场合？是谁在说和听？是上司、下属、同事、朋友、家人，还是陌生人？这是语用学研究的语境意义，取决于它所出现的语境，在多数场合下，语境意义是明确的，往往只有唯一的解释。

设想电影中出现一个场景：一个人把一束鲜花放在桌上，如果完全不考虑其他的外部因素，我们看到的也只是"有人放了一束鲜花在桌上"。也许我们确实可以细心地看到，这是一个中年男子，衣着比较正式，并且我们也注意到了他衣服是黑色的，式样比较普通；我们还看到那一束花是大把的粉色百合花，而那张桌子是一张枣红色的长方形桌子，旁边能看到有两张铺了暗红花纹坐垫的椅子。对于我们有常识的人，并且是对所生活的社会文化有充分了解的人来说，一定能从场景中得到比眼睛所看到的丰富得多的东西。

我们在定格的画面中，看不到画面外接受鲜花的人是谁，但是我们可以根据所看到的物件进行推理。每一个物件其实都在说话，试图告诉你更多的信息，比如百合花一般不用来求婚、枣红色的长方形桌子一般不是办公室里用的桌子，男子的送花对象也一定不是在医院里的病人，因为常识告诉我们医院的家具都是白色的或浅色的。这就是初步的解读。

但是这种解读还不够，因为我们可以从以上的分析中提出若干个对于那个场景的解读的可能性，也就是假设，但要真正确定最终的正确解读，还需要更多的信息。眼睛所看到的东西就如同话语中的语法结构和词汇所带来的语义的表征，是纯语言的信息；场景中的物件所告诉我们的信息，是物件所附带的百科知识信息，如同话语中语言会带来百科知识信息一样；而在这个场景之前的故事是什么、发生了什么事情、人物是谁、他和鲜花的接受者是什么样的关系、在这之后事情又如何进展的，所有这些，如同话语使用的场合和话语使用的双方一样，属于语境的信息。语境信息才是最终决定话语意义的终极因素。

正因为如此,即便是乔姆斯基(Chomsky)所举的不违背语法规则、却毫无意义的经典例句"Colorless green ideas sleep furiously"也由于被赋予了特定的语境,变成了一句有意义的句子(详见赵元任先生的解读①)。说得绝对一些,任何话语只要有合适的语境,都可以有合适的意义。

如果要对交际实现的过程进行解释,第一步是解码话语在语义上的抽象意义,解决词义、指称意义和结构意义的模糊或歧义。但这只是刚刚开始,重要的是第二步,听话人从抽象意义层面过渡到语境意义层面。在语境意义下面,我们可以区分话语意义(utterance meaning)与会话含意(conversational implicature)这两个相关概念。话语意义是指说话人发出特定话语所表达的字面意义,即格赖斯(1975)所说的规约意义(conventional meaning),它是说话人意义的第一个层面。说话人意义的第二个层面是说话人通过发出特定话语所实际想表达的用意和意义,是会话含意。这一层面对交际成功与否非常重要。在很多情况下,误解的产生并不是因为听话人不理解词的意思或是语法上的结构,而是没能理解说话人的会话含意,包括解读不足、解读偏向、过度解读等,这些都是属于误解。

请看以下例句:

---

① I have a friend who is always full of ideas, good ideas and bad ideas, fine ideas and crude ideas, old ideas and new ideas. Before putting his new ideas into practice, he usually sleeps over them to let them mature and ripen. However, when he is in a hurry, he sometimes puts his ideas into practice before they are quite ripe, in other words, while they are still green. Some of his green ideas are quite lively and colorful, but not always, some being quite plain and colorless. When he remembers that some of his colorless ideas are still too green to use, he will sleep over them, or let them sleep, as he puts it. But some of those ideas may be mutually conflicting and contradictory, and when they sleep together in the same night they get into furious fights and turn the sleep into a nightmare. Thus my friend often complains that his colorless green ideas sleep furiously(杨自俭,李瑞华,1990).

例(2) Is that your car?

这句话的词义和指称意义都非常清楚,that 指的就是一辆车,而 your 指的是听话的人。那么说话人意义的第一个层面,即话语意义,就很清楚。然而,如果要弄清楚说话人隐藏于话语意义背后的交际意图,就需要先进行种种假设,如:

(1) 说话人对对方的车表示羡慕、赞美、藐视或嘲笑等;
(2) 说话人在斥责对方的车挡住了道路或违反了某项交通规则;
(3) 说话人想请求搭乘便车等。

虽然话语意义和会话含意密切相关,如果人们不能理解话语意义,通常也无法理解对方的会话含意。但是在很多情况下,我们还需要利用副语言特征,如声调、语调、重音,或利用非语言特征,如手势、面部表情,或根据语境,如话语场景,来推断说话人的用意。上面的例子中,声调和语调可以帮助判断说话人是第一种推测中的哪种可能;根据说话人自己所处的位置和汽车的位置等物理因素,就能判断出是否属于第二种解读;第三种推测需要根据说话人之前的话语,推测出是否他有请求的可能。以上所举的三种可能的会话含意都仅仅是假设,是否确实是其中一种或者另有其他含意,还需要更多的语境信息来佐证。这些假设的可及性程度也是由语境所决定的,一般来说,人的大脑倾向于先处理那些显而易见的信息,得出初步的假定,如果初步的假设因为证据不足而难以得到,那么听话人会自动寻找那些更为隐蔽的新的语境信息,同时看新语境对现有的假设是否加强、削弱或者取消(Sperber & Wilson,1995),进行必要的后续推理,形成新的假设,并检验其认知效果是否为符合最佳关联假定的解读。

3.1.3 明说、暗含和弱暗含

格赖斯(1975)在合作原则下的话语理解的解码和推理模式

上，提出了会话含意的概念，并通过合作原则机制来理解会话的含意；而关联理论则试图取代合作原则。斯珀伯和威尔逊认为，人们的交际并不总是合作的，人们也不是天生就会遵守合作原则中的各项准则，如果像格赖斯所说的，把语言交际看成是按照一定的原则和准则进行含意推导的过程，则过于主观也缺乏普遍性。

斯珀伯和威尔逊认为，语言交际中话语含意的理解是一种认知活动，而人类的认知是以关联为基础的，人们根本无须刻意遵守关联原则，即使想违反也不可能违反，因为每一种明示交际行为（ostensive communication）都被设想它本身是具有关联性的。会话含意理论中，如果话语传达的是非话语意义，那么听话人就需要对该话语进行层层处理，先获得字面意义，再根据字面意义去推导含意，理解说话人的交际意图，因此，格赖斯关注的是话语在交际中的暗含；而关联理论既关心交际中的暗含，也关心交际中的明说（牛保义，2002）。听话人对话语的明示信息加以充实，得出隐含意义（先得出隐含前提，再推导出隐含结论），寻求以最合理的加工代价得到足够的关联理解。因此人们的语言交际是一个说话人传达关联期待和听话人寻找关联相互作用的过程，是一个明示—推理过程（ostensive-inferential communication）（Wilson & Sperber, 1988）。

关联理论中的暗含与格赖斯的含意用的是同一个术语 implicature，但是在斯珀伯和威尔逊（1986/1995）看来，暗含是指说话人为了使自己所讲的话语具有明显的关联而故意向听话人表明的语境假设或含意，与会话中合作原则或准则的遵守和违反没有联系。暗含包括隐含前提（implicated premises）和隐含结论（implicated conclusions）。例如：

例（3）Peter：Would you drive a Mercedes?
　　　　Mary：I wouldn't drive ANY expensive car.

Mary 话语的明说部分（明示信息）是话语的命题形式，是语言编码的信息；而 Peter 要从 Mary 的明说得出隐含意义（暗含），必须经过两个步骤：先提取隐含前提：A Mercedes is an expensive car，然后再推导出隐含结论：Mary would not drive a Mercedes。斯珀伯和威尔逊认为，隐含前提必须由听话人（Peter）自己提供，来自其认知体系，包括逻辑知识、百科知识与词汇知识，它们构成了人们的认知环境（何自然，冉永平，1998）。Peter 相信 Mary 一定是想通过明示信息希望 Peter 推导出她的交际意图，这一明示—推理过程的模式是：

前提 1：任何话语 U 都与语境 C 关联，表达一定的交际意图；
前提 2：说话人某一话语 U 与一定的语境 C 关联；
结论：说话人话语 U 表达一定的语境含意（张绍杰，2008）。

因此，对于 Mary 展示的信息意图和交际意图，Peter 凭借自己的认知语境做语境假设：Mary 认为 Mercedes 是贵的车，因此 Mary 不开 Mercedes。这个暗含耗费的加工代价最小，产生的认知效果最大，具有最佳的关联，就是 Mary 的交际意图。因此，暗含是在话语的明说内容与语境相结合的基础上，两者建立最佳关联推导出来的。

暗含的内容即便能通过语境导出，也并非完全确定的，说话人的话语在听话人身上的效果可以有多个可能，为了维护关联，最初听话者会得出一系列语境假设。理性的人对一系列语境假设的筛选遵循着"'优化思维规律'：理性的听者可以假定自己付出最少的加工代价而得到的第一个关联义便是尽量（最佳）的关联意义"（蒋严，1998）。除此之外，其他的语境假设往往需要听话人付出更多的加工代价，关联程度也相对较低。但是这并不意味着这些假设没有关联；付出更多加工代价，听话人往往可以得到某些额外的认知效果作为回报。这些额外的认知效果暗含的显明程度较弱，称为弱暗含。如上个例子中，Peter 对 Mary 话语暗含进行推导时也许会得到"Mary 喜欢性价比高的车""Mary 不愿意在车上花很多钱"等与自己的问题的意义上连贯程度相对不高、关联度相对不高的语境假设，但是 Peter 依然费力去推导了，那么他从 Mary 的话语中得到了更多对于 Mary 的认知，他的费力得到了补偿。

这些费力得出的弱暗含并不像强暗含那样，在交际中必须推导出来后，才能保证话语含意的理解。换句话说，如果某个暗含对于理解说话人的意义必不可少，那么该暗含就是强暗含；如果某个暗含只是一系列可能的暗含中的一个，那么该暗含就是弱暗含。这种弱暗含可以由听话人自由选择是否费力得出。费力后得出了这种弱暗含，听话人的理解就有了额外的成效，所费的力也得到了回报。费力越多，推导出的暗含就越弱，关联程度就越低；最后到了一个点上，听话人的理解完全不来自说话人的话语，纯属自由想象。而在基于关联性的推导中，当一个话语的含意主要由一系列的弱暗含构成时，这个话语就具有特殊的诗性效果：一种欲语还休、若隐若现的效果。

斯珀伯和威尔逊认为，弱暗含是听话人处理话语的过程中几乎难以回避的，因为话语本身的含意的明示程度就有强有弱。弱暗含产生的诗性效果也说明了，具有相同命题形式的话语却有不同的文体效果的原因，这也是话语表达中带有修辞色彩的原因。关联理论为我们了解话语的语言形式和话语解释之间的关系提供了新的视角。

3.1.4　关联性：加工代价与认知效果

我们在前面已经提到了关联定义的不充分性和模糊性，斯珀伯和威尔逊（1982）也指出，交际不是简单的关联或不关联的问题，而是一个程度问题，人们对话语含意的不同解读取决于认知环境，也表现出他们对关联程度的不同标准，我们或许可以认为说话人和听话人二者并没有一致的关联标准，而只有在他们各自看来最佳关联的标准。因此，斯珀伯和威尔逊着重讨论了关联度的问题，认为"关联度取决于输入与输出之间的比率，这里的输出就是语境隐含的数量,输入就是推导语境隐含所需的处理量"。这里所说的处理量主要是指处理话语所花费的时间和注意力。也就是说,对关联的判断涉及两方面的因素,一是语境隐含或认知效果的数量,二是获得语境隐含或认知效果所需要的处理量。

　　对于说话人话语意义解读的一系列假设,在特定的语境中的认知效果并不是评估其关联度需要考虑的唯一因素。认知效果的获得需要人们的思维,而思维的过程需要人做出努力、消耗一定的精力。为获得认知效果而付出的加工代价,是评估关联度时需要考虑的第二个因素。加工代价是个负因素:其他因素维持不变的话,付出的加工代价越多,关联度就越低。因此,对关联的评估涉及输出和输入之间的平衡:其他因素维持不变的话,导致较大认知效果的假设更有关联;同时,其他因素维持不变的话,需要较少加工代价的假设更有关联。斯珀伯和威尔逊(1986/1995)举了下面的例子来说明认知效果和加工代价之间的关系和平衡。先看例(4)中各个假设组成的语境:

　　　　例(4) a. 准备结婚的人应该找医生咨询一下可能传给自己孩子的遗传性疾病。
　　　　　　　b. 男女双方都得了地中海贫血症的应该被告诫不要生孩子。
　　　　　　　c. 苏珊是地中海贫血症患者。

如果下面的 d 和 e 的假设内容强度一样,那么它们在上面的语境里会有什么样的认知效果呢?

　　　　d. 苏珊——一个地中海贫血症患者——要跟比尔结婚了。
　　　　e. 比尔——一个地中海贫血症患者——要跟苏珊结婚了。

d 和 e 在例（4）的语境中都有一定的认知效果，因此与例（4）都是关联的。并且，d 和 e 都有 f 的语境蕴含。

  f. 苏珊和比尔应该找医生咨询一下可能传给自己孩子的遗传性疾病。

因此 d 和 e 两个假设在这个语境中都有关联。但是我们直觉上认为 e 比 d 关联度更大，因为在这个语境中，e 比 d 多了一个语境蕴含：

  g. 苏珊和比尔应该被告诫不要生孩子。

这与我们的直觉也是相符的：给定的语境例（4）中，c 给出了"苏珊是地中海贫血症患者"的假设，b 则明确给出了"男女双方都得了地中海贫血症的应该被告诫不要生孩子"的假设，那么，对于语境的期待就会自然而然成为"苏珊得了地中海贫血症"这一假设给定的语境的一部分，应该是关联的，那么苏珊现在的状况应该跟结婚这件事有关系；结婚涉及男女双方，苏珊很可能是其中的一方，女方，那么在下面的假设中，关于结婚的另一方的内容更符合我们的关联期待，这种期待已经让话语的加工付出了额外的加工代价，但是为了得到符合期待的认知效果，这种加工代价的付出是不可避免的。这种额外付出的加工代价在加工 e 时比加工 d 付出的更多，因为付出的更多，也就有了 e 所载有的语境蕴含 g，而 d 是没有这个语境蕴含的，因而对 d 付出的加工代价也比加工 e 时付出的要少。如果付出加工代价后收获的认知效果足以抵消这一收获本身需要付出的加工代价，那么就获得正面意义上的关联度，并可以认定，e 在语境例（4）下，比 d 更关联，它蕴含的 g 也在给定的语境例（4）中得到了呼应：男女双方都得了地中海贫血症的应该被告诫不要生孩子；苏珊和比尔都得了地中海贫血症；苏珊和比尔要结婚了；苏珊和比尔应该被告诫不要生孩子。因此对话语的处理是合理有效的,这种为了额外加工 e 而付出的加工代价就得到了回报,是值得的。

人是追求效率的信息加工器,捕捉关联是本能,这样人就可以做尽可能有效的信息加工工作,少做无谓的工作。人脑关心的应该是如何节约那些可以避免付出的加工代价,对于付出同样加工代价的加工过程,人们倾向于处理那些具有更大认知效果的。因此,当我们认为 d 和 e 在同一个语境中所需要的加工代价完全相同时,e 在例(4)的语境中具有更多的语境蕴含、更大的认知效果,因而应该关联度更大。

再来比较一下 e 和 h:

　　e. 比尔——一个地中海贫血症患者——要跟苏珊结婚了。

　　h. 比尔——一个地中海贫血症患者——要跟苏珊结婚了,而且 1967 年是法国葡萄酒的好年成。

当 e 和 h 在例(4)的语境中进行加工时,它们具有完全相同的认知效果,但是在 h 中传达了与该语境完全无关的额外信息,没有任何认知效果。然而,这个额外信息却需要额外的加工代价来进行加工:更多的信息引入了更多的演绎和推理。因此,根据我们对关联的定义,h 的关联度应该小于 e,因为 e 用较小的加工代价得到了相同的认知效果,因而关联度更大。这与我们的直觉也是相符的。

对交际中的话语,交际双方会有一个假设,即为了获得认知效果,交际中的话语一定是有关联的,如果其他因素不变,付出的加工代价越小、认知效果越大,关联度就越大。

那么关联度的认定能否从比较性的衡量转化成量化的测定呢?关注这个问题,就要关注话语解读时逻辑推理的过程,推理要有一定的步骤顺序,这个顺序与影响推理的因素的重要程度或考虑顺序应该是一致的,也与能获得不同认知效果的一系列语境假设的可及性程度相关。从假设的排序中可以验证影响因素的重要程度,以便为以后以较小的心智努力确定最佳关联的解释提供理论的依据。虽然推理的过程可以通过数量的方式得到对关联度的界定,但是,对认知效果和付出加工代价进行评估时,其中涉及的并不仅仅是数量。例如,思维过程的长短并不能完全反映人们为此所付出的加工代价,一个集中注意力的思考远比相同时间的悠闲白日梦所需要付出的加工代价要多。关联理论所关注的应该是如何从人脑内部评价自己的付出和受益,以便选择最经济有效的处理程序,并进而决定是继续为之努力还是终止,并重新选择加工代价的作用方向。

  人对可能获得的认知效果和即将付出的加工代价有前瞻性的直觉。也就是说,人们凭直觉知道需要为完成某个任务做出多少努力以及由此可能带来的效果。在给定的各种要素面前,人们往往会预测哪种信息会得到最大的认知效果;与此相类似,各种要素也可以帮助预测为了加工具体的任务,语境和加工代价的比值,如,在同一语境中,加工的信息越多,付出的加工代价越多;而加工同样的信息时,参照的语境越大,付出的加工代价也越多。人们利用这些比值,力图最大限度地提高所加工信息的关联度。

  认知效果和付出加工代价的相对比重,几乎不可能在任何情况下对任何人都保持恒定。比如,一个注意力集中非常警觉的人,任何关联的事情对于他而言,比对于一个放松警觉思维迟钝的人都更有关联。出色的警察经常在常人看来毫无关联的事件中,发现与案件相关的蛛丝马迹,而这往往被证明是一个关联度极高的因素,因为他们训练有素并高度警觉;当然,他们发现关联的同时,也付出了比常人更多的加工代价。在日常交际中,有的人更善于从听到的话语中得到一些额外的认知效果,所谓的"说话听声锣鼓听音"就是对额外认知效果的获取。然而,交际中的说话人是不知道听话人在这方面是否有天生的秉性(除非交际双方非常熟知,了解各自说话和听话的习惯和风格),因此,就有可能出现错误,产生误解。说话人的无心之语,可能在听话人看来有无限的关联,较少的信息在听话人付出较多加工代价后,也可以有较大的认知效果。但是这种较大的,或者是过大的认知效果,是说话人始料未及的,或者是说话人不希望的,这时的交际双方会产生误解和隔阂,交际也难以顺利进行。因此,效果和加工代价在每个人身上的不同比值与在同一个人身上不同情形下的不同比值,永远会对话语的解读产生影响。交际的双方始终需要在语境变项中选择、调整自己的表达方式:信息多少的选择、说话方式的选择等等,唯有关联是一种必然,一个不变项。

付出加工代价的过程是一种复杂的人脑思维的过程,不同于科学实验的程序可以有清晰的步骤和顺序。人们对于自身思维的认识,并不足以让我们总结出一套普遍适用的标准和过程。我们可以对人脑对话语含意的推导过程有一个大概的操作分析:根据明示信息和认知环境提出一系列语境假设,通过付出的加工代价和认知效果的反比关系,即关联程度,确定初步的可及性顺序;从可及性最高的假设开始对其进行检验,测试它是否可以推导出话语含意,得到最大认知效果。如果可以就接受该假设,得到相应的认知效果;如果不符合,就验证第二个假设,重复上述过程。这个过程全部结束后,对于语话含意的解读就应该是那个第一个得到检验的假设。认知效果在其基础上也相应地有大有小:如果最初的假设被验证是话语的正确解读,不再需要检验其他假设,那么需要付出的加工代价就较小,话语意义在语境中的关联度就较高,话语含意的认知效果就较大;如果对于假设的验证经过了多个重复过程,那么需要付出的加工代价就较大,话语意义在语境中的关联度就较低,认知效果就较小。有时得出的认知效果只是非常弱的暗含,无法被证实是否确为说话人的真实交际意图。

在推导话语含义的过程,首先,要基于话语的语言表征,由此得出语言命题式。没有最基本的语言命题,推导只能对非语言特征,如手势、姿态、面部表情等产生非常有限的语境假设,而这种非语言的意义表达并不在本研究的范围之内,因而不予考虑。其次,话语本身的语言语境是接下来要考虑的因素,关注话语的上下文是什么,可以部分消除不必要的歧义。再次,应该是把话语交际双方和交际场合作为第三考虑的因素,什么人在说、在什么时候什么地方说,可以解读出话语意义之外的话语含意,包括弱暗含。人脑对话语的常规推理顺序应该是符合经济的原则,付出较小加工代价的推理先进行,明示程度较高的内容先进行推理、选择、理解;付出较大加工代价的推理在前面的推理无法顺利实现话语解读时才会继续进行,这时需要调用人脑中储存的各种信息,比如百科知识、人生经验等,并与现场的非语言特征结合,推理出能够还原说话人话语含意的解读。

复杂的交际形式应该是语言解码和语用推理两种模式的结合,听者把解码的结果当作说话人意图的一个证据,是推理工作开始前的先行过程,解码的过程为推理服务,推理以解码的结果为基础。说话人在交际中被认为会遵守一些通用的规范,如合作、礼貌等,基于对这些规范的认识,再加上语境信息,就有可能推出说话人的交际意图。语境信息对于交际双方来说,有部分一定是来自共享的认知环境,即认知环境的交集,这使得双方有可能构建相同的假设,有了相同的假设,交际双方才互为默契,交际才能顺利进行。

3.2　关联制约下的语用认知

话语含义的生成离不开交际双方的认知系统,包括与逻辑推理相关的逻辑知识、与句法相关的词汇知识以及百科知识,当话语的认知体系在语境中产生一系列假设时,话语理解所进行的推理就是在语境假设与新的话语之间进行的,选择哪一个语境假设则受关联原则的支配。

再看前文所举的例(3):

例(3) Peter: Would you drive a Mercedes?
Mary: I wouldn't drive ANY expensive car.

根据交际中"互明"(mutual manifetness)(双方话语都是让对方明白特定假设)的原则,Mary 的回答一定是希望针对 Peter 的问题而进行的,但是她并没有直接回答"会"或者"不会",而是提供一个话语让 Peter 自己进行解读。因此 Mary 的回答中蕴含了自己对 Mercedes 的认知,以及对于 Peter 相同认知的期待。而 Peter 要理解 Mary 话语中的暗含,得出结论,必须先要自己提供一个隐含前提:A Mercedes is an expensive car。这个前提来自听话人的百科知识的储备和对生活的认知,同时也是构建话语理解的前提,因此 Peter 可以推理得出,Mary 是不开 Mercedes 的,Peter 得出这个信息是隐含意义,因为与话语意义的命题式相比,"它具有不同的命题式"(张辉,蔡辉,2005)。

隐含意义的推理是在话语的命题式的基础上进行的,认知机制下的认知操作可以提供"一系列与语境相适应的不明晰的意义"(同上),我们需要把这些意义与语境建立联系,确认不同的语境效果和交际效果,而关联原则并不能帮助我们确定这一系列意义到底是什么以及有多少,只能决定"哪一个可能的明确意义在某一语境下将会被首先激活"(同上)。

依然以上面对话为例,认知系统产生作用帮助我们得到了关于 Mercedes 的一系列语境假设:1.这是德国制造的车;2.买这车需要花更多的钱;3.这车的质量很好;4.这车的舒适性很好;5.这车是身份的象征,如成功人士、富裕的家庭;6.这车过于奢侈,性价比不高;7.这车会招来他人的嫉妒等等。以上所列出的假设并没有穷尽所有可能,而对于不同的人,个人的经历往往会给某一看似客观的事物带上强烈的主观色彩,比如,当一个人曾经开Mercedes发生车祸,那么对这个牌子的车的认知最先被激活的一定是恐惧感和伤痛感,而不是正常的按可及性的程度在脑海中排列的一系列语境假设。至于 Peter 在这些假设中选择哪一个,则取决于 Mary 怎么回答。假如 Mary 的回答是:"I wouldn't drive ANY German car.",Peter 要提取的假设则是 1,因为该假设会与 Mary 的新话语结合,解读出语用意义,产生足够的认知效果,同时付出合理的加工代价,从而获得符合最佳关联假定的解读。

由此可以看出,认知机制帮助我们在交际中提出可能的语境假设,而语用意义的推导则是一系列可能性和新话语信息的结合后在交际中的实现。关联原则制约了多个语境假设的可及性程度,语用意义的解读则是在关联的指导下最终确定哪个语境假设才能"获得最佳效益(即尽可能少的加工代价与尽可能多的效应)"(蒋严,1998),明确话语的交际意图。

3.3　词汇语用学的研究

话语含意的获得需要借用词汇的语用化。作为语用学的一个分支,词汇语用学(lexical pragmatics)即是试图对与词汇的语义不明确(semantic underspecification)问题有密切联系的语用现象做出系统的、解释性的说明(Blutner,1998b)。

3.3.1　词汇语用学概观

词汇语用学来自对词汇意义在使用中的研究。人们发现,词汇项目不仅有本身的词汇意义,而且还有使用的语用条件,如规约隐含和预设等因素,这些因素具有特定的篇章语用功能,构成特定的语用意义(曾衍桃,2005)。这种语用意义不能独立于词汇意义而单独存在,但也不同于词汇本身的意义,只是因为语境的作用,才激活了这些功能。要对词汇的使用意义进行系统而有说服力的分析和描述,必须把词汇的意义与具体的运用结合起来进行观察、分析和研究。词汇语用学的研究对象是使用中的词汇意义,即词汇的语用意义以及词汇意义的语用化过程,一方面为词汇中未充分表达的语用意义提供一个系统的分析,另一方面描述语言规约的词义在使用中动态变异的过程。

关于词汇语用学研究的性质和特点,布拉特纳(Blutner, 1998a)提出了四个论断:(1)词汇语用学采用非组合原则(non-compositionality principle),这不同于词汇语义学的组合原则,即整体的话语意义是由其组成部分的意义组合形成的。词汇语用学认为,话语的整体意义不是其组成部分意义的简单组合,而应该是组合意义基础之上,与会话含意的推理相结合而产生的大于组合意义的含意。这就是词汇语用学的非组合性质。(2)词汇语用学采用非表征手段,因为在处理话语的过程中,除了话语意义本身所表征的命题式,需要使用诸如显著性、信息量、关联性、使用频率等非表征手段的概念来解释话语中的词汇含意。(3)词汇语用学在解释中运用了经济原则,这一原则的关键在于非表征因素是如何对表征性因素的选择和抑制进行控制的。根据齐普夫(Zipf, 1949)的观点,言语交际中有两种对立的力量,一种是合一的力量(force of unification),或称为"说话人的经济原则"(speaker's economy),另一种是分化的力量(force of diversification),或称为"听话人的经济原则"(auditor's economy)(转引自陈新仁,2005)。两种力量始终处于冲突的状态:说话人尽可能地使用较少的话语表达一定量的信息,这样就可以付出较少的加工代价;而听话人希望接收到较多的话语来理解一定量的信息,这样也可以付出较少的加工代价去解读隐藏在话语意义后面的语用含意。(4)词汇语用学要解释会话含意什么时候可以取消,什么时候不可以取消。格赖斯指出可取消性并不适合所有种类的会话含意,基于质量准则获得的含意就是不可取消的。但布拉特纳(1998a)

认为,语用学与语义学的界限不可以通过可取消性条件划分。

词汇语用学的研究得益于多种语用理论,一是依据格赖斯提出的会话合作原则,基于会话含意机制,词汇语用学认为,词项的表征具有语义上的不明确性,理解语义不明确的词汇需要结合语境和百科知识进行必要的语用充实(pragmatic strengthening);二是借鉴斯珀伯和威尔逊(1986/1995)提出的关联理论。词汇语用学研究词汇的字面意思时往往涉及语用充实中的收窄、近似、喻化等过程,参照关联理论,这些过程可以不再被看作是不同的认知过程,而是具有共同的特性,即基于最佳关联假设,通过调整语境,提取相关百科信息,从而获得预期的理解(陈新仁,2005)。

基于这样的理论背景,许多研究者都认可词汇使用的动态观,这种动态性在特定的语境下表现出的就是词汇意义的临时性和短暂性,当语境发生变化时,词汇的语用意义也就随之发生了变化。交际中词汇及其组合的选择与理解,涉及所依附的语言语境、非语言语境、认知语境假设等多种制约因素。在这些因素的制约下,词汇的语用信息和语用信息的语境建构都具有临时性(冉永平,2005,2008,2009)。词汇的语义不是一成不变的,多层次的语境变化,必然使词汇的解读成为一个动态的过程。交际中的意义是语用推理过程的产物,是听话人在关联期待的引导下结合语境信息进行调整所获得的信息,与语言的话语意义是有区分的。这种语用调整过程有五种可能结果:零调整、语用收窄、语用扩充、语用叠加和语用转移(詹全旺,2009)。

其次,关联理论解释下的对词汇语用意义的关联期待也是在词汇使用中意义分析的依据(关联理论下的词汇语用学研究将在后文单独详述)。根据关联原则,可以用统一的方法来研究词汇语用过程,如收窄(narrowing)、扩充(broadening)、隐喻延伸(metaphorical extension)等,而这些语用过程都遵循一个共同的规律,即寻找关联。"来自交际双方对语境、内容、认知效果等的相互调整,并受制于话语本身对关联的期待"(Wilson,2003)。威尔逊期望词汇的语用问题可以用更标准的办法去处理,并能在处理过程中,自觉或无意识地调整每个词语的解读,以适应关联期待、达到认知效果。在关联理论下,语义和语用的区别在话语的理解上是两种不同的认知过程的区别:解码和推理。"解码的过程由自觉的语言系统完成,呈现的是话语中句子和短语的语义表现和逻辑形式;而第二种认知过程,即语用推理过程,整合了语言本身和其他随时可及的信息,以便与说话人信息意图相关的解读假设得以最终确认"(Carston,2004)。

但是词汇语用的研究仍需要更多地借助语用学、认知语用学等成熟的理论,对词汇的语用现象进行不断探索,在研究的语料上还可以进一步拓宽。相比较一般的词汇,"词汇语用学关注了静态语义之外的异常词项(或词语)、结构在语境条件中的交际意义,从语用语言、社交语用、认知语用等角度探讨交际中的词语使用与理解"(董成如,2007)。作为典型的异常词项,流行语的交际意义必须在临时的语境中得到构建、语用意义必须在语用充实的过程得以实现,包括词语、结构及整个话语在特定语境下的语用收缩和语用扩充,因为交际中说话人"所交流的意义往往不同于(小于或大于)语言词汇所编码的图式意义"(董成如,2007)。

鉴于流行语灵活的使用语境、丰富的语用内涵和强烈的表达效果,流行语的使用完全可以作为一个典型的词汇语用现象进行研究,关注其在不同语境下的语用充实和解读;我们可以在现有的常规语用充实过程,如语用扩充、语用收窄的基础上,补充流行语所特有的语境化语用充实过程,对词汇语用学的研究做进一步拓展。

3.3.2 词汇意义在不同语境中的语用充实

基于本研究的实际需要,我们重点讨论词汇语用学研究之下的词汇意义的理解问题。众多的研究者以关联理论为框架,从认知的角度研究词汇的语用问题,内容涉及词汇的认知语境、词汇的语用收窄、扩大、近似、隐喻化等语用充实过程。

词汇语用的认知语境是动态的而非静态的。词汇的理解与使用受制于特定的认知语境,表现为词语的语境化现象。词汇的语用信息对语境的依赖是显然的,词汇在词典中的释义往往无法满足交际的理解需要。然而,词汇的语用信息受特定语境的制约,具有不同语境下的临时性,这是词汇语用特征的重要表现。临时性指的是词汇或词汇组合在特定语境下其交际信息的暂时性和可变性。交际中的词汇信息离不开特定语境下的交际信息的临时构建,需要进行语用充实,才能确定具体的语境化信息。只要语境发生变化,交际信息即可以改变。例如:

例(5) 中国足球其实就是一只华南虎,它从来就没存在过(冉永平,2009)。

这里的"华南虎"的意思不等同于词典中所给出的"生活在我国中南部的一种珍贵、特有的虎种"的释义,而是由2007年陕西农民周正龙华南虎照片造假事件而延伸出的一种新鲜的比喻用法,意为"人为假造的东西",在该语境下,词汇的原型范畴发生了新的变化。这是隐喻化的过程,也是使用范畴的扩大。但是这种扩大只能在该语境下发生,词汇意义的语用理解也只能在特定的背景下才可以进行。当语境发生了变化,语用理解也随之变化。例如:

例(6)"南昌动物园诞生华南虎兄弟,'狗奶妈'哺育虎宝宝"(冉永平,2009)

该例中"华南虎"的意义依然回归了词典释义的原型范畴,即"一种中国特有的虎亚种,生活在中国中南部"。再看下面新闻标题:

例(7)"华南虎欲再啸篮坛 小心众敌虎视眈眈"
(《南方日报》2013年11月7日)

话语的理解语境变成了中国篮球职业联赛(CBA),那么这里的"华南虎"指代的就是"广东宏远队",因其勇猛善战,屡屡夺得CBA的总冠军、并因其主场位于广东东莞而被篮球圈冠以"华南虎"之美名,因而"华南虎"一词的语用意义再次随语境发生了变化。同样是作为隐喻,其语用意义也不一样,与词典释义更是相去甚远。从以上的例子可以清楚看出特定语境下交际意义建构的临时性,一旦语境消失了,临时建构的意义也消失了。这种临时信息的建构,可以是从词汇的多个义项中选择一个具有语境适应性的义项,或重新建构一个新的义项,或寻找其他附加的语用信息。

词汇信息的临时性存在五种主要情况(冉永平,2008):(1)同一词汇或词汇结构出现的不同交际信息是由临时语境关系导致的。这不同于词义的多义或歧义。(2)某一词汇或词汇结构出现的"临时转义",主要是指原型意义的临时转义,即它们的交际信息不是常规的语义选项之一,而是特定语境下临时出现的交际信息,需要听话人在语境下进行意义的重构才能理解话语。(3)某一词汇或词汇结构会出现"临时喻意",一般是新鲜的喻意。(4)某一词汇或词汇结构出现"临时指代",这也是特定语境下的临时用法。(5)某一词汇或词汇结构的"临时附加信息",主要指涉及情感或态度的表达意义,表示说话人在话语使用时对人对事持有的某种态度或感情。总之,词汇信息临时性的词汇语用特征就是一种语境的依赖性,是语境化之后的交际信息。

关联理论(Carston,2002;Sperber & Wilson,1998)发现,受话语表达的经济原则驱使,或者因为在现有的语言系统中,说话人没有找到在特定场合中表达意义的词汇或词汇结构,说话人不得不用现有的词汇或其结构来传递他的意思,这样说话人所要传达的概念往往不等同于词汇所编码的意义,有时大于之,有时小于之。

听话人需要根据语境和自己的背景知识,在一定原则的指导下进行词语意义的临时构建,才能真正把握说话人的话语含意。词汇临时意义的构建离不开词汇语用化的过程,比如词汇意义的收窄和扩大、近似和隐喻化等。从本质上来看,近似和隐喻化也是一种词汇意义的扩大,所以词汇意义的收窄和扩大是词汇语用化的两种重要过程。基于关联理论的研究认为,某一词汇在话语中必须经过收窄和扩大才能完成意义表达的任务,无论是收窄还是扩大,都是受关联理论驱使的同一语用过程,听话人遵循省力原则,按可及性等级的顺序寻找词汇所要表达、并能满足关联期待的具体意义(Sperber & Wilson,1998;Wilson & Sperber,2004)。因此,关联,是词义收窄和扩大的一个总的指导原则。

语言发展往往难以与社会生活的发展同步进行,大部分情况下,语言的发展变化是慢于社会发展和进步的,新兴的事物往往还来不及有相对应的语言表达出现。而语言发展的基本原则是运用现有的语言资源表达新的意义,如利用词素来复合、派生出新词,或使用已有的词表达与该词意义相关的新的概念(Heine & Hunnemeyer,1991)。而词汇意义的扩大也正是因为说话人想要表达的概念还没有词汇化,但与现存的语言系统中的某个词汇有部分的概念意义的相似,而这一相关词汇的概念意义就被扩大了。需要注意的是,概念意义的部分相似性是词汇原有的概念意义扩大的基础。比如,fly 一词的概念意义是鸟或者昆虫等有生命的生物体利用双翅在空中飞翔,而飞机、风筝、气球、火箭等实体的行为与 fly 的概念意义相似,因此也被纳入 fly 的范畴之中,fly 的概念意义由此被扩大了,不仅可以指有生命的实体在空中的飞翔,也可以指无生命的实体在空中的类似行为;而当其他的实体的行为,如谣言的流传、时间的流逝等,都与 fly 的核心意义——快速行进有相似之处时,这些表达也可以进入 fly 的概念意义中,于是 fly 的概念意义进一步扩大了。

此外,有些词汇或词汇结构的原型概念意义具有心理固化性,在特定的语言使用群体中有很强的约定性,所具有的核心意义的特征非常突显,可以因为该特征而具有能产性,从而得到利用,在表达中抽象出具有突显性的特征。如9.11这一本来应该是常规日期表达的方式,在2001年9月11日恐怖分子在对美国纽约的世贸中心和美国国防部五角大楼的袭击事件之后,它的意义就因为其突显的特征得以固化为"带来严重后果的恐怖事件"。请看下面几个例句:

例(8) 印尼巴厘岛发生大爆炸,印尼版9.11
例(9) 基地认领马德里9.11:报复西班牙
例(10) 访爆炸事件亲历者:幸运,我们躲过伦敦9.11
例(11) 约旦9.11:拉迪森酒店大堂爆炸现场

以上各个例子中,不同国家版本的9.11是原型概念9.11意义的延伸,因为这些事件虽然不是发生在9月11日,但是与美国2001年9月11日发生的恐怖袭击具有共同的突显特征,且由于美国发生的恐怖袭击事件在世界范围的影响巨大,在人们脑海中留下很深刻的印象,因而具有代表性和典型性,这一特征也是它原型意义扩大的前提。不仅如此,非原型成员与概念意义之间不断参照比较,不断扩大并衍生出新的含义。再看下面几个例句:

例(12) 天灾9.11:美国卡特里娜飓风
例(13) 梦碎新加坡碧山体育场,中国足球遭遇9.11

这两个例子中,已经得到意义扩大的"9.11"进一步扩大了它的意义,从"恐怖袭击"扩大成"具有严重后果的灾难性事件",可以是任何自然灾害或人为的巨大失败等类似的事件。

抽象概念意义的扩大同样可以解释词汇"隐喻化"后意义的扩大。隐喻其实是一种范畴化,突显的依然是原型意义的特征。当隐喻目标与熟悉、具体的喻体相比较时,便形成隐喻范畴和能概括喻体与隐喻目标相似性的隐喻图式(Taylor,2002),因而产生新的隐喻表达式。例如"prison"原是指犯人被囚禁的地方,这是它与其他地方的区别性特征,即它的典型特征是"没有自由、无法逃脱"。当需要表达某种社会关系如婚姻、身体的残疾、工作等类似的意思时,prison 一词就产生了新的意义,原来的概念意义也得到了扩大,从"监狱"扩大为"难以摆脱的、把人困住的某种关系或地方",如例(14)与例(15)中 prison 的用法:

例(14) She felt that her marriage had become a prison.

例(15) Now that he was disabled, his house had become a prison to him.

从听话人的角度看,词汇或词汇结构与意义的扩大是基于说话人要表达的意义与现有的词汇的概念意义之间有部分的相似,并根据语境相一致的原则进行的。

综上所述,词汇意义的收窄是因为说话人需要表达的概念已经包含在词汇的抽象概念意义中,说话人受经济省力的原则驱使,选择了整体概念的词汇来表达自己的具体意义,听话人结合语境,在整体概念的多个方面和维度中进行遴选,找出与话语语境和语用语关联度最大的那个意义,成功解读说话人的含意;而词汇意义的扩大是因为说话人想要表达的意义并不包含在已有的词汇整体概念之中,但由于某个突显特征的一致性而被纳入词汇的概念意义之中,即被范畴化了,词汇的原来意义也就被扩大了。无论词汇意义的收窄还是扩大,话语交际双方都是基于找寻最大关联度的原则来进行交际的,同时,话语的显性意义、语境假设、认知效果之间要相互调节与顺应,并遵循最经济认知处理途径,这一过程涉及假定和对假定的选择和删除。

第四章 研究设计

本章节的研究问题设计,是根据前文对流行语研究的现状分析以及本研究的理论框架而提出的,强调了流行语在实际使用中理解的重要性,并在理解的基础上试图探讨使用流行语的内在根源和交际意图。语料的收集工作主要围绕九个流行语的个案,所截取的语料需带有足够的语境,为后期的分析解读提供依据。通过多种不同的分析方法,对流行语个案的语料进行基于语境的语用意义解读。经过解读的流行语在进行英译时会更准确,传达更多文化内涵。

4.1 研究问题

本研究不仅意在研究流行语在不同语境下的认知语用解读,也尝试对个案的流行语进行英译,并通过翻译实践,阐述理解的过程,以提供启示。本研究的研究问题主要是以下三个方面:

(1) 流行语的理解经历了何种语用认知过程?
(2) 流行语传达的认知效果是什么?
(3) 从语用认知的角度看,流行语的意义解读对翻译有何帮助和启发?

以上三个研究问题层层推进。首先,流行语的使用在一些语境中替代了常规词语的使用,一定具有常规词语所没有的功能和特性,使用所产生的效果一定也是大于常规词语的,否则流行语就没有存在的意义。与此相适应,其认知过程也应该比使用常规词语给听话人带来更多处理上的困难,因而需要付出较大的加工代价。在对流行语进行处理,得到充分解读之后,所得到更大的认知效果使得付出的较大加工代价有了合理的回报。有一些流行语在出现、传播、使用中,隐含其中的内容会附着在流行语上面,只要该流行语被使用了,附着的内容也一并被激活,从而带给听话人更多的信息和回味。这是使用常规词语所无法实现的。当然,我们需要强调的是,听话人对流行语充分解读的前提是需要熟悉该流行语产生的社会语境,包括产生的源头、传播的过程、泛化的结果、周围人高频使用的语境。这些认知因素渐渐在听话人的头脑中积累,成为与该流行语密切相关的认识储备,该流行语一旦被使用,就如同电流被开关接通,认知储备随之被激活,人们迅速在储备中搜寻各种内容,并根据与使用语境相关联的原则,找到与该流行语使用语境达到最大匹配的那部分认知内容,把它提取出来,放入语境之中,结合语境假设得到解读,达到了使用者对该流行语的认知效果的期待,听者获取了更多的隐含,并同时回报了为此付出的加工代价。

其次,既然流行语的使用会达到特殊的认知效果,那么这种认知效果是如何达到的,其认知过程的分析可以更好地解释最终的认知效果。其实在语言使用中,许多词语在特定语境中的最终解读都要依赖该词语的语用认知过程,这方面的内容在词汇语用学的研究中是重要的一部分,在前文已有较为详细的阐述。常规的语用认知过程一般有语用扩充、语用收窄、隐喻化等,经过了这些语用认知过程,词语的意义在语境中会清晰呈现,避免了一些歧义和语义不完整,是一些词语在使用中进行解读的必经过程。

流行语的解读除了有以上常规的语用认知过程,由于它们的特殊性,还应该有其他独特的语用认知过程。流行语的来源是其语义非常重要的源头,同时还应该伴随着与来源相关的人物和事件的信息:什么样的情况下在什么地方什么人发生了什么事情?因而,对于该流行语的解读应该追溯其产生的源头,从而具有了典故性。当类似的语境下人们使用该流行语来指代类似的现象或类似的人或事时,该流行语就会从唯一指代某一特定事件中突破出来,被借用来指代一类的人或事,并渐渐适应多语境,它的语义开始泛化,如被隐喻化、类指化等,使用的功能越来越强,受到的限制则越来越小,涉及的范围越来越大,新义项逐渐形成,成为原有语义的有效补充,因而体现出一种鲜明的开放性和能产性。

  流行语会在新获得的语义界限内不断重复使用,突显其类指或隐喻特征,同时很可能又在孕育着下一个新义项的形成,新的义项越多,语义泛化后扩散波及的类别和对象就越多。有时在泛化的推动下,流行语的形式也有可能产生变化,因为它需要尽可能地减少特定的语义特征以便尽可能多地与扩散对象建立关联。当扩散中必须是语义的整体介入时,流行语要扩散到新的对象上会比较困难,这也是流行语语义泛化难以突破的瓶颈。但是,如果流行语扩散到什么对象上,该对象就能明示在流行语的形式中,那么这种扩散显然要比整体性的语义泛化更适应大规模的扩散,例如想把"房奴"一词扩散到被孩子束缚住的人,就有了"孩奴",扩散到被婚姻套住的人,就有了"婚奴";扩散到被各种信用卡所拖累而疲于还款的人,就有了"卡奴";扩散到因为养车停车油价上涨而费钱费心的人,就有了"车奴";林林总总,不一而足。这就是当前除了流行词语整体流行之外流行语扩散最火爆的形式——格式的框填结构。其中不变的组成了"框"如上例中的"奴",变的则是往"框"中填充的结果,如上例中的"房""孩""婚""卡""车"等。如果说一般的泛化是一对多,框填式结构就是多对多。框填在语义泛化的推动下发生,实质上也是泛化的一种方式。根据以上阐述,框填式结构的形成作为流行语语用化的一个重要而特殊的过程,也在本研究的范围之内。

  最后,流行语反映了中国社会的发展和变迁,折射出人们的关注点、社会的价值观、舆论的导向等等,是了解中国社会重要的风向标,其英译值得关注。中国作为最大的、发展最迅速的发展中国家,一直都吸引着全世界的关注,世界各国想要了解中国,中国也希望向世界介绍自己的发展,流行语的英译成为让世界了解中国的一个非常重要的渠道。但是流行语的纷繁复杂又注定了流行语的英译是一项困难的工作,翻译的策略也应该依照特定的原文调整变化。对于本研究的对象,翻译实践应该是建立在对其语用认知的基础上的,结合语境,给出恰如其分的英译。当然,翻译永远是有遗憾、不完美的工作,即使是最好的双语使用者也难以用另一种语言完全表达一种语言的全部意义和精髓。流行语作为具有大量文化承载内容的语言表达方式,更是如此。所以,本研究希望通过个案的研究,给流行语的翻译提供一些思路和启示,以便在此基础上有后来的深入研究,把流行语的翻译实践做得更科学。

4.2 语料收集

前文对本研究的流行语做出了如下工作定义:**在变化的社会生活背景下,大众所使用的一些新的语言单位,或是被赋予了新意义的旧的语言单位,以词语为主,兼顾框填式结构,这些语言单位因为语义的泛化得以流行,通行面广,具有普遍性以及很强的语境适应性或开放性**。在这样的工作定义下,本研究不考虑词汇和框填结构之外的其他语言形式的流行语,如句子、篇章、字母组合、数字组合、汉字与字母或数字的混搭组合等等,也不考虑具有新闻时效性的专有名词,如人名、地名、组织名、事件名称等等,因为该类专有名词具有极强的专指性和唯一性,无法在多语境下使用,因而缺乏广泛的使用基础;除非该专有名词已经被隐喻化,转而特指具有某一类共同特征的事物,变成了类指性的流行语,否则,专有名词的流行语是无法在真正意义上流行的。

因此,本研究以主流媒体最近二十年发布的流行语为选取的范围,主要来自北京语言大学联合国家语言资源监测与研究中心和其他媒体或科研机构每年发布的主流媒体流行语以及《咬文嚼字》编辑部每年发布的十大流行语,从中选定符合本研究工作定义的流行语,包括"山寨""潜规则""躲猫猫""打酱油""裸×""被××""富二代""欺实马""微×",总共九个。以这些流行语为关键词,在搜索引擎上搜索包含这些流行语的网页内容,收集使用以上流行语的文本语料。通过搜索出来的网页,按照搜索的排名,选取有代表性的文本,罗列多个使用语境。语料的跨度希望开始于流行语最初的使用文本,因此需要按时间顺序找到最初的起源,主要包括起源事件发生的时间、地点、涉及的人物,这些往往与当时的社会问题和人们的生活状况有关。从溯源开始往后面推移,找到该流行语发展中的重要时间节点,如语义被泛化,或从特指转为类指的某一特定时刻或特定触发事件和触发人物。语料的时间截止于2022年底。在这个时间跨度内,尽可能选择那些涵盖该流行语的多个使用语境和认知效果的语料。语料的篇幅选择确定在段落或篇章的长度,而不仅仅是一句话,这样可以提供更充足的语境信息,突出语境化后的语用意义解读。充足的语境可以为多个语境假设提供依据,并与语料中的流行语意义的多个维度相结合,付出合理的加工代价获得足够的语境效果。

4.3 语料分析

对本研究语料的分析是为了获取流行语在特定语境下的语用意义,多语境下的解读进行多个维度的分析、描写和阐释。在前文的研究中,已经提出了对语料分析的几种方法(参见1.4),包括文献法、对比法、语境分析法和个案研究法。以下将就在语料分析中如何使用这几种方法进行具体论述。

1. 文献法

通过对流行语界定研究的文献梳理,可以发现,研究者们找出的流行语的共性特征及个性特征,对于本研究在对语料进行语用意义解读分析时提供了依据,如多语境使用的特征,需要关注不同的语境带来的信息在意义解读时的重要性;类指性的特征,需要在解读时首先考虑高度抽象化了的命题意义,再结合语境因素加入逻辑知识和百科知识,使抽象的命题意义具体化,在特定语境中得到语用意义的解读。具体来看,问题(1)中的语用认知过程可以通过研究文献中流行语特点研究成果来找到其认知过程的难点和独特性,可以有针对性地对认知过程中的特定环节加以重点关注;问题(2)中的认知效果问题可以通过现有文献中提出的流行语特征,先假定体现某一特征的认知效果,并在解决该研究问题时进行验证。

2. 对比法

对比法最直观地呈现了流行语的语言特色。对比法可以在共时和历时两种状态下进行。在共时研究中,针对语料中设定的语境,试着把其中的流行语换成普通词语,再对两种表达的语用意义和认知效果进行对比,则能看出流行语在语料中对交际产生的特殊作用,解决研究问题(2),也可以间接展示人们使用流行语的初衷和意图。这种对比可以从话语产生的不同含意、修辞效果和交际意图的实现等多个方面来进行:a. 在话语含意上,本研究选择的流行语不跟特指的人物和事件相关,因此都具有类指性特征。这种流行语的抽象意义往往与普通词汇的意义有相当的重叠,因此,在话语意义上是类似的;但是在话语含意上,流行语则应该更具有动态性,与语境密切相关;通过语境的假设,构建出临时意义,既满足了话语命题意义的要求,又可以就此推理出语用意义,解决研究问题(1)。b. 在修辞效果上,流行语的使用若是没有高明于普通词语的地方,则没有使用的价值。流行语在明说之外更应该强调的是暗含之义,而暗含的推导往往需要付出更多的加工代价,但是收获的认知效果也会更大,作为付出加工代价的回报。有时这种认知效果因为暗含比较弱也会比较微弱,因而对比普通词语的使用,流行语的使用会产生一种诗性的修辞效果,这一点同样可以回答研究问题(2)。c. 在交际意图的实现上,流行语往往更多地传达出交际者的信息,如交际者对社会生活的认知,交际者想要实现的意图。流行语的使用一定传达出比普通词语更多的语用意义,其中也包括对交际意图的实现,例如,说话人试图通过流行语的使用把自己归入某一类特定的人群,以期达到与听话人拉近相互关系或是疏远的目的。

在历时的研究状态下,对流行语使用初期和后续使用中的异同进行对比,可以展现在自然状态下流行语使用的动态发展过程,找寻流行语的发展变化规律。对于经历了完整的发展过程、其意义和使用已经相对进入一个稳定状态的流行语,可以通过历时研究,对那些新出现的流行语,以及正在发展变化的流行语的发展趋势有一个合理的预期,从而检验流行语发展的规律,对语言的动态研究提供佐证。历时的研究分析同样可以对流行语经历的认知过程中产生的问题提供解决的依据。

3. 语境分析法

对于流行语的语用意义解读,语境分析无疑至关重要。在对流行语进行对比分析时,根据语境信息而建立一系列语境假设始终是分析中重要的一个环节。在多个语境假设建立之后,根据关联性对认知环境的制约,并通过考察付出的加工代价的大小与得到的认知效果之间的关系,来确定哪一个假设与语境具有最佳关联性。当听话人权衡了所期待的语境认知效果和与之匹配的适量加工代价之间的大小关系,觉得每一份加工代价都花得物有所值、已经获得了最佳效益,那么对语境假设的筛选就宣告结束,解读也最终完成。这样的过程可以帮助回答研究问题(1)和(2)。

语境分析法可以与其他分析法并行不悖,它始终贯穿在对比法中,对比法是分析的角度,而语境分析法是实际的操作,两者不完全在一个层面上,语境分析法让对比法具有了可操作性。

语境分析本身就是语用学研究中针对语言和语境采用的方

法。一个语言现象如果脱离了语境,其意义是不完整的。作为语言中最活跃的成员,流行语的研究必然要与语境相结合,因为流行语本身就来自语境、成长于语境。通过特定语境的分析和多语境的分析,我们可以了解话语交际中有哪些语境——交际者、交际场合、交际意图等——最适合流行语的使用、使用的效果最好,因此能够对流行语的使用特点有一个全面的认识。语境分析对流行语的语用意义解读是最有效、最关键、最明确的。对流行语认知过程问题的解决,如果没有语境作为依据是无法完成的。

4. 个案研究法

个案研究法的显著特征是描写了客观世界的真实的发生,描写的态度客观,力争还原事实的原貌。在语用学研究中,个案分析往往选取真实交际中的语言使用现象,截取它使用的语料,看它使用的语言语境、使用者、使用目的,综合考察语言使用的认知环境,依据某一相关理论进行阐释。多个案例汇集起来,从各自的分析研究中找到规律,并在后续的个案研究中考察规律是否具有普遍性。

流行语在个案研究中有着天然的优势,因为任何流行语的出现、使用、发展都是在真实的交际中完成的,因此,个案的选取非常广泛,同时也会带来选择的困难。作为个案分析的语料应该具有代表性,反映最典型的流行语的使用情况,比如,语境完全不同的使用情况、语境相似时被反复使用的情况等。总之每段交际的话语都是个案。当流行语的使用已经相对稳定下来,已经被研究的个案会成为参照,为新的个案的解读提供依据,也可以总结出其发展变迁的规律性内容。

流行语这一语言现象的研究从来都不可能离开个案的分析,没有个案作为分析的载体,本研究的问题都无法有效地解决;典型个案的语料通过分析得出的认知规律具有一定的普遍性,可以帮助其他类似流行语的认知和解读。

以上多种研究方法都可以帮助实现流行语的语用意义的解

读。在此基础上,本研究选取"潜规则"和"裸×"为流行语翻译的个案,结合文本和语境,对其典型性意义进行翻译,力争达到对话语意义和语用意义的恰当传达的目的。

第五章 流行语的语用意义解读

　　流行语的语用意义,在本质上说,与一般词语的语用意义没有什么不同。但是,流行语作为一种特殊的语言现象,在语用意义上应该是另有其独特之处的。语用意义的产生跟语境是密切相关的,当语境变化时,同一词语解读出来的语用意义是不一样的。流行语(此处仅指本研究定义范围内的流行语,以下同)的使用往往会经历一个变化的过程,从开始的唯一指向到后来的语义泛化扩散,流行语在其间也从专指词语变成了类指词语。既然是类指词语,那么流行语的使用语境就被大大扩充了,语境也会出现多样化的趋势,语用意义的认知解读就需要根据不同语境区别对待。根据流行语使用的初步分析,流行语在交际中具有优于普通词语的特点,会在多个维度有所体现。因此,在语用解读整个过程中,需要考虑从不同的维度来解读各自的意义。

　　本章节对语用意义各个维度(如概念维度、人际维度、修辞维度)进行分析,并以流行语"山寨"为例,在各个维度分析的基础上,详细解读该流行语在不同维度下的语用意义。

5.1　交际中会话含意的推导

　　语用意义是需要经过推理得出的。推理中要进行假设,而任何假设都不是凭空而来的,在对话语的解读中,首先要弄清话语意义,这是第一步,也是假设的前提和基础。话语意义的解读,需要先给予语句一个单一的命题式,即对语句进行解歧,从语法赋予的若干语义表征中选择一个,这个过程涉及多个方式,如指称指派、模糊词语意义具体化等,一旦解决了词义、指称意义和结构意义的模糊和歧义,听话人就从抽象意义层面过渡到语境意义层面。语境意义分为话语意义和说话人意义。听话人在话语意义的基础上,结合语境分析证据,来推导出说话人的交际意图和语用意义。

大多数的话语在离开语境之后,表达的意义往往就会变得不确定,因此只有明确了一定的语境,话语传达的说话人意义才能清晰起来。

但是,说话人有时为什么不直接表达话语的会话含意,而是要听话人根据语境去假设并结合该假设在语境中的认知效果,最终确定话语的会话含意呢?这是给听话人留有余地的一种说话方式,一方面可以减轻说话人对话语的内容所负有的责任,另一方面也是希望给听话人更大空间,能够自己结合语境,推导出说话人的信息意图,因为交际行为本身就蕴含了一个前提,即"交际双方均设定自身言行具有关联性。"

在具体的交际中,话语意义和会话含意之间会存在几种不同的情况:(1)话语意义等于会话含意,话语字面的理解就是说话人所要表达的意义;(2)话语意义不等于会话含意,话语字面的解释似乎与上下文不相干,但是参照语境因素,从话语意义中可以推断说话人的会话含意;(3)话语意义与说话人的会话含意相反,这需要参照语境以及一些副语言特征和非语言特征,才能得出说话人真正的意图。以上的三种情况中,第二、三两种情况就是格赖斯所说的含意(implicature),即"说出"的暗示、提示或意会(牛保义,2002)。格赖斯进一步把含意区分为规约含意和非规约含意。规约含意是由话语的规约意义决定的,比如"他是一个中国人,因此他会打乒乓球",这句话通过话语的语义,蕴含着"中国人都会打乒乓球"。这里一般无需考虑说话人发出话语的语境,因此具有规约的特征。而非规约含意则不同,它的推导需要加入语境、提出假设,并验证该假设是否能够和语境达成最佳关联,比如"这里真冷",如果说话的语境是在一个窗户大开的房间里,则意味着"想要关上窗户",这个语境意义就是非规约含意。非规约含意又可分为一般会话含意(generalized conversational implicature)和特殊会话含意(particularized conversational implicature)。必须说明的是,有学者指出格赖斯没有严格区分一般会话含意和规约含意的关系,只区分了什么是"所言(what is said)"和什么是"所含(what is implicated)",在无须语境假设的意义上,规约含意和一般会话含意又存在难以切分的联系(张绍杰,2008),比如"I cut a finger 一定是指自己的手指",这一含意似乎既可以认为是规约含意也可以认为是一般会话含意。

例如:

例(1) John is meeting a woman this evening.

这句话的话语意义是"约翰今天晚上要见一个女人",但在一般情况下,话语的一般会话含意应该是"约翰今天晚上要见一个不是他妻子、母亲、姐妹或其他与约翰有密切的血缘关系的女人"。这里的"不定冠词+名词"的结构是产生一般会话含意的依据所在。但是 a woman 产生的一般会话含意不一定会在所有使用 a woman 的场合,如"She is a woman with dignity"中的 a woman 就不具有以上的一般会话含意。所以,一般会话含意应该是某些语言表达的使用方式所引发的含意,表面上看很像上面所讲的规约含意,但是实际上还是有区别的。推导一般会话含意,还要考虑语境及其他因素,即在遵守合作原则中的某项准则时带有的含意。

特殊会话含意与一般会话含意相比,对语境的依赖性更多。特殊会话含意产生于具体的场合,其推导离不开对当时语境的把握。一般来说,为了表达这种含意,交际者往往会有意违反合作原则中的某项准则。例如:

例(2) A：Where have you been?
　　　B：I was out.

在以上对话中，A 想问清楚 B 去哪里了，B 给出了自己"外出"的回答。从话语意义看，这样的回答是没有任何问题的，因为"外出"也是一个去处。从会话含意来看，B 的回答不是非常明确，因为 B 显然对自己去的地方应该是知道的，也是记得的。那么我们得到的解读就是 B 没有提供足够的信息来回答 A 的问题。为什么 B 明明知道自己去了什么地方，但是没有准确、足量地提供信息呢，况且 B 也应该明白，在 A 向自己提问时，A 期望得到的回答一定是比 B 现在所提供的更明确的信息，自己提供的信息其实并不能满足 A 在提问时的交际意图。但是 B 依然选择了"外出"这样一个非常模糊的信息，其实是想通过刻意违反合作原则中的量准则，以这样的回答传达给 A 自己的会话含意，即"我不告诉你我的具体行踪"（可能是因为不愿意让 A 知道，也可能是觉得 A 根本没必要知道，或是 A 的问话仅仅是一种社交场合的礼貌寒暄，并不是真要知道 B 具体去了什么地方，所以 B 也没有必要真的对这一问题进行足量信息的提供）。至于到底是出于哪一种考虑，B 才给出"外出"的回答，要根据当时的具体语境分析，这种语境的分析包括了多方面的考量：对话双方的关系、对话的场合、对话的时间、对话者所处的社会文化规范等等。在综合考虑以上各因素的情况下，如果同时也认定 B 的回答是关联的，才能对话语的非规约含意得到正确的解读。

5.2　语用意义

语用意义简单来说就是语言使用中的意义，涉及使用中意义的生成，以及使用中意义的理解。语用学就是关于语言使用意义的研究。作为语义学的补充,语用学研究了语义学中未涉及的各个方面的意义(Levinson,1983)。语用学研究的意义就是语用意义。相对词典意义来说,它呈现出动态性的特征,它应该是句子意义(构成该句子的词的意义+该句子的语法结构)与语境结合而产生的,会随语境的变化而变化,是一种非自然的意义。

玛玛瑞多(Marmaridou,2000)在《语用意义和认知》(*Pragmatic Meaning and Cognition*)中提出了经验现实主义的研究思路,并指出目前语用研究客观主义范式的不足。作者在书中指出,客观主义哲学范式,把心智看作自然的一面镜子,把语言符号的心智运作解释为与真实客体和范畴相对应而产生的意义,把语言符号系统视为客观现实的心理表征,形成了语义与语用的二分局面。"客观主义虽然认为世界是物质的,存在是第一性的,但外部世界具有独立于人以外的特性,对世界的认知是对其特性直接和消极的反映,符合客观的知识才是真正的知识,而思维和理性是纯抽象的符号之间的运算"(赵艳芳,2001)。

然而,玛玛瑞多认为,语言使用既是一个内部现象,又是一个外部现象,所以语用学研究需要同时关注交际者外部的因素和交际者内部的因素,她试图从认知语言学和经验现实主义出发,综合语用学研究的哲学、认知和社会思路,全面地研究语用学和语用意义,她认为,语用学就是"通过研究语言的使用来把现实构建成有意义的经验的学问"(Marmaridou,2000),而经验现实主义"为通过结合语言使用的认知和社会层面而最终证明语言的生理和社会基础提供了可能"(Marmaridou,2000)。

玛玛瑞多的观点非常接近现代语用学的奠基人莫里斯(Morris)的观点,认为语言使用者应该被定义为阐释者,这其中暗含着主观性和语言理解优先于语言使用的观点(于国栋,2001),这种观点给我们的启示是:"符号不是客观地、一致地被感知和理解的,相反,符号是依赖于语言使用者的社会和心理身份以各种变通的方式被阐释的"(Marmaridou,2000);并且玛玛瑞多把语言使用者定义为阐释者还暗含着人类交际的互动性特征,因为既然语言使用者在交际过程中既是说话人又是听话人,那么这样的两种角色必然会在交际者之间更换。除了莫里斯的观点,玛玛瑞多还吸收了维特根斯坦(Wittgenstein)的"语言游戏"和"语言意义在于使用"的理论,她认为,对于语用学研究来说,有两个因素是非常重要的,也就是认知因素和社会因素;认知因素关心推理这一特殊的大脑运作过程,这种运作被认为是专门负责语用意义的理解;而影响语言的社会因素也需要得到足够的重视,因为社会因素解释了语言社会意义的认知基础。

  以上对语用意义的分析和划分主要是通过认知—语用的视角,关注了交际者的大脑思维过程,并借此创造和理解超越了词汇和句子层次的意义。这一视角认为,人的语用知识可以对语言命题式的真值语义进行充实;语言作为客观存在的符号表征,并不直接反映客观世界,语言的意义需要通过认知实现,加上认知之后的意义是大大丰富于其语义的。同样的语言表达尽管具有相同的真值语义,一旦被使用了,其真值语义就不再可信,正如尤契夫所说的"语言一旦发声就是谎言"(倪梁康,2004),这意味着,哪怕是在说话人本身,思维(内部语言)向语言(外部语言)转换时,已经出现了问题,比如"词不达意",更何况即便自认为"达意"的词依然有很大的风险会被听话人误读或解读缺损。只要有合适的语境,具有真值语义的语言命题式甚至可以表达完全相反的语用意义。因此,语言用于交际,在使用中才能实现交际意图,未被使用的语言仅拥有一个概念图式,当语境激活这个图式后,话语含意才能附着在上面在交际中发挥功能。

  语用意义有时比表面的话语意义要多,有时与话语意义不相符,有时甚至与话语意义正好相反。例如:

  例(3) 今天有点冷。

这句话本身不存在任何歧义，是对天气的一种客观描述，表示的意思是"今天的气温比较低"，这是该语句常规的和稳定的意义，是语言形式本身所表达的命题含意，通常称为话语意义。但是，即便是这样一句看似简单明了的语句，在不同的语境下，它的话语意图和交际价值是不同的。

语境1：冬日的一天，主人和客人在屋里喝茶聊天，客人坐在打开的窗边；忽然刮来一阵寒风，客人对主人说"今天有点冷"。此语境中，该话语表示客人想让主人把开着的窗户关上。

语境2：一大早，孩子背起书包准备去上学，妈妈对要出门的孩子说"今天有点冷"。此语境中，该话语表示妈妈提醒孩子要多穿一点衣服。

语境3：一个周末，男孩约自己的女朋友一起去公园，女孩说"今天有点冷"。此语境中，女孩正试图拒绝男朋友的邀请。

语境4：一个温暖的日子，一个女生问一个穿着厚厚衣服的同学为什么穿那么多衣服，旁边的另一个女生听到了就代为回答"今天有点冷"。此语境中，说话人有调侃的意味，本意是想表达今天其实一点都不冷。

语境5：妈妈想带孩子出门玩，孩子的感冒才刚刚好，孩子的奶奶说"今天有点冷"。此语境中，奶奶说话的意图是想阻止妈妈带孩子出门。

以上这些与特定的场景语境联系在一起的含意是难以穷尽列出的，它们制约了话语临时的、具体的、个别的意义。

那么语用意义与什么密切相关呢？一般来说，语用意义与话语意图、语境、话语对象和话语表达方式相关。话语意图是言语行为的目的和动机，包括陈述自己的态度、改变他人的观点或行为、获取自己所需的信息、激发他人与自己沟通等等；语境是言语行为发生的具体环境，包括谈论的话题本身、话语的上下文、交际双方的关系、生活背景、民族文化心理等；话语对象是参与话语交际的双方，主要有说话人和听话人；表达方式有直接言语行为方式和间接言语行为方式。这些因素都与说话人话语临时信息的建构和听话人对话语全部信息的解读紧密联系。没有什么绝对意义上不变的话语含意,只要有语境等其他因素的辅助,任何话语都可以得到合理解读。

5.3　语用意义的维度

　　人们用语言进行交流时,语言的语用意义与语言符号的抽象意义的关系究竟如何？有的情况下,语用意义确实反映了语言符号的抽象意义,在常规语境下,"地球是圆的"的语用意义就对应着话语中的词和语法相结合后的抽象意义,不涉及语境因素,它的话语意义是唯一的(当然,如果加入了副语言特征或非语言特征,这种表达的交际意图可以有变化,比如语调可以改变该表达的陈述性特征。这是语言绝对的动态和相对的静态的辩证关系所决定的)。因此抽象意义是"孤立于语境之外的词、短语、句子的意义"(何自然,陈新仁,2004)。

　　然而,语用意义不同。语用学把研究放在语言符号与使用者之间的关系上,语用意义是语境中的意义,取决于话语"所出现的语境,在多数场合下,它们(话语)的语境意义是明确的,往往只有唯一的解释"(同上)。在词、词语的话语意义的基础上,结合语境,推导出明确的语用意义。这是语言内在的整体与外在的语境的统一。语用学不关注句子的组成规则和语义的确定,它研究的是特定情景中的特定话语,特别是研究在不同的语言交际环境下如何理解语言和运用语言,并产生了什么影响和效果。语用分析是着眼于"现用状态"的活的动态的语言。正如玛玛瑞多所认为的,语言使用是一个内部现象,也是一个外部现象;对语用意义的研究要同时关注语言交际中以句法和语义为考虑的内部因素和以语境为考虑的外部因素。

当说话人想要发出一段话语时,他的目的是对该话语所指的某一对象发表意见、提出看法、表达情感、呼应前文、引出后文等等,即"人际交往就是发话人通过话语行为,使听话人明白他试图引起某种想法或行为而意欲听话人思考点什么或做点什么"(Levinson,1983)。总之,他一定会有一个交际意图在脑海中形成,并根据这一交际意图首先确定语言单位的使用,比如字、词、词语、短句、长句等等,以及用何种结构把这些语言单位组合起来,使之符合该语言规约的语法结构。不同的交际双方,对于相同的话语意义,选择的语言表达方式是不同的。我们很难想象人们会用完全一样的方式来对不同的人说出意义相同的话;人的心智成熟的重要体现在于知道如何恰当地与他人进行交际;这样可以实现语用意义中的人际效果。只有心智尚未成熟的孩童,才会对不同的话语交际者使用同一种直截了当的表达,不考虑对象、不考虑场合、不考虑是否恰当,只是自顾自地提供完全真实的信息、说出自己的真实想法,所谓"童言无忌"也就是指的这种情况。而对于心智成熟的成年人来说,毫无顾忌地随意表达、不顾对象和场合,不是人际交往的常态和接受态。

交际的意图从目的看,可以分为信息意图和动机意图;从表达方式看,可以分为直接意图和间接意图;从呈现方式看,可以分为显性意图和隐含意图;从交际效果看,可以分为始发意图和继生意图等若干对相互对应的概念(李军华,2007)。针对不同的意图,说话人所选择的话语形式和表达方式是动态变化的,即"说什么"和"怎么说"是根据交际的需要而在实际语言使用中不断进行选择、并根据交际的进行而不断做出相应的调整和变化,归根到底,话语所表达的语用意义体现在"说什么"和"怎么说"这两个层面上,尤其在"怎么说"的层面上考虑的更多的是如何进行话语的选择使用,产生一定的修辞效果,以达到说话人的交际意图。

不同的交际意图是说话人使用语言的内部因素,对话语意义的研究还需要考虑说话人使用语言的外部因素,应该包括交际双方、时间、空间、场合、社会观念、文化背景等各个方面。另外,交际的时间、地点、场合也是需要考虑的非语言的外部因素,而这些又与当时的社会观念和文化背景是密切相关的。比如,当一种社会文化强调表达的含蓄性时,那么说话人的表达就会倾向于选择一种含蓄的表达方式,那么间接意图和隐含意图就是听话人优先考虑的因素,产生的人际效果和修辞效果都应该在表达中得到体现。听话人对话语的理解也会从一开始就更关注话语的表面意义背后的东西,这样也节省了解读话语所付出的时间和加工代价,并让交际得以顺利进行下去。

以上所述的人际效果和修辞效果,都是在话语含意明确之后,叠加对语境的分析而得到的。虽然话语意义"是指说话人发出特定话语所表达的字面意义"(同上),但是语用意义中话语的含意是说话人通过发出特定话语所实际想表达的意义或用意,这层含意才对交际的成功至关重要。

交际中说话人想要通过语言的使用传达的往往是比静态的语言抽象意义更多的含意。使用话语交际是一种社会实践活动,是参与者借助语言符号和非语言符号"协商意义、构建身份、调整关系乃至推动社会变迁的重要手段"(熊涛,毛浩然,2012),因此,话语的语用意义也包含了多个维度:话语的概念信息传达了语用意义的概念维度,是说话人的意义,这是话语理解的基础和前提,是与语境"协商"产生语用意义的源头;话语在交际中也同时用来构建身份、调整关系,目的是传达语用意义中的人际维度;话语在交际中的动态使用是为了利用语言手段达到尽可能好的表达效果,这就是修辞。好的话语表达,包括它的准确性、可理解性和感染力,往往是最符合自己表达目的的,适合特定的对象和场合,是得体而适度的表达。因此,话语也传达出了语用意义中的修辞维度。

以下将从语用意义的这几个维度,对语用意义本身进行更深入的讨论。

5.3.1 语用意义的概念维度

基本概念的确定是话语表达的第一前提。首先说话人要知道自己想要表达什么,才能选择语言。语词因其所内涵的指称定义而成为概念,而语句则根据语法规则所组合的句子的各个组成部分,从而具有组合概念的意义。比如简单的表达情感的句子"我爱你",句子中的"我""爱"和"你"都有各自的指称定义,因而是有概念的,而句子的概念就是把三个字的各自指称定义进行组合的一个概念组合体。推而广之,任何语句的概念都依赖于组成该语句的语词的概念。

那么,语用意义的概念维度是否就是语词概念的简单叠加和复合呢?回答显然是否定的。语用意义的概念不是词汇意义的概念,应该是使用中产生的概念意义,往往是在词汇本身抽象意义的基础上叠加了语境信息。因此,同样一句话,不同的人说、说给不同的人听、在不同的地方说,在解读中都有无穷的奥妙。

说话人语用意义的概念是如何形成的?首先要确定说话人特定话语的字面意义,然后再过渡到语境层面的意义,有时也可以利用副语言特征和非语言特征来帮助推断其中的概念意义。请看以下的例子:

> 例(4) 大概古城西安的人们近几日感受到夏天的"热情"了,随着周二立夏之后,西安的气温一下升到了30度,前几日还是衬衫长裤的人们现在已经换上了清凉的夏装。走进西安开元商城、世纪金花、民生百货、百盛等各大商场,浅绿、鹅黄、淡粉、淡紫……各款色彩亮丽的夏季服饰已将整个商场装点得绚烂多姿,短袖、短裤、纱裙、凉鞋、遮阳帽、遮阳伞、墨镜……这些夏季装备已经登上了咱西安的"舞台"。
>
> 夏天就这样来了,你的夏季装备准备好了吗?你知

道今年的流行趋势吗?

——《阳光报》2009年5月8日

例(5) 大家都在说身材好的人才会有夏天,胖子只会觉得热。这句话让妹子我泪流满面,更让我泪流满面的是大部分人对于这个观点是表示支持的。我们一直倡导健康的生活方式,所以在身材上一直建议不胖不瘦。不过大部分女生可不这么看,你身边肯定有那种瘦得不到一百斤的妹子时常说自己快要胖死了,再想想自己的身材,你是不是想说人生已经如此的艰难,再这样我就劈死你呀。

——腾讯时尚2014年4月11日

上面两个语段中都出现了"夏天"这个词语。根据词典释义,"夏天"即为"夏季":一年的第二季,我国习惯指立夏到立秋的三个月时间,也指农历"四、五、六"三个月(《现代汉语词典》第6版)。这是"夏天"的抽象意义,而例子中的"夏天"的含意应该是抽象意义在语境中语境化的结果。例(4)中,语境是西安的气温在5月初迅速上升到30度,人们的衣着也随之变化:"人们现在已经换上了清凉的夏装""短袖、短裤、纱裙、凉鞋、遮阳帽、遮阳伞、墨镜……这些夏季装备已经登上了咱西安的'舞台'",在这样的语境下,我们对夏天的理解就不仅仅是一年中的第二个季节或者一年中的那几个月。通过话语语境中的那些信息,"夏天"概念意义中某一个方面得到凸显,即炎热天气下要穿"清凉的夏装","夏天"的含意就是"清凉夏装的季节",同时这一含意也与例(4)的语境关联度最高,也反映了该例中语用意义的概念维度。

例(5)中"夏天"的含意又与例(4)中不同,这里的语境是身材,语境的假设就是"夏天与身材相关联"。语境中的信息如"身材好""胖子只会觉得热""瘦得不到一百斤"等等都暗示着"夏天"在这里的含意是"露出身材的季节","夏天"的这一个特性最凸显出来,与语境信息的关联性最高,因而是在该例中语用意义的概念维度。

"夏天"的含意可以是"清凉夏装"和"秀出身材"的概念,也可以是充满了辛劳和痛苦记忆的概念,比如对于环卫工人,在烈日下依然需要清扫垃圾、完成本职工作。同一词汇在使用中产生的含意根据语境的不同是不一样的,反映了说话人的话语含意,是语境化后的概念意义。

总之,对语用意义理解的前提是正确的概念、合理的解读。说话人是使用语言的第一层次的阐释者,这种观点暗含着概念使用的主观性,使用者对语言概念的某一凸显意义的理解优先于语言概念的使用。语言作为一种符号,这种符号在被理解和感知时,对于不同的话语意图来说,有很大的差异。概念意义的解读依赖于语言使用者对话语多重含意和话语语境的认知,通过不断的变通,既表达了话语语用意义的概念维度,也体现了话语使用者在话语及语境认知中的"自我"成分,这是说话人使用语言交际的内部因素。

5.3.2 语用意义的人际维度

语用意义的人际维度传达的是说话人的情感色彩。言语交际其实就是意图的交流。人们在交流中总是力求将说话的意图传递给对方,同时也会积极地揣摩对方言语中的意图。在这个过程中,说话人先要确定好自己的意图,并据此在自己认知的语言体系中,对表达该意图的相关概念进行选择,进而选择组合这些相关概念的句法方式,最终形成说话人自认为最恰当的表达方式。

人在传递信息时总是会带有自己的观点、感情和意图。对于同一信息内容,如果话语言谈的对象不同、目的不同,总会在词汇和句法上做出不同的选择(申连云,2004)。如下面的例子:

例(6) 坐!

请坐!
请上坐!

例(7) 针对中石油中石化要合并的传闻,全国政协委员、中国石化集团公司董事长、党组书记傅成玉接受上证报记者采访时回应称:"既然是传闻,你说他是真的吗?"关于两桶油是否将和中海油合并的传闻,傅成玉回答称:"<u>我不知道</u>。"

——腾讯财经 2015 年 3 月 5 日

例(8) 3 月 24 日下午,儿子做了一篇小阅读。文章的大意是:春娃娃可有本领了,他会画画,会唱歌。他走过树林,教小树们描画美丽的绿色。他路过小溪,教小溪唱歌。他来到我们身边,夸奖我们长高了,等他明年再来的时候我们会长得更高,十年、二十年后我们会变成美丽的大姑娘和帅小伙。而他永远都是春娃娃。第一题:文章是写谁的? 请写在标题的横线上。儿子的答案是:<u>我哪儿知道啊</u>! 看到这个答案,我的鼻子都快气歪了,这也叫答案!

狠狠地训了一顿儿子,我就急匆匆地赶到学校值班了,剩下的问题就由爸爸来解决吧。一路上我就在想:这篇文章到底是谁写的呢? 通过仔细思考,我认为应该是小树写的。行了,回家后可以和儿子交流了。晚上回到家里,儿子见我的第一面就说:妈妈,我们都错了,题目问的是写谁的。只有爸爸仔细读题了。哎呀,把俩字看倒了,真是,马虎犯大错啊! 不只是孩子,大人们以后也要仔细啊!

——吴苋洋的博客 2013 年 3 月 25 日

例(6)中展现的是不同的词汇选择对话语语用意义中人际的反映,从最简单的祈使句开始,后面两句的礼貌程度逐渐加强,反映出的人际关系也从熟悉亲密到不熟悉礼貌,维护了听话人的面子。例(6)话语中体现概念意义和人际意义的部分是可以分开来看的:三句话语的概念意义都来源于"坐",因此,可以说它们的概念意义是相同的;而人际意义则来源于第二句中的"请"和第三句中的"请上",因而它们的人际意义是不同的。"请"凸显了说话人的礼貌,传达了交际角色身份和亲疏关系的人际意义;"请上"则进一步体现了社会地位和年龄状况等人际意义。因而例(6)中第二和第三句的交际意义和第一句是不同的。

例(7)和例(8)则通过句法的选择来反映话语中的交际意义。例(7)中的"我不知道"是陈述句,例(8)中的"我哪儿知道啊"是反问句,而反问句的作用就是渲染和强调原句的语气,比陈述句更加坚定。体现在人际关系上则是"选择特定的话语形式和策略,包括反问句的使用,以消除或降低它们(隐含消极用意的言语行为——笔者注)对人际关系的负面影响力",揭示"交际主体的社交地位、权力或权势关系、身份特征、礼貌程度等多种语用因素"(冉永平,方晓国,2008)。

可以看出,话语语用意义中人际维度的反映涉及了话语最基本的两个层面的选择,或者叫两个层面的取舍:一个是语词层面的,另一个是句法层面的。那么决定取舍的关键因素,或者说对取舍起决定性作用的因素,除了说话人对话语概念意义的认知,还有人际因素。

人际因素从广义上来说,是一个较为宽泛的概念,在它下面还可以细分多个方面,如交际双方的身份、交际双方的关系、交际双方所处的社会环境、交际双方通过交际所要践行的社会责任和义务等等。这些方面并不完全相互独立,在相当多的情况下有重叠的部分。

例如,当一个记者去采访一个当事人时,他们各自的身份是明确的,但是也可能记者和当事人本来就认识,那么这时,交际双方的身份就是多重的;记者采访的目的是曝光一个违反法律法规的、某一级基层政府组织侵犯了公民合法权益的行为;在维权之路困难重重且相对漫长的背景下,媒体的曝光往往可以起到奇效:上一级政府部门会进行关注,进而责成下一级的部门尽快解决问题。在这种情况下,不管承认与否,记者的采访实际上践行了双重的任务,即作为记者,其职责反映了社会问题,同时作为朋友,其身份帮助了他人。这种复杂的人际因素,是语言使用者在选择语言和表达方式时无法回避。如果是单纯的记者身份,采访中的话语的选择可能更倾向于客观中性的语词和句法,力求呈现给观众/听众一个客观真实的情况,这是记者报道的职业道德和原则;然而,当记者与被采访者多了一层熟知的关系,那么在依旧遵守职业操守的前提下,记者会有一些变通的空间,比如,问题更感性细腻,报道多了对他人情感描述的内容,虽然记者自己似乎置身于事件之外进行了客观公正的报道,但是在语词选择和话语表达方式的细微变化中,公众的某种认知和经验被唤醒了,同时被唤起的还有更强烈的情感体验和反响,这样,交际中的信息意图和动机意图都得以成功实现。

话语的概念意义("说什么")已经确定时,在人际维度下,需要解决的是"说什么"和"怎么说"两者是怎样结合并达到期待的目的。

这种目的的达成可以分为两种情况:相对被动的情况和相对主动的情况。具体来说,相对被动的情况通过具体的话语表达,反映交际双方的身份和关系,这时,交际双方的身份和关系已经明确,交际本身只是被动反映;相对主动的情况是通过具体的话语表达,对模糊不清的交际双方的身份和关系进行建构,这时交际中的话语和表达方式所起的作用是非常巨大的,具体落实到语言层面上就是一些例如称谓、语气、情态、评价性话语等等的使用,其中有语言特征也有非语言特征。这些特征的出现引起了交际双方的期待:一种关系正在建立,不管交际的另一方同意与否,过程开始了,始发意图出现了,另一方能做的要么是认可始发意图,并顺应始发意图继续对人际关系进行建构,要么是不认可始发意图,不配合对方的建构过程。不管是哪种情况,继生意图都会随之出现:建构方可能继续坚持始发意图,也可能放弃始发意图,或者对始发意图缓行。

把握好人际维度,才知道如何遣词造句;遣词造句恰当了,才可以构建出心目中理想的人际关系,二者相辅相成、互相影响。

5.3.3 语用意义的修辞维度

语用意义的修辞维度为交际中听话人产生形象和生动的联想提供了依据。语言表达的特点就是多样性和复杂性。同样的概念内涵,表达的方式多种多样,可以精确可以模糊,可以确定也可以不确定。一个成年女性可以称她的配偶为"丈夫""爱人",也可以称之为"家人",精确与模糊的区别一目了然。这里有说话人对于某些语言符号的概念内涵主观理解的问题,也有"听话人是谁"的问题。从概念内涵的理解来看,这个说话人可能从小生活在一个较为保守含蓄的家庭氛围中,直截了当地称呼"丈夫"或"爱人"也许在她的认知经验中是非常少并且过于直接的,因此"家人"在她看来就是最恰当的表达;从听话人是谁的角度来看,如果对方是一个相对陌生的人,社交生活中不需要牵涉太多私密性,那么她完全可以隐去对听话人告知自己丈夫的身份,笼统地以"家人"称呼,这样既达到了需要告知二者关系的目的,又不会过度暴露自己的隐私。再看下面的例子:

例(9) 这次回家,觉得我们的生活越来越好!和家人在一起,突然好珍惜,开始珍惜每一分每一秒和家人在一起的机会!越来越大,却和家人在一起的时间越来越少,可即使这样,也觉得一家人为了生活奋斗的感觉很好!三个人不在一起,可心却那么紧密地靠着!一直一直被父母疼爱的我,一直却向生活索要很多本不应该奢求的东西,何必呢,拥有这么多,好好珍惜就好了!加油!!希望自己幸福!希望所有爱我的人和我爱的人快乐!

——小故事网 2014 年 3 月 3 日

例子中的"家人"指的是我的"父母",强调的是"三个人"中的另外两个;因为"家"的存在,"家人"一词的使用达到了突出特征、启发联想的修辞效果,表达了强烈的情感色彩,因而语境中才有了"心却那么紧密地靠着""拥有这么多""好好珍惜""希望所有爱我的人和我爱的人快乐"等相关联的表达,话语的共同含意都印证了"家人"的修辞效果,其特征也更加鲜明突出。

话语中语用意义的修辞效果表达出了话语特定的感情色彩。真正不带感情色彩的中性的语词确实存在,但是,同样存在着更多的大量具有浓厚感情色彩的词,即便是像"汽车"这样毫无情感的机械装置也可以用"座驾"来指代。例如:

例(10) 自 20 世纪 50 年代以来,雪铁龙汽车就与爱丽舍宫(法国总统官邸)结下了不解之缘,多位法国总统都将雪铁龙旗下汽车指定为元首座驾。此外,在法国总统的车库中,也不乏标致、雷诺和其他法国车的身影。

——汽车之家 2014 年 4 月 12 日

该例子中,"将雪铁龙旗下汽车指定为元首座驾"表明"汽车"就是"座驾",但是"座驾"为私人拥有,即为"某人的车",而不是泛指一般的汽车,因此无生命的东西似乎活跃起来,与有生命的人息息相关了,语言具有生动性和感染力。

话语交际中用哪个词不用哪个词并不是信手拈来的,而是经过认真考虑后的取舍结果,其中就有对于修辞效果进行考虑的因素:是否得体、是否有感染力。"家人"比"父母"多了一层温暖的感觉,具有了更深的情感色彩,赋予了听话人更多的相关联想。话语的特定表达方式还会产生出人意料的效果:犯罪嫌疑人在被审讯时会因为警察的攻心战术而坦白交代,不管是动之以情还是晓之以理,都是说话人对话语采用的不同修辞手法,取得的认知效果也是说话人想要达到的。

说话人话语的修辞效果,实际上是通过听话人在解读话语时付出更大的加工代价来达到的一种额外的认知效果。明明可以开门见山讲清楚的东西,非要迂回曲折,其目的不是单纯的文字游戏,而是期盼在迂回曲折中能够曲径通幽,体会幽谧之处的精妙所在。比如,明明可以说某一事物是虚假存在的,在表达中却说某一事物是"周老虎"①,例如:

> 例(11) 安阳"曹操墓"会是考古界的"周老虎"吗?
> 12月27日,河南方面在京宣布,在该省安阳县安丰乡西高穴村发掘的一座东汉大墓,被确认为魏武帝曹操的陵墓。提供的关键证据,是墓中的六块刻有曹操封号"魏武王"字样的石牌和石枕,墓中一具被鉴定为年龄在60岁左右男性骨骸,被认为是曹操的遗骸。
> 发现一经宣布即遭到质疑声,"现在匆忙定论,还为时尚早。"河北邯郸市历史学会会长刘心长表示。"还有很多疑点回答不了,需要做更深入的研究,寻找更有力的证据"。网友更是普遍在戏谑中怀疑曹操墓的真实性。一位网友在博文中分析:"不愿意看到遍及全国各行业的

---

① 陕西省镇坪县农民周正龙,于2007年10月声称在野外拍得华南虎照片;后在2008年1月被国防科大宣布三维测量结果为"周老虎"是"纸老虎";6月29日,周正龙承认虎照是假;9月27日,旬阳县人民法院公开开庭审理了周正龙诈骗、非法持有弹药案。一审判处周正龙有期徒刑2年6个月,并处罚金2 000元。由于此次造假事件影响的广泛性,特别是通过现代网络媒体的迅速传播,这一事件充分融浸了民众的情感和思辨,"周老虎"也一度成为造假、虚假的代名词。

造假风,刮到考古领域和古人头上去了……"

这一使用是期望达到一种特殊的认知效果,即通过对特定的专指性事件进行泛化,用隐喻的修辞手法扩大所指的范围,对参与其间的喻体和本体双方的共同特征进行概括,并围绕这一特征形成一个类,而隐喻则被不断地用于这类对象,以至于离开了原来的话语场景后依然能被理解,这时专指的话语表达开始类指化,但同时又无法完全摆脱隐喻的影子,于是,精妙的认知效果就出现了:听话人理解了这一类指化表达中的隐喻,同时,又因为共同的认知和生活环境,自然而然地与该表达最初的专指事件进行关联,心理的认知过程也从隐喻的源域向目标域投射,达到一种独特的认知效果。这种效果是使用常规语词如"假冒""虚构"所无法达到的。

当然,额外认知效果的达到与否取决于交际双方的共同努力,并以共享的认知经验为前提。只有当一种话语的修辞式表达为交际双方所共知时,修辞的认知效果才能达到;否则只能是对牛弹琴、徒费其力。一个不知道"华南虎事件"的人,无论如何不能把"周老虎"的表达方式和"假冒""虚构"的概念联系在一起。交际在这里会因为没有共享的认知基础而中断,更不用说特殊的认知效果了。想要把该交际再进行下去有两种手段,一是改用常规语词进行表达,二是对这一类指化表达提供足够的背景知识,来补足认知上的缺损。无论哪一种手段,交际一方都会意兴阑珊。这也一定程度上解释了为什么具有相当的家庭、教育、生活背景的人们往往会有更多的共同语言,话语沟通更容易顺畅地进行下去,或惺惺相惜,或相见恨晚。

5.4 流行语个案分析:山寨的语用意义

以下将以流行语"山寨"为例,分析流行语的语用意义是如何在三个维度上得到体现的。

5.4.1 山寨的词汇意义

在 2008 年度由国家语言资源监测与研究中心、北京语言大学、中国传媒大学、华中师范大学、中国新闻技术工作者联合会、中国中文信息学会联合发布的中国主流媒体十大流行语中,"山寨"当选为社会生活类十大流行语之一。从该年度开始,"山寨"以不可抑制的迅猛之势,迅速渗透到社会生活的各个方面,并随着在不同语境下被不断使用,发生了词义的流变和认知的演变。

"山寨"一词,古已有之,这从辞典上对"山寨"的释义词条和例句中就能看出。在古汉语中,山寨,亦作"山砦",包括两个义项(《古今汉语词典》,2004;周统权,杨静,2010):① 筑有栅栏等防守工事的山庄。如,宋代李心传的《建炎以来朝野杂记·龙州蕃部寇边》中:"王钺又请於其前筑水礶山寨,以为戍守之所,朝廷皆从之。"《岳飞传·宋史卷三百六十五·列传第一百二十四》:"飞措画甚大,令已至伊、洛,则太行一带山砦,必有应者。"《元史卷十·本纪第十》:"发蒙古、汉军都元帅张弘范攻漳州,得山寨百五十、户百万一。"② 绿林好汉占据的山中营寨。如,《水浒传》第五十一回:"吴学究道:'山寨里众头领多多致意,今番教吴用和雷都头特来相请足下上山,同聚大义。'"《明史·项忠传》:"流民附贼者至百万……贼潜伏山砦,伺间出劫。"

在现代汉语里,"山寨"基本保留了其古汉语中的义项,但是外延有所扩大。根据《现代汉语词典》2002 年增补本,"山寨"是指:(1) 在山林中设有防守的栅栏的地方;(2) 有寨子的山区村庄。第二个释义应该还可以泛指山村,如《人民日报》1968 年 11 月 3 日:"喜讯传到祖国广大农村、山寨和渔乡,亿万贫下中农一片欢腾。"另外,在实际的使用中,"山寨"也会用来特指在中国西南山区里的村落。

可以看出,现代汉语中的"山寨"的第一个释义依然基本保留了古汉语中①的意思,而第二个释义则比古汉语中②的语义更为宽泛。但是不管意思发生了什么样的扩展,"山寨"一词是具有若干基本的意义要素的,简单来说可以涵盖三个方面:1. 充当居所;2. 附带栅栏;3. 在山林之中。

5.4.2　流行语"山寨"的概念维度

根据"山寨"的原始词义,"充当居所"应该是原始功能。"处所"也成为"山寨"的基本义项。但如今,"山寨"一词被频繁使用、广为流传,表达的并非这一概念语义。以下以"山寨1"代指原来意义的"山寨",以"山寨2"代指现在流行的"山寨"。

"山寨"虽然原始义项是一种具有居住功能的处所,但是在对"山寨"使用的文本考察中,我们会发现,即便是以前使用"山寨"一词,其在多数时候也并不是原来意义上的"山寨":它通常指代一个位于偏远山区的、主要与军事活动联系在一起的、具有政权性质的、可以自给自足的组织;该组织/政权经常打家劫舍或与政府对抗;该组织的首领叫寨主,寨主的夫人叫压寨夫人。比如,在《说岳全传》第七十四回中,岳夫人道:"牛叔叔!如今我们奉旨进京,既已赦罪,牛叔叔亦该弃了山寨,一同去朝见新君,仍与国家出力,以全忠义为是!"此处的"山寨"为与政府对抗的地方政权;在《隋代宫闱史》中,"山寨的财源日富,归附的人也日见众多。到了那时,山寨已有万余人。那个军师于雄,原和翟让交好,也是能文善武,智略过人。"此处"山寨"为一个具有招募力的聚众组织;在《说岳全传》第三十三回中,孟邦杰道:"……他若果是个忠臣,我们便在他帐下听用,挣些功劳,光耀祖宗;若是不像个忠臣,我们一齐原归山寨,重整军威,未为晚也。"此处的"山寨"指拥有一定军事力量的地方组织。

以上的三个例句中,"山寨"的意义绝不是单纯的处所,而是指代特定的结构和组织,因此"山寨"一词在很早以前就发生了词汇意义的延伸。原有的"处所"概念成分逐渐淡化,而"偏远""远离政府管辖"等概念成分不断凸显,"山寨"的象征意义被越来越多地放入使用的话语之中。这便是"山寨1"概念的演变。

那么现在风行的"山寨2"的概念是如何慢慢形成的？现在的说话人在使用"山寨"一词时表达的概念是怎样的？据考证，现在"山寨"的概念源于广东话。在广东深圳龙岗的山区乡下，有大量手机生产的小作坊，它们从功能和外观上极力模仿国际品牌的手机，并且因为没有开发成本和技术专利的费用投入、逃避政府监管和税收，其市场售价比品牌手机低得多。这种手机虽然质量没有保证，但是因拥有极大的价格优势可以占领部分市场。广东人称这种手机为"山寨机"。一可能是因为"小作坊"一词的发音非常接近粤语中"山寨"一词的发音，二是"小作坊"的词义与"山寨"的词义有相当部分的共通之处：位置相对偏远、组织不正规、与政府关系不密切、疏离于政府的管辖之外，等等。这时，"山寨2"与"山寨1"所不同的概念意义就凸显出来了，在保留了"山寨"基本概念意义的基础上，"山寨2"增加了新的义项：模仿/仿制/冒牌。"山寨"一词也开始流传开来。例如：

> 例(12)近几年，深圳品牌手机的销量和市场占有率，始终稳定大幅增长。国产手机中的佼佼者"中(兴)华(为)酷(派)联(想)"四大品牌，有三个出自深圳。然而，深圳手机也曾因山寨现象和质量问题多发而广受诟病。
>
> 在手机业最为集中的华强北商业街，山寨手机一度横行，搅乱了市场秩序，影响了创新性企业的发展。针对制假售假泛滥的现状，深圳在2012年开展了广泛整治市场违规现象的"三打两建"行动。据不完全统计，华强北主要手机专业市场共有3575户经营户主动退场。在这些经营户中，绝大部分是从事山寨机经营的商户。
>
> ——龙岗新闻网2014年6月27日

从上例可以看出，最初的"山寨机"给手机市场带来了前所未有的冲击,大有占山为王之势(这与山寨的原有义项之一颇有神似之处),并且因为质量无法保证,"山寨机"常常与"假冒""仿制""廉价"联系在一起,"山寨"也变成了包含有"冒牌""仿制""质量不过关"等意思的修饰语。但是随着"山寨"一词使用范围的不断扩大,大凡可以被仿制的物质产品都可以成为被"山寨"的对象,如山寨的产品设计(仿制名牌设计的服装)、山寨的产品品牌(康师傅变成康帅博)、山寨的商标图案、山寨的建筑(仿地标性建筑如世博会中国馆),等等。再接着,"山寨"一步步突破了物质范畴的束缚,深入精神和非物质领域的诸多方面,如"山寨春晚""山寨新闻联播""山寨奥斯卡"等等。例如:

例(13) 一个叫老孟的民间"伙夫"花了140元举起的"山寨春晚"大旗得到众多网友力挺,而其还申请了一个叫CCSTV的网站和央视春晚PK,此举无疑证明了"山寨"已经成为一种文化。

"山寨春晚"凭借"春晚"搭台,山寨文化汇聚来自草根阶层的创意,得到全国成千上万网友的力挺。而"酱油春晚"则是湖南网友首次线下集结组织办"春晚"的活动,组织者老段表示其实在一个月前就开始启动,几乎与山寨春晚是同时启动。来自众多行业的几十位湖南网友最后敲定"酱油"为主题也是别有用心:"山寨的文化概念很泛,主要表现为仿造性、快速化、平民化,但其实只要不是主流媒体操办的春晚都可以叫做山寨春晚。"

——搜狐新闻2008年12月12日

上面的例子中,"山寨"一词的使用语境迅速扩大,该词的概念意义也从最初的专指扩大为类指,并在此基础上进一步延伸,"山寨"已经成为一种文化,涵盖了物质和精神的双重领域,符合从物质到精神这一人类认知发展的一般规律。在"山寨"词义变迁的过程中,"山寨2"中的"仿制""模仿"这一中性义项得到了巩固,"价廉""冒牌"等负面的义项逐渐淡化,当人们现在使用"山寨"、谈论"山寨文化或精神"时,脑子里首先想到的是其"模仿"的属性而非"廉价"的属性,如例子中的"仿造性、快速化、平民化"等语境信息,人们在使用中倾向于选择他们的认知中更为重要的意义凸显,而忽略认知上被看作次要的方面,如渐渐淡化的"价廉质次"的方面。

由此看来,说话人使用"山寨"一词语用中的概念维度应该包含多个方面以及一系列的演变过程:首先,该词最初是一个表明处所的词,尤其强调处所的偏远性;其次,该词由于表明了处所的偏远,因而吻合了那种非主流的政权/组织的某种特征(处于偏远之处);在此基础上,偏远的组织又和与仿制产品有关的处所相关(都处于偏远之处);继而,仿制的产品也开始用该词来指代(处所的概念意义被淡化,仿制的意义被凸显);在此层面上,仿制的产品又由物质的、有形的,向非物质的、无形的、精神的层面扩散,这时,处所的意义被完全抛弃,"仿制""模仿"成为该词的类指性特征。

5.4.3 流行语"山寨"的人际维度

"山寨"的使用已经深入生活的各个领域,似乎到了"无论什么皆可山寨"的地步。那么当"山寨"一词已经堂而皇之地替代了"仿制""模仿"等词,被人们在各种语境下反复使用时,它一定有优于"仿制""模仿"等词汇表达的地方,才使人们义无反顾地进入"山寨"一词的使用大军中。这种优势并非先天具备的,而是在一段时期的使用之后慢慢突显出来的。

人们在交际话语中使用的词汇本身是具有其内涵意义的。例如"东西"一词,它的词汇意义是泛指各种具体或抽象的事物,如"吃东西""买东西"等等,具有中性的情感意义,并与交际者无关。然而,当该词在使用中特指某一人或动物,常含交际者喜爱或厌恶的情感,如"这小东西真可爱""妈,别理这东西,小心吃了他们的亏。——曹禺《雷雨》"。该词在实际使用中还常常与"很多""不

少"等表示数量的形容词一起使用,这时,该词往往传达了说话人认为相关事物"有用""好"等情感色彩。例如:

例(14)生活中会遇见各式各样的人,你不可能与每个人都合拍,但是有一点是四海皆准的:你如何对待别人,别人也会如何对待你。72条做人的基本礼仪,看看吧,保你学会不少东西。

——经理人分享2014年9月15日

话语表达的人际意义强调了当前的交际任务下交际者选择不同话语所产生的作用,目的是达成交际者的人际意图和情感传递。作为一种非常社会性的生物,渴望被认同和拥有归属感是人的本性,当人际交往的内容和方式越来越成为判定人作为一个个体的社会属性时,在交际的内容相对确定的情况下,以不同的方式进行交际就会有不同的交际效果。以"山寨"为例,该词作为当代流行语,显然得到了使用者的青睐;在各种场合中,"山寨××"被频频提及,"仿制""模仿"等词语已经不再被广泛使用。由此诞生的涵盖各种"山寨"的"山寨文化"也成为社会主流文化的重要补充。"山寨文化"也是一种情绪的表达和发泄,在这个急速亢奋又健忘得过于频繁的时代,人们需要用山寨来调侃它,人人都有话语表达的需要,而山寨,成为草根阶层最好的也是最具智慧的表达方式之一。在"山寨"内涵意义开始相对固定的情况下,与交际者相关的具体使用往往附带着确立交际者相互间身份、群属和关系的目的。请看下面的例子:

例(15)浙江卫视山寨版爸爸去哪儿 钟丽缇小沈阳加盟

2014年浙江卫视贺岁大型家庭亲子户外节目《人生第一次》第二季1月11日晚首播。小沈阳和妻子沈春阳带着女儿阳洋、辣妈钟丽缇携最小女儿 Cayla（考拉）、王仁甫和季芹夫妇牵着一双儿女乐乐和耶耶、徐冲夫妇带着儿子"宸哥"来到穷乡僻壤的"坑根村"，开启了人生第一次的"举家出行"。

这个以"明星亲子"出行为卖点的节目，一播出就引起了激烈的讨论，有力挺的："钟丽缇的女儿太可爱了，萌死我全家了！""小沈阳女儿真心酸啊，出门还带个'假爸爸'""王仁甫季芹的教育方式不错"；也有直接质疑的："太像《爸爸去哪儿》，亲子类节目能不要山寨吗？"

——加拿大华人网 2014 年 1 月 12 日

较之于"浙江卫视模仿爸爸去哪儿 钟丽缇小沈阳加盟"这样的标题，"山寨版"一词多了些使用者的调侃。新闻标题的特点就是创新、独特、抓人眼球，同时反映了媒体想拉近与读者的距离的交际任务，并体现新闻与社会互动的特性，展现该媒体生机勃勃的良好形象。

当湖南卫视的亲子真人秀节目"爸爸去哪儿"火遍全国时，由此带来的巨大收益让各家电视台垂涎，很快，各种似是而非的真人秀节目被火速打造出来，其中尤以浙江卫视的亲子真人秀节目"人生第一次"最为抢眼，但该节目播出后遭到了很多质疑，矛头基本指向了其与"爸爸去哪儿"的高度相似性，而有关对该节目质疑的报道标题无一例外地选用了"山寨"一词，凸显出各家媒体试图实现与上面例子中相同的交际任务，即实现人际意义。例如：

例（16）浙江卫视《人生第一次》遭遇山寨质疑

"太像《爸爸去哪儿》，亲子类节目能不要山寨吗？"浙江卫视《人生第一次》上周开播后，因与《爸爸去哪儿》的高度相似而面临山寨质疑。对此，浙江卫视策划推广部王先生昨日坦言，也许会有观众在某些细节看到"爸爸"

的影子,但《人生第一次》以明星家庭为卖点的架构将更多展现家庭教育方式不同对孩子成长带来的影响,接下来的情境中将有更多环节考验爸妈们,如何教育和引导孩子。

——《新闻晨报》2014 年 1 月 14 日

例(17) 浙江卫视新节目被指"山寨"

浙江卫视全新少儿节目《人生第一次》还未播出就是非不断。据悉,此节目播出前收到青海卫视函告通知,称浙江卫视官方网站打出该节目是引进日本电视网热播20 年的《我家宝贝大冒险》,节目版权事宜涉嫌侵权。

……

该节目播出后,眼尖的观众发现该节目与日本电视网《我家宝贝大冒险》在节目类型、播出形式、环节设置、任务路线图以及道具上基本一致,浙江卫视快速被网友推上了"山寨盗版"的风口浪尖。

——《东方今报》2013 年 7 月 24 日

例(18) "第一次"被指"山寨""爸爸"版权乱局令业内无奈

湖南卫视最近有点烦,第一季《爸爸去哪儿》带来的成功喜悦还没有享受太久,就遭遇山寨的困扰。上周六,浙江卫视开播的第二季《人生第一次》,无论是节目模式,还是具体节目展现,被舆论普遍认为和《爸爸去哪儿》有着惊人相似。

赤裸裸的抄袭?

翻版《爸爸去哪儿》让网友直呼"惊呆了",并直指该节目是"赤裸裸的抄袭"。有网友指出:"流程、任务、字幕、音效音乐、拍摄手法简直和《爸爸去哪儿》一模一样,基本就是《爸爸去哪儿》的第二季。"

——《解放日报》2014年1月15日

以上例子中,除了新闻标题,在报道的正文中,只要是提及该节目与其他亲子节目的相似性,全部使用了"山寨"一词,包括该词作为不同词性的使用,如作为形容词的意思是"山寨的、盗版的"(例16中),作为动词的意思是"为了收视而去'模仿(山寨)大冒险'"(例17中),作为名词的意思是"遭遇山寨(这种情况)的困扰"(例18中)等。

当人们需要表达对这个躁动的社会的一种情绪时,某一流行词语的使用正好契合了使用者的心理:普通词汇已经无法在现实的交际中完全反映自己的立场和情感,人际交往的效果因而难以达到,只有那些具有特殊效果的流行语才能反映自己的心理认知,才能融入这个多变且快变的社会语境之中,当他人言谈话语皆与时俱进且流行词语频出时,自己也会不自觉地被同化,并且交际双方如果都对对方有一种合作意向,那么会有一种相互回应的趋势,自己被对方同化的同时,对方也在不自觉地被自己同化,如此循环并不断扩散到其他的交际中,很快,大众的交际就有了共享的话语表达和使用;其间,传媒的力量不可忽视,传媒面对的是大众,可以影响整个受众的话语表达和使用,一旦所有的传媒都开始倾向于某一话语的使用,那么产生的影响就会波及整个社会,该话语就是交际中最会被优先选择的话语。

5.4.4 流行语"山寨"的修辞维度

如前文所述,对"山寨2"的最初理解是"山寨的手机产品",其"假冒、伪造、品质差"等属性也为人们所熟知,所以"山寨2"在最初的使用时,多含有较明显的贬义色彩。随着IT技术的不断进步,山寨厂生产的山寨产品越来越丰富,质量也越来越好,性价比越来越高,产品更新换代也很快,人们对于山寨产品的印象已经不仅仅停留在"假冒、伪造、品质差"等属性上,其仿制的本质固然没有改变,但因其功能齐全、价格低廉、质量过硬而变成了准名牌产品,其间,"山寨2"的贬义色彩逐渐褪去,中性色彩开始凸显。

现在,山寨的外延不断扩大,已经延伸到非物质领域,凡能被山寨者,多为流行的元素和时尚的事物,"山寨"因此被额外赋予了"时尚"的色彩,其修辞效果有时也带有了褒义的色彩。随着被仿制的对象不断地延伸,人们开始对被仿制的对象、仿制本身,以及与仿制相关的文化现象进行了探索和反思,人们发现,"山寨"已经不仅仅是简单的模仿,在模仿的过程中蕴含了创新的智慧。山寨的智慧推动着人们的去精英化和平民化的理念,更多的普通人有机会消费时尚、参与社会。因此,"山寨2"在大众的拥戴下有了更多的褒义和调侃。例如:

例(19)"向央视春晚叫板,给全国人民拜年。"近日,一场网友策划、参加和制作的"山寨版春晚"正在紧张地筹划当中,这场晚会与央视春晚时间同步,通过网络直播。

山寨版春晚的策划老孟介绍,这场山寨版春晚场地定在一个酒楼,观众面向北京普通老百姓,特别是过年不能回家的农民工、大学生朋友们。在他看来,山寨版春晚模仿央视春晚,但又不完全一样。最重要的区别是山寨版春晚面向草根平民。另外,央视春晚好不好,创意主要来自导演,山寨版春晚则是全国网友网上提议,来自群众的智慧。因此,他们很有信心和央视春晚比拼创意。

——新华网 2008 年 12 月 9 日

例(20) 4 月 6 日,华中师范大学附属中学朝阳学校初二年级 4 个班举办教学展示活动,学生们用充满创意的"山寨版新闻联播"演绎国内外新鲜事。

校长苏远东介绍,学校开设山寨新闻联播来自学生们的创意,学生充分发挥聪明才智,把读报变成了脱口秀,除播报新闻,还增加小品表演、即时点评、图像演示等多种形式,深受师生欢迎,通过此举也提高了学生搜集、整合信息的能力,锻炼了口才。该活动已向全校推广。

——网易财经 2012 年 4 月 10 日

以上两例中的"山寨"一词已经褪去了贬义的色彩,凸显的是其"创新、个性、平民化"的褒义色彩,交际者的目的是表达对其的肯定和赞许;如果用"模仿"一词来替代"山寨",话语表达中希望蕴含的褒义含意无法得以体现,交际目的无法充分实现。"山寨"一词的使用具有了更多的暗含和弱暗含,只要是对"山寨"一词的起源和发展有所了解的听话人,一定会关联出比单纯说"模仿"更多的含意,交际也就能取得生动形象、贴切自然、引人思考的修辞效果。

随着"山寨"一词不断在各种语境下使用,作为流行语的"山寨"含意除了"仿制""模仿"等,许多暗含并不是"山寨"一词的属性特征含义;但是因为在该词的起源、语义泛化和扩散的整个过程中,不断地留下了使用者在不同语境下使用的印记,如同一条船从遥远的河流驶向大海的方向,当它最终到达大海时,船身的木板上已经浸润了不同的江河湖泊的水,留下了细微的特征,与最初已经不同。《新闻晚报》在 2008 年 12 月 8 日有一篇专题报道《众说纷纭"山寨"现象》,其中归纳出的网友眼中的"山寨"的含义已经多达十余种:草根、复制、冒牌、创新、DIY、剽窃、恶搞、个性、劣质、进取、低俗等等。这些含义是普通语言使用者根据语感做出的归纳,而不是语言学意义上经过严格界定的义项。说话人期待着在使用"山寨"时能够传达恰当的含义,而语义泛化后的"山寨"具有了常规词汇所没有的复杂含意,传达的可以是其中的一个含义,也可以是多个含义的复合叠加,而解读的任务则完全交给了听话人,根据当时的话语语境和社会语境、根据听话人对说话人的了解,看似简单的"山寨"一词可以活灵活现地传达不同说话人的含意,不管解读是否充分,"山寨"的强大功能完全能够满足复杂多变的交际需要,在表达了强暗含的同时也附带着表达了弱暗含,达到了一种欲语还休的修辞效果。

"山寨"的潮流还在继续,其语义和使用也正处于活跃的变化发展之中,对该词语义的有效概括似乎超出了一般语言研究方法的范围。流行语的"山寨"一词的使用深受社会文化环境的影响,具有强大的修辞和认知效果,也是语言与社会文化共变的极好例证。

5.5 流行语语用意义的特点

流行语的语用意义在以上三个维度上也展现了其意义的某些特点。流行语的语用意义既包含了常规词汇的语用意义所承载的多方面信息,又有不同于常规词语信息的鲜明特点。这一特点来自流行语本身的起源、发展、传播和接受过程。

人们在成长和接受教育的过程中,习得了大量的话语表达所需要的词汇、短语、语法和语篇表达方式,而这些内容,绝大多数是在习得开始阶段,它们常规而稳定的属性特征就固定了,因而并不具有流行语使用中的特性。换言之,当人们获取这些语言的相关知识和使用方法时,它们已经基本上完成了自身的动态发展,进入了相对静止的稳定状态。

流行语则不同,人们与它们共同成长,见证了它们的起源、发展和传播,它们从一开始就是动态的,并且有相当部分依然处于不断变化之中。因此,在流行语身上更多地体现了一种过程和经历,对于语言本身和语言的使用者都是如此:语言本身的发展变化过程伴随着社会和使用者的变化,并不断被调整来顺应社会和使用者的变化,它们的兴起和变化也反映着社会和生活的变化,人们无法把这些变化的印记从流行语身上抹去,同时,人们也无法否认自己的生活已经被流行语深刻影响着,尤其在语言交际层面上最为直观。

因此,流行语的意义,从最开始就是与使用分不开的,其语用意义具有更突出的特点,并基于流行语本身的独特性而具备了这些特点:使用中的动态发展产生了流行语语用意义的不确定性;多语境下的使用产生了流行语的不透明性;流行语起源的事件独一性,以及语义泛化中从专指成为类指的发展过程,产生了流行语语用意义的隐喻性和典故性。这些特性是流行语的发展规律决定的,同时也是流行语语用意义解读的依据。正因为流行语意义的以上特点,语境的介入才变得不可或缺。

(一)不确定性

语义的不确定性本无什么新鲜,话语的解读有时需要先解歧,其原因就是有时一个词语会有多个意义。然而流行语语义的不确定性却不同于"一词多义",而是指在语境中可以作多种意义的解读,因而对交际双方产生困难。这种不确定性依赖于其产生、扩散、语义泛化的过程(有的流行语的流行仅仅表现为短时期内使用频率的迅速提高以及使用范围的迅速扩展,而其流行过程中语义并不发生变化,其所指的对象也是相对固定的,此类流行语不在本研究之列)。一旦某一流行语开始被高频使用,其使用范围也不可避免地有了不断的扩展,而这种使用的扩展是以流行语自身的语义变化,即语义泛化为支撑的。我们不可能指望原来只用于某一特定对象的流行语,被顺利使用到这些所指的对象之外而不遇到任何障碍,除非进行语义泛化。

以"山寨"为例,作为流行语的"山寨",其各种意义并没有完全脱离词典中对"山寨"一词的解释,而是从后者派生出来的,即"山寨"原有意义发生语义泛化的结果。所谓语义泛化,指的是词语在保持越来越少的原有语义特征的情况下不断产生新的使用方式将越来越多的对象纳入自己的指谓范围。一般词语的语义演变也有语义泛化的现象,但是只有在流行语中它表现得特别充分和集中,而且泛化的速度也特别快(刘大为,1997)。根据泛化程度由低到高,语义泛化被划分为三个阶段:以语义隐喻为特征的第一阶段,以语义抽象为特征的第二阶段,以语义含混为特征的第三阶段(刘大为,1997)。"山寨"的不确定性也就是来自语义泛化依次经历的三个阶段。

在第一阶段,"山寨"的流行伊始,指的是非正规的手机等电子产品或配件的生产厂家。2002年在媒体上就有这样一则新闻:

例(21) 大石山寨厂炮制名牌电脑

鲁先生花了近4 000元买来的"名牌"电脑竟在半月之内就修了十多次,不是显示屏变色,就是无故死机,还出现电源断电等故障。他一气之下找到电脑店要求退换,谁知店主却早已关门拉闸,不知去向。后经电脑行家检修,鲁先生才发现,他买回来的电脑是拼装机,主机和显示器都是弃件翻新的洋垃圾。近日,记者根据鲁先生提供的线索,来到番禺大石镇大山村,除了证实卖电脑给鲁先生的店铺已关闭外,还从知情者口中得知一个惊人的消息——大山村正是翻新、拼装、销售洋垃圾电脑的"大本营"。

——《信息时报》2002年1月11日

该新闻报道中有一些内容——比如"拼装机""弃件翻新的洋垃圾""大山村"——完全可以对这里"山寨"一词的语用意义进行语境假设:用"山寨"来隐喻那些非正规的工厂("关门拉闸"),地处偏远("大山村")、不受法律约束("不知去向")、逃避政府监管("不知去向")等含意,显然这时话语交际中的"山寨"已经比字典中的"山寨"概念更为抽象,它为"山寨"的语义泛化打开了空间,只要是具备了以上的特征含义,都可能被视为某种形式的"山寨",也都可能成为"山寨"一词的所指对象。当越来越多的事物被纳入这一意义空间,"山寨"的所指范围也开始越来越大。

第二阶段,"山寨"的语用意义进一步抽象:它由隐喻非正规的电子产品等的生产厂变为属性指代,特指那些由非正规加工厂生产的产品,范围不仅仅是电子产品了。例如:

> 例(22) 日前,有网友整理出目前能买到的山寨版"功夫熊猫",并表示:"一直以来,我都认为满大街七仔的做工已经恶心到极致了,没想到玩具商们很快就超越了自己,没有最雷,只有更雷啊!"个别山寨版玩具在网友眼里"看上去更像一只狼狗!"
>
> ——《羊城晚报》2008 年 7 月 4 日

此时,"山寨货"的外延已经扩展到电子产品等之外的各种产品,只要具备以上提及的"非正规"等特征;其内涵特征也就相应地越来越小,最终浓缩成一张产品的"出生证明":任何由非正规厂商生产、逃避政府监管,或者仿冒其他品牌的产品都可以冠以"山寨"之称(缪俊,2009)。

语义泛化的第三阶段,也是流行语流行的最高潮阶段,"山寨"的语用意义变得含混不清,而其根源就在于,它抽象过的内涵仅仅表示"非正规途径产生"等特性,而人们在使用中却希望用来说明事物的内在品质。比如,"山寨货"是非正规厂家生产、未经许可的,质量往往没有保证,因而"山寨"可以表示"劣质、粗制滥造",例如:

> 例(23) 30 日,山东潍坊和平路与福寿街交叉口的一酒店打出了"山寨自助餐"的标语。据了解,即将推出的山寨自助餐10元/位,品种以成本较低的时令蔬菜为主,卖得便宜也能有钱赚。
>
> ——《齐鲁晚报》2008 年 12 月 31 日

又比如:

    例(24)"山寨货"大多是抄袭设计,因而"山寨"可以表示"仿制、冒牌",例如"本月 7 日,刘亦菲与侯佩岑等女星一同出席时尚盛典活动,当时刘亦菲身着粉红色及膝小礼服,非常素雅。但随即就有眼尖网友发现,该礼服竟为'山寨'版,因为之前某知名女星在东京电影节的红地毯上也穿过一款相似的礼服……"

    ——《现代快报》2008 年 11 月 11 日

再如:

    例(25)"山寨货"大多因为没有设计成本和知识产权费用支出,一般价格都比较低廉,因此"山寨"也有"廉价"的含义,例如"德国研究指出洞洞鞋致癌,廉价山寨版尤其要慎选……"为了身体健康着想,切勿贪图便宜,购买质量没有保证的产品。

    ——哈秀时尚网 2013 年 9 月 29 日

    当"山寨"成为一个抽象的区别性标记时,人们几乎可以按照自己的理解随意使用"山寨"一词,它的语用意义随之不断膨胀并含混不清。交际者想要凸显的特征已经被抽象出来,而这一特征针对的是什么具体对象,则注定了语境对该词的语用意义解读的不可分割性,没有语境就只剩下抽象的属性特征,交际目的是无法实现的。

    再来看该词实际的话语使用。从理论上讲,"山寨"不可能不受任何限制地指谓任何对象,事物必须因为"山寨"的出身才能拥有与生俱来的"山寨"特征;然而,实际上这个限制比看上去要宽泛得多,很多具有"山寨"特征的事物,哪怕不具有"山寨"的出身也被贴上了"山寨"的标签,虽然上文例子中的"山寨自助餐""山寨礼服"都是正规产品,但因为某些"山寨货"的典型特征而被授予"山寨"头衔。由此看来,"流行语的流行进入最高潮阶段时就会出现语义含混的特征。这一阶段中它似乎总是处在人们言语中枢的兴奋中心上,一旦需要选择词语,首先从大脑词库中脱颖而出的往往就是它,正所谓'时时挂在嘴边'。这种情况促使人们力图不分场合、不问对象地到处使用它,简直如同'口头禅'一样,哪怕只有一丝半缕的联系也绝不放过把它用上的机会"(刘大为,1998)。泛化导致了流行语语义的不确定和含混,"以至于到了不借助一定的语境就难以把握确切意义的地步。结果是每个流行语都拥有一个庞大的意义群,它们鲜明的个人色彩和对语境的过分依赖,以及变动不羁的语义状态,使得我们除了能在一个最抽象的意义上将它们勉强联系起来,几乎无法按通常的语言学方法对它们进行义位的概括和描述"(刘大为,1997)。

以上这种情况也注定了听话人要不断在语境中寻找真正符合交际意图的含意解读。交际者在使用该词时对语境的依赖达到顶峰,交际任务必须经过语用意义的明确化才能达成。

（二）不透明性

流行语在使用中不断的语义泛化造成了其语用意义的不透明性。同样一个词语的表达,因为在其使用过程中语境的不断扩展,该词的使用已经大大超出了最初的范围,如上文所论,只要是具有该词抽象的典型特征,就被贴上该流行语的标签,而在话语中具体的含意则需要结合语境来确定。

以流行语"潜规则"为例,只要不是公开的、成文的规则,都可以称为"潜规则",具体是什么规则无法定论。"潜规则"一词最早出现于1999年。相对于"元规则""明规则"而言,"潜规则"就是看不见的、明文没有规定的、约定俗成的、但又是广泛认同、实际起作用的、人们必须"遵循"的一种规则。创造"潜规则"这一概念的吴思先生说,所谓"潜规则",便是"……正式规定的各种制度之外,在种种明文规定的背后,实际存在着一个不成文的又获得广泛认可的规矩,一种可以称为内部章程的东西。"(吴思,2001)。作为未被公开的规则,"潜规则"只能在特定的范围内口耳相传,只能意会不能言传,要靠自身去体会(何歌,2008)。"潜规则"提出后,得到了社会的广泛共鸣,在极短时间内,成为一个热词,迅速传播开来,并被大众在各种语境下积极踊跃地使用。

根据百度百科的内容,"潜规则"应该具有以下主要特点:① 潜规则是人们私下认可的行为约束。② 这种行为约束,依据当事人双方(各方)给对方带来利益或者给对方带来的伤害能力,在社会行为主体的互动中自发形成,可以使互动各方的冲突减少,降低交易成本。③ 所谓约束,就是行为越界必将招致报复,对这种厉害后果的共识,强化了互动各方对彼此行为的预期的稳定性。④ 这是一种在实际上得到遵从的规矩,背离了正义观念或正式制度规定,侵犯了主流意识形态或正式制度所维护的利益,因此不得不以隐蔽的形式存在,当事人对隐蔽形式本身也有明确的认可。⑤ 通过这种隐蔽,当事人将正式规则的代表屏蔽于局部互动之外,或者,将代表拉入私下交易之中,凭借这种私下的规则替换,获取正式规则所不能提供的利益。

"潜规则"的特点决定了该流行语可以使用于社会生活的几乎任何方面,只要具备了以上的特点,都可以称为"潜规则"。这是该流行语高度抽象的属性内涵所决定的,高度抽象的内涵可以让该词语"无往不胜"地适应所有的对象和场景。正如辛仪烨(2010)所说"一个语言单位在保留基本语义成分的情况下逐渐减少意义成分以将更多的对象概括到自己的类中,这正是内涵与外延之间反比关系的体现"。正因为如此,交际者在使用该词时,表达的抽象概念是完全一样的;但在不同的话语中,与语境相结合并辅以交际者的认知环境,"潜规则"在不同行业和领域表现出来的形式各不相同,交际者自己推导出特定语境下的语用意义,交际就达到了言简意赅、意在言中、发人深省的交际效果。在行政和管理机构,它表现为"游离于显规则之外的做法";在娱乐圈,它可以成为"用身体换角色"的代名词;在足坛,它暗示着"黑哨"或"黑幕"。"潜规则"无处不在。著名科学家卡尔·杰拉西(Carl Djerassi)教授在他的书中指出了美国学术界流行的"潜规则"(2004)。"潜规则"已成为人类社会存在的一种普遍现象。也正是因为这已经是一种普遍现象,该词在使用中的具体所指会出现相当的不透明性。

不透明性和上文讨论的不确定性并不相同,尽管这两种特点表现出来的形式和因此产生的话语理解上的困难也许有一些相似性,即在话语中的含意并不一目了然;但是,它们在解读中需要以不同的方式来解决问题,相比较而言,不透明性问题的解决需要更多的语境因素和辅助知识。对于不确定性,我们并不陌生,语用意义的不确定不仅仅是流行语独有的特点,语言表达中也存在大量的不确定现象。然而"不确定"在很多的情况下是可以穷尽其多个意义的,人们所要做的就是在特定的语言语境(如上下文、搭配等)和社会语境(如交际对象、场合等)的制约下,从多个意义中筛选符合该语境的含意。而不透明性则与不确定性不同。具有不透明性的流行语几乎可以被解读为与任何不同语境都能相关的含意:有多少不同的语境,就有多少不同的对该流行语的内涵的确定解读,而如何把不透明的东西清晰呈现出来,除了该流行语使用的语言语境,其社会语境因素带来的认知似乎更为重要。

比如,当"潜规则"作为名词时,我们可以说"某某地方存在潜规则""××的潜规则"等等,而当"潜规则"作为动词时,一般用被动语态,如"某某被潜规则""某某遭遇潜规则"等。所以,仅仅从语法结构上看,该流行语在使用中与其他语言单位搭配是比较固定的。但是语境因素不止这些,有时话语的上下文可以帮助对该流行语内涵的确定提供线索和暗示;但同时,人们也需要更多语言之外的经验和认知来帮助明确该流行语的内涵。

请看下面例子,它们或多或少揭示了存在于不同领域的"潜规则"现象及其内涵,有些是可以通过上下文的语言语境得以明确内涵或至少对此提供线索的,而有些就需要语言之外的社会语境来帮助明确内涵,对交际者的认知体系提出更高的要求,否则无法充分完成听话人一方理解的交际任务。

例(26) 已成"行业潜规则",租车公司为何不用"租赁"性质车辆?

8月22日,红星新闻记者以消费者的身份,走访成都10余家小型租车公司,提出想租一辆使用性质为"租赁"的车辆,但没有任何一家租车公司能够提供。记者也表明身份,采访了几家租车公司的老板(应受访者要求不具名),对方均告诉记者,使用"非营运"车辆租赁是行业普遍现象。

记者提出租用"非营运"车辆若出现事故,保险公司不予理赔怎么办,一家租车公司工作人员直言:"你就说是借朋友的车,我做租车这么久,出险的也不少,就没有遇到过不赔的,只有一个客户不听劝,说好了不要说是租的,结果转个背就把(真实)资料提供给车管所。"记者表示自己很诚实不会说谎,他则说:"诚实归诚实,但有时候不能'迂腐'。"

而一些车险从业者也对这种现象心知肚明。一名车险从业人员告诉记者:"我们确实知道他们用'非运营'车来租,但是(报险的时候)我们没有办法一一核实。"另一名车险从业人员表示:"(租车行业利用潜规则)减少运营费用是'人之常情',只能说不出事就算了,出了事也该承担法律责任、经济责任。"

——《红星新闻》2023年08月24日

例(27) 人们在消费时经常遭遇一些"潜规则",比如找搬家公司谈好价格却临时被告知要按楼层加价、买窗帘遭遇商家收打孔费等。所谓"消费潜规则"大多是商家的"不成文规定",或所谓的"商业惯例",消费者面对商家的这些"商业惯例",即使很不情愿,但通常只能被动接受。这些"消费潜规则"实际上存在侵犯消费者知情权、选择权的问题。你遇到过"消费潜规则"吗?

近日,中国青年报社社会调查中心联合问卷网,对2015名受访者进行的一项调查显示,73.8%的受访者遇到过"消费潜规则"。装修(46.3%)、家居产品(40.2%)和电子产品(35.2%)领域被认为最容易出现"消费潜规则"。面对"消费潜规则",59.6%的受访者觉得维权不容易。67.8%的受访者建议完善立法,打造对消费者友好的法律环境。

——《中国青年报》2018年11月15日

例(28) 泰国队和越南队目前分别以4分的积分成为各小组的领头羊。东道主从"鱼腩"变成"黑马",成为本届亚洲杯的一大亮点。

反观那些东道主球队,在主场优势的心理暗示下,既不消极防守也不盲目进攻,而是步步为营地发挥自身快速灵活的整体优势。一旦对手心浮气躁导致防守出现破绽,他们的偷袭战术就有了用武之地。泰国等东道主球队接连击败西亚劲旅,离不开天气和东道主优势这块土壤。然而,如果没有一定实力作为基础和保证,"鱼腩"部队就算有再多的潜规则优势,也无法"咸鱼翻身"。

——《解放日报》2007年07月14日

例(29) 时评版面不接纳评论同城报纸的稿件,这或许并不是白纸黑字的"制度",却似乎是一种业内心照不宣的潜规则。这样的潜规则存在的理由很简单,同城的报纸在报业的竞争中,对手如敌国。选用作者评论同城其他报纸新闻的时评,仿佛在某种程度上认可了对方新闻采编的水平和能力,同时承认了自身新闻敏锐度的不足。

——《中国新闻出版报》2008年09月25日

例(30) 但数日来,中国政法大学的校园BBS"沧海云帆"上,种种揣测不绝于耳,信息海量增长,关于此事的讨论几乎占据了主要板块。事发当晚,有学生网上发帖称,程某与付某女友有暧昧关系,导致血案发生,"情杀说"与"师生恋"的说法开始流传。此后,有人一度在"沧海云帆"论坛发帖称,"付某是因为女友在保送读研期间被程某'潜规则',因此心理失衡产生报复"。

——网易2008年10月29日

以上各例中,"潜规则"都是指暗中通行、私下遵守的规则,似乎表达的都是一个意义,但在不同的社会认知语境中,应该使理解具体化清晰化:这种暗中通行、私下遵守的规则到底是什么呢?它是如何有悖于符合法律、规范和道德的规则呢?只有这样,听话人才能更好地把自己代入语境,真正理解这些潜规则不为人知的一面,也才可以真正意识到这些潜规则的危害性,这样流行语及其所在话语的内涵才能更好地传达,使用流行语的交际目的和修辞效果才能实现。

具体来看以上5个例子:例(26)报道了成都多个小型汽车租赁公司以"非营运"车辆来提供租赁服务,碰到发生交通事故需要理赔时,则叮嘱租车人"和保险公司说这辆车找朋友借了"。根据例句中提及的"而一些车险从业者也对这种现象心知肚明""减少运营费用是'人之常情'"等信息,应该可以较为明确地得出该例句中"潜规则"一词的内涵。例(27)中明示了"消费潜规则"大多是商家的"不成文规定"。该例句中"潜规则"一词的内涵已经明确给出,只需要理解"商业惯例"一词的含义即可。例(28)指出,足球比赛中的东道主或主办方球队在分组抽签和比赛过程中,经常可以得到组委会和裁判的"眷顾",这已经成为圈内流行的潜规则。该例句中,对"潜规则"内涵的解读需要更多的社会语境信息的辅助。当听话人了解了中国足球职业化过程中出现的一系列问题,并对此有相当的认知时,这一流行语的明确内涵也就自然而然在脑海中浮现出来。在新闻出版界,业内人员长期以来都遵守着互不评论的行规,尤其是批评性稿件,这就是例(29)所说的"潜规则",其内涵的明确类似于例(27),话语本身已经表达得相当明确了。不仅如此,"潜规则"从最初的名词用法也可以转化为动词用法,出现了"某某遭遇潜规则""某某被某人潜规则"之类的说法,如例(30)所示,这时,该女生遭遇的"被潜规则"到底是什么依赖于话语的上下文,在大学里存在什么样的黑暗或不公正现象,就有什么样的"潜规则",可以是女生用性换取需要的成绩、论文、学位等,也可以是导师借学生之力进行研究并在最后把成果据为己有等,取决于交际中讨论的话题具体事件。

流行语的不透明性凸显了语境的重要性,尤其是社会语境的重要性。要揭开流行语语用意义模糊的面纱,必须先清楚话语讨论的话题,人们对该话题有什么普遍的社会认知,人们一般是如何评价的等等,这些语言之外的信息才是至关重要的,否则"潜规则"只能是一个干巴巴的抽象表达。

(三)隐喻性

隐喻在传统意义上被归属于修辞学的范畴,但是自从莱考夫和约翰逊(Lakoff & Johnson,1980)的 *Metaphors We Live by*(《我们赖以生存的隐喻》)问世,关于隐喻的研究也更多地转向了认知层面,隐喻已经越来越被接受成为人的认知方式的一种。隐喻在语言中的重要性不言而喻,昂格雷尔和施密德(Ungerer & Schimid,2001)认为它让人们用语言思考所感知的物质世界和精神世界时,能从原先互不相干的不同事物概念和语言表达中发现相似点,建立想象极其丰富的联系。

比如,由于计算机技术和应用的不断扩展,对其的了解已经不仅仅局限于专业人员,广大的普通使用者也需要对其谈论和交流,因此,一些日常生活中的常用词汇开始被广泛地应用于计算机领域并产生了新的含义。例如"高速公路"一词,其本意是"能适应年平均昼夜小客车交通量为25 000辆以上、专供汽车分道高速行驶、并全部控制出入的公路",但1992年2月美国总统乔治·H·W·布什发表的国情咨文中提出了"信息高速公路"这一说法,即计划用20年时间,耗资2 000亿—4 000亿美元,建设美国国家信息基础结构(NII),作为美国发展政策的重点和产业发展的基础。而将NII寓意于"信息高速公路",更令人联想到21世纪前期欧美国家兴起的高速公路的建设在振兴经济中的巨大作用和战略意义。"信息高速公路"实质上是高速信息电子网络,它是一个能给用户随时提供大量信息、由通信网络、计算机、数据库以及日用电子产品组成的完备网络体系。

用现实生活中有形的、具体的、可见的高速公路来隐喻无形的、不可见的高速运行的网络,将不为人熟知的事物用人们熟悉的事物隐喻出来,人们利用自己对现实中高速公路的理解来领悟"信息高速公路"的功能和特点,利用已知的语言资料,来具体、形象地表达抽象的事物、概念等,使之具体化、形象化、生动化。以上例子就是在隐喻机制的作用下,以相似性为基础,通过源域向目标域映射。而当今的语言体系中,有很多流行语就是通过隐喻不断传播和流行的。

当流行语开始不断传播流行,并扩散到更广的领域、在更多的情境中使用时,它的语义泛化是必然趋势,也是唯一有效的途径。一个词语能否派生出更多的义位去指谓更多的对象,很大程度上要看原有的义位以什么样的方式与广泛的新对象建立语义的联系。如上文例子所示,从人的认知特点和大量的语言实践经验来看,最有效的方式是语义隐喻,这对于以生动鲜活表达为特点的流行语来说更是如此。如果说不确定性和不透明性在许多普通词汇中也有体现的话,那么隐喻性应该是大量流行语所特有的属性。

流行语不同于一般的流行物,因为后者,如服饰、发型等,在流行的过程中可以保持自己自身的形态的独立性,无论出现在什么场合,都可以保持这种独立性;而流行语不同,因为流行语只能在不断的使用过程中得以流行,而语言的使用往往针对的是特定的话语场景,即语境;这就导致了流行语在流行过程中的变化;但什么是维持不变的,什么是灵活可变的,这两者并不是随意确定的。使用者努力使流行语能够在越来越多的话语场景中被使用,因此流行语具体的语用意义是随场景发生变化以适应之的,与此同时,他们还希望在使用的任何场景中能够保持该流行语的原始抽象语义,否则,流行语的使用将毫无意义;没有了原始抽象语义,流行语只能沦为普通词语。在此过程中,一部分具有稳定性的东西在流行语内部形成了,一旦形成,这些稳定的东西的变化就不能是任意的;而能够产生变化让自己在多个话语场景使用的,就只能是在抽象语义基础之上的语用意义了。

流行语产生之初,往往是一个在语义上具有专指性特征的语言单位,如前文所举的"周老虎"之例。这时,其所指的对象是确定的,不管被用了多少次,都只能指向那些已经明确的对象。为了能够把使用的范围扩大到这些对象之外,流行语的语义开始了泛化,从专指泛化成类指,如同"山寨"由专指仿冒的电子产品特别是手机,泛化成类指任何仿冒的产品,"周老虎"由专指陕西农民周正龙伪造华南虎照片事件,泛化成类指任何伪造的东西或根本不存在的东西。但在更多的情况下话语的流行语是借助于隐喻的方式实现语义泛化,进而推动流行语的扩散使用。

下面以2009年发布的十大流行语之一"躲猫猫"为例。躲猫猫,是一个人们非常熟悉的儿童游戏名称,却成为2009年度网络第一热词。"躲猫猫事件"起源于云南,起因是云南省某看守所发生的一起死亡事件。据当地公安部门通报,24岁男青年李某某在看守所中与狱友玩"躲猫猫"游戏时头部受伤,后经医院抢救无效死亡。这一事件经媒体报道后,在网络上迅速发酵,众多网民纷纷质疑,一群成年男人在看守所中玩小孩子玩的"躲猫猫"游戏听起来本就非常离奇,而这种"低烈度"游戏竟能致人死亡更加令人难以置信。于是,一场以"躲猫猫"为标志的舆论抨击热潮迅速掀起,该词类属于随着相关热点事件而被广泛传播和使用的流行语,具有典型性。

首先,"躲猫猫"由于词语本身的形象性,我们可以很自然地引申出"躲避""逃避"等话语中的语用意义,这个含意在"躲猫猫"事件发生之前就已经被人们使用了。比如:

> 例(31) 某女星发现自己被影迷认出后,就和大家玩起了躲猫猫的游戏,藏在大厅柱子后面,任凭隔着玻璃的影迷疯狂呼唤她的名字,就是不肯出来。几个机场内的空姐近水楼台先得月,和某女星攀谈起来,就在她们聊得正火热的时候,突然有一激情女影迷纵身翻过隔离栏,冲过保安的阻拦,径直冲向柱子后的某女星。就在她紧紧抓住某女星的手时,两个保安及时把女影迷拽了出来。虽然如此,那个女孩还是一脸高兴的样子。尽管有工作人员的层层保护,但该女星走出通道后就遭到众影迷的围追堵截,许多人争相向该女星索要签名,与之合影。
> ——新华网2007年4月25日

大部分在2009年2月之前使用的"躲猫猫",和以上两例相同,用的都是"躲猫猫"最基本的引申意义,而且使用的语境也非常狭窄,几乎都是报道名人和记者、媒体在"躲猫猫"、玩捉迷藏、躲避,用法也很单一。

但是在2009年2月"躲猫猫"事件之后,到处都在玩"躲猫猫"、什么都可以"躲猫猫",如下面例子:

例(32)"3·15"网站涉嫌敛财一事又起风波,面对质疑湖北省消委"躲猫猫":湖北省消费者委员会"3·15"网站涉嫌借屏蔽投诉信息向企业敛财,本版4月2日对此事进行了报道。湖北省消委到底收了会员企业多少钱?钱用在了哪里?省消委为何接连为这家网站发文"撑腰"呢?带着这些疑问,4月2日,记者再次来到湖北省消委,但有关负责人一直不露面。

——《人民日报》2009年4月3日

例(33)每一个楼盘广告都是一部精心导演的默片,都企图在第一时间给受众留下印象,用简短的字句和平面设计,跟同期上市的其他楼盘在街头巷尾"无声厮杀"。或是打出"爱情婚姻"牌,或是打出"周边环境"牌,或是"低俗刺激"牌;从"引诱式"到"忠告式",从"叫卖式"到"幻想式",从"意淫式"到"欺骗式",雷人的创意在引起争议的同时也赚足了眼球。前日,南京中山东路上,一家房地产开发商为自己开发的联排别墅促销,打出了"房价不再躲猫猫"的广告,吸引路人眼球。

——《新京报》2009年3月4日

例(34)马来西亚航空MH370客机失踪后,马航北京公司声称要在上午召开发布会,在众多媒体守候4个多小时后,马航的发言人才姗姗来迟,在下午2点半召开了发布会,定调仍然是失踪。而对于众多心急如焚的家属,马航也玩起了躲猫猫。同行告知,发布会一共开了五分钟,发言人按照之前其网页上的官方公告念了一遍,没有回答任何媒体提问。

——《深视新闻》2014年3月8日

可以看出,"躲猫猫"一词的使用频率、使用范围和影响力都开始变得很强势。通过比较可以发现,在 2009 年"躲猫猫"事件前后,"躲猫猫"一词发生了显著的变化:第一,"躲猫猫"不再局限于人,信息、房价也可以"躲猫猫",一切语义上能和"躲"沾上边的,都能"躲猫猫"。第二,使用的语境更加丰富了,"躲猫猫"的使用进入人们生活的各个方面,包括政治、经济、体育等等,不再局限于娱乐报道中。第三,随着使用语境的变化,"躲猫猫"还引申出了许多新的含意,政府部门"躲猫猫"是掩盖事实、逃避问题、搪塞公众;房价"躲猫猫"是忽上忽下让人捉摸不透;公众人物的"躲猫猫"不再是动作上你追我藏,而是言语上的闪烁其词。

"躲猫猫"一词成为流行语,是隐喻化认知的结果。通过隐喻,人们在某一领域(源域)的经验和认知被用来说明或理解另一领域(目标域)的经验和认知,在这过程中,相似性是产生隐喻认知的前提,这种相似性不仅仅是物理形态上的相似,更多情况下是事物属性之间的相似,是人们亲身经验、客观事物和知识储备三者互动的结果。

云南省看守所的"躲猫猫"事件从一开始就受到"掩盖事实真相,逃避公众问责"的广泛质疑,"躲猫猫"成了负责人为了规避法律责任,甚至公然说谎的一种托词,这也成为"躲猫猫"事件为"躲猫猫"一词带来的情境意义。"这个事件所包含的意义是多方面的,每个侧面的意思都可以投射到该流行语上,以至于这个词语会凝结着互有差异的多个流行意义"(李明洁,2009)。在热点事件的强力带动下,具有相似意义属性的事件纷纷被冠以"躲猫猫",其含意已经基本集中在该流行语的隐喻性的意义上,没有人会以为谁真是在玩捉迷藏的游戏。"躲猫猫"外在的形象性表达和内在的深刻喻意,加上使用者求新的心理和广泛的能指功能,使得"躲猫猫"成为当下时髦的词语。"在公众的表达和传播过程中,它不再是一个单纯的词语,而是作为一个意味深长的符号。猜测、质疑、嘲讽、愤懑、同情、失望……也许每个接触到它的人,对该符号意义的理解有所不同,但网友仍乐于接力,说明它唤醒了公众内心深处的某种东西,公众渴望获知事件真相的心情是共同的。"(《中国青年报》,2009年2月19日)该流行语在话语交际中充分发挥了其"意味深长"的语用意义特性,交际者不再是直截了当地亮出自己的观点,而是通过语境中信息的提供,交际的双方都把该词与其隐喻意义相关联,多个流行意义被投射到语境之中,听话人自己选择与当前语境关联度最高的那些语用意义。相比"闪烁其词""回避问题"等词汇意义相似的普通词语,该流行语在语用意义上是不同的,其内涵丰富,发人深思。

隐喻性的特征赋予了流行语以生命力,流行语的语用意义经由媒体和使用者的感悟、隐喻的认知机制的作用而透过字面含义不断扩张。如果没有隐喻意义的存在,流行语将不会流行开来。

(四)典故性

汉语"典故"一词原指旧制、旧例,也是汉代掌管礼乐制度等史实者的官名;后来一种常见的意义是指关于历史人物、典章制度等的故事或传说。在包括汉语在内的任何语言中,都有典故性词语的大量存在,比如,西方文化中有大量的《圣经》典故性词语;在汉语中,历史事件和典籍成为典故性词语,特别是典故性成语的主要来源,即事典来源和语典来源。

典故性词语一般有明确的来历,在不断的发展中,它的内在含意通过人们对典故的提炼、加工、重新构造而产生,并历经时间的磨炼,慢慢凝固到一个稳定的状态。同时它的意义也可能会随着人们不断的新体验而得到相应的变化和发展。人们为了更好地表情达意,将典故凝练、简洁地概括为典故性词语加以运用。在典故发展成典故性词语的沿袭、加工过程当中,典故性词语就拥有了不同于其他一般词汇的特性,它是被抽象化、概括化了的某种含有特殊背景和明确内涵的表达形式。而人们在理解和运用典故性词语的时候,其语义上的范畴本身就明确了一个内在的语境,明确了一种限制性,明确了一个修饰的范围。比如,"味同鸡肋"一词,语出

《三国志·魏书·武帝纪》裴松之注引《九州春秋》(上海古籍出版社,2016):"时王欲还,出令曰:'鸡肋',官属不知所谓。主簿杨修便自严装,人惊问修:'何以知之?'修曰:'夫鸡肋,弃之如可惜,食之无所得,以比汉中。知王欲还也。'"后喻为乏味之意。"味同鸡肋"一词自形成之日起,就贴上了"乏味""无用"的标签,具有一种特征限制性;人们在后来运用和理解这一词时必然会联系到对"鸡肋"的认识和感知,也必然将这一词联系到那类乏味的事物和事情上。

典故性流行语与汉语中的典故性词语具有相同的类别属性。它来源于典故,往往概括凝结了一个故事或一段语句的意义。同时,由于典故性流行语的来源与含意覆盖的范畴等特质,我们在恰当使用该流行语的语句中,可以得到充分而且丰富的话语预设和话语衍推(预设是交际双方共知的背景知识命题,而衍推是话语中推出的新信息),能够使听话人更准确、更深刻地理解说话人的交际意图,使语言的运用和完成有着事半功倍的认知效果。

流行语的典故性和隐喻性是难以完全分开的,两者并没有清晰的界线,或者可以说典故性和隐喻性相辅相成,互为作用,有典故来源的流行语在隐喻化后语义得到了泛化,并得以迅速传播和扩散,而隐喻性的流行语在最初几乎都涉及某个事件或人物。因此,我们可以说典故性和隐喻性宛如一个硬币的两面,虽然不同却不能分离,二者相互纠缠着产生作用力,连推带拉地把流行语推向语言使用的最前沿,接受使用者的考验,努力生存下来。

典故要成为典故词语要有三个方面的条件:一是那些典故是有来历、有出处的故事和言辞,二是在此之后被其他人引用过,三是可以用来表达特定的含义。典故性流行语也是如此。

下面以 2008 年度十大网络流行语"打酱油"为例。20 世纪 80 年代,拎着瓶子去商店打酱油是人们的生活日常。随着社会经济的发展,商店里的散装酱油被超市里的瓶装或袋装酱油所取代,人们改变了购买酱油的方式,"打酱油"这一说法也逐渐淡出了日常语言交际。但自从 2008 年后,"打酱油"这一说法重新活跃起来,而且使用语境、语用意义与我们以前熟知的有很大不同。

据《新民晚报》2008 年 6 月 9 日报道:某段时间,某电视台记者在街头随机采访市民:"请问你对艳照门有什么看法?对陈某某等明星又有什么看法?"一位男性受访者从容应答:"关我×事,我是出来买酱油的。"这段采访新闻在电视上播出后,该男子漠不关心的态度与当时炒得火热的"艳照门"新闻形成鲜明对比,因此被网友放到互联网上转载播放,"我是出来打酱油的"("打酱油"由"买酱油"演变而来,成为更流行的说法)遂成为风靡一时的网络流行语。这是该流行语的事件由来。

如果该事件仅仅到此为止,"打酱油"也不会成为流行语,但是,正如上文所述,隐喻化的过程,使得"打酱油"具有了特殊的含意,其原始语境与许多其他语境能够建立一种相似的关系。如果对某个新闻报道或论坛中的帖子等不置可否,既不关心也没有兴趣参与话题讨论,同时又想表明自己浏览过,那么"我是出来打酱油的"可以算是一种最好的回复。经过网友和其他使用者的改造,这句话也常被简缩成"我是打酱油的"或者"打酱油"。与"路过""飘过"这些早已流行起来的网络用语相比,"打酱油"更显新鲜、时尚,具有陌生化和幽默感。

"打酱油"本来跟"与我无关,不关心,没兴趣"毫无关系,但是在某个偶然事件的引介下,二者发生了关联,从而获得了原来没有的非字面意义,并且在相当数量的人群中广泛使用。对于这种类别的流行语,典故性是获取流行语语用意义不可或缺的前提,没有了作为典故的事件,也就没有了该流行语的存在。虽然任何人在任何时候都可以说"我是出来打酱油的",但是,作为流行语的"打酱油"是专指与起源事件的情境相似的特定情境的,想表达的也是由典故性所获取的隐喻意义。人们通过在新的话语情境中使用流行语,与流行语的原始语境产生了类比,引发联想和共鸣,并编织到各自独有的话语中,借以实现具体的交际价值和特定的交际意

图。例如以下的报道:

> 例(35) 近日,第 19 届全国图书博览会在济南开幕,作为前奏曲,上海文艺出版社在山东大学举行《百家讲坛》栏目主讲人马瑞芳新书《趣话红楼梦》首发式。易中天作为书博会特邀嘉宾与马瑞芳一起上演了一场精彩的"脱口秀"。对谈围绕《红楼梦》展开,易中天对《红楼梦》作者是曹雪芹始终回避,认为他是创作者之一。马瑞芳问他不怕遭"红学家"批?他称自己不是红学界的人,不怕板砖,"我不跟他们要饭吃,不跟他们躲猫猫,我就是一个出来打酱油的。"
>
> ——《南国都市报》2009 年 4 月 28 日

易中天的话语中使用了两个流行语"躲猫猫"和"打酱油",这里的"躲猫猫"显然不是我们熟知的儿童游戏,而"打酱油"更不是字面意思。易中天通过说"不'躲猫猫'",表达了面对红学家们的板砖、不回避批评的意愿;而"打酱油"则表达了与该流行语的最初典故事件相似的看法:对于《红楼梦》这部名著,我就是一个普通读者,不是红学家,我个人的意见无足轻重,不值得与人争辩。这种直接引用的表达方式使人产生了与事件典故本身类比的联想,同时,与那个被采访对"艳照门"态度的市民一样,易中天还暗含了"有表达自由""不屑谈及"等态度。通过流行语隐喻性和典故性的类比方法,流行语原有语境中的多层含意被成功地转移到了新的语境之中,并达到了既简约凝练又丰富细微的话语表达的修辞效果,这是普通词语所无法实现的。

现代传媒的影响使得"打酱油"的使用范围不断扩大,互联网、报纸以及杂志上的文章中随处可见它的身影,再举例如下:

> 例(36) 面对网上铺天盖地的信息,人们也必须要有

"打酱油"的准备和应对。因为在信息爆炸的时代,你不应对你不该关心的事付出太多注意力。就像面对无处不在的电梯广告、楼宇广告、公交车广告,你不被它们污染心灵的最好办法是:"对不起,我不过是出来打酱油的。"

——《新民晚报》2008年6月9日

例(37) 这之前的几场比赛,包括热身赛,基德都是美国队的首发控卫,但表现远不如替补出场的保罗和威廉姆斯,三场比赛一分未得,让人怀疑他是不是专程坐飞机从达拉斯飞到北京来打酱油的。

——TOM网 2008年8月17日

例(38) 面对油价的步步紧逼,人们难有"出来打酱油"般的洒脱,记者近日在走访中也感受到,"省油攻略"正慢慢渗入市民的生活中。步行骑车虽环保节油,但走远路和载重物还是要开车,不少有车一族纷纷寻求节油办法,有达人分享了自己的节油攻略。此外,近日记者发现网上节油器热卖,有商家在油价破"八"的短短两天里卖出45个。

——《南方日报》2008年8月28日

"打酱油"是对热点问题漠不关心、置身事外的一种心态的概括和反映,这无论如何是无法用字面含义来解读的。交际者在话语中选择使用该流行语而非"漠不关心"等语义类似的词汇,原因就在于看中其丰富的语用意义是那些类似词汇所不具备的。听话人根据自身对"打酱油"一词起源事件的认知,在理解中补充进了与之相关联的原有语境中的多重含意,其交际目的的达成一定是更完美的,其细腻生动的修辞效果也是其他语义类似的词汇所无法企及的。

流行语的典故性特征使得看似不相关的话语内容表达出了现代社会人们的生活现实。时下,在喧嚣浮躁的生活中追求超然、淡定心态的人越来越多,诸如"酱油男""酱油女""酱油族""酱油党"等不断涌现而延伸出来的新词语就是这种社会现象的客观写照。交际者对其衍生词的使用也一定承载了内涵丰富的交际目的。

5.6 小 结

流行语的语用意义是一个复杂的概念。语用意义本身就具有动态性,需要依赖语境才能进行意义的正确解读。作为交际主体的使用者,语言的理解应该先于语言的使用,如此才可以在特定的语境下合理使用和正确解读语言。说话人使用的语言在语用意义上有多个维度,如概念维度、人际维度、修辞维度等,在不同的语境下因为不同的交际意图,各个维度并不是并重的,总会因为语言交际的多元特点而有所侧重,并发挥应有的作用。

流行语作为具有特殊性质的语言单位,同样也具有语用意义的各个维度,并且会表现得更突出,也因此凸显了语言语用意义在交际中的重要作用。流行语从最初开始使用、到被扩散传播成为被广泛接受和流传的语言表达形式,在语用意义上展现了不确定性、不透明性、隐喻性、典故性等多个特性,虽然这些特性在普通词语中也有体现,但是都不如流行语体现得那么淋漓尽致,尤其是隐喻性和典故性的特征;每一个流行语都有来源,或者是事件或者是人物,由于该事件或人物被高度关注,与之有关的语言表达也被不断扩散,语义得到泛化,最终形成被媒体和大众认可的流行语,内在的隐喻性和典故性成为其鲜明的特色。

流行语的语用意义的各个维度是如何被解读出来的?流行语的语用意义特征是如何帮助流行语在语境中建立一系列语境假设的?在这一系列的语境假设中是如何最后确定其中一个假设,并认可其与语境产生足够认知效果的？在对流行语语用意义的推理中，加工代价的付出是如何用来衡量某一语境假设的关联程度的？回答这些问题需要研究流行语语用意义解读中，认知机制是如何产生作用的、过程是怎样的、最佳关联是如何确立的、解读是如何实现的。下一章节将对这些问题进行可操作性的探讨。

第六章 流行语语用意义解读的认知过程

对流行语语用意义解读的认知过程包含了明说部分和暗含部分的理解,关联理论对这两个部分的理解给予了同等的关注。在理解中,需要对说话人的意义进行某种程度的语用推理,这一推理过程被称为语用充实,主要包括语用收窄和语用扩充。流行语的语用充实有其特殊性,如明显的隐喻化过程,以及附带的认知联想等。

本章节将从语用意义的认知机制入手,分别探讨流行语明说部分和暗含部分的理解问题,并在讨论中加入流行语语用充实手段的分析,尤其是根据流行语语用意义的特征,探讨流行语特有的语用充实手段。

6.1 流行语理解的语用认知机制

斯珀伯和威尔逊主张用关联原则来解释人类的交际。他们认为,语言交际是一个认知过程,交际双方之所以能够配合默契,是因为有一个最佳的认知模式,即"关联":人脑自动寻找与交际关联的信息,并用尽量少的加工代价得到尽量大的认知效果。流行语在不同语境下的认知解读同样遵循了最佳关联原则。通过对最为关联的信息的关注,用推理在一系列的语境假设中寻找到一种符合最佳关联的解读,从而达到对特定语境中流行语的正确理解。

流行语解读中的一个重要的内容就是解读流行语使用中的语

用弱暗含。这与流行语的特质是紧密相关的。那些已经有常规表达方式的事物,现在越来越多地用话语意义相似、但是话语含意不同的流行语来表达,抛弃了原来的表达方式。这一现象说明流行语比常规词语具有更多更新的暗含,尤其是弱暗含,因为很显然,流行语的使用,相比意义相同或相近的普通词语的使用,会产生某些额外的语境效果。"蕴含只是因为交际行为而变得显明。有些蕴含被非常强烈地显明了,使听者简直非得将其复原不可。其他的蕴含显明程度不那么强。对于这些弱暗含,听者只需要关注其中的一部分,就能使言者意向中的解释获得显明的关联"(Sperber & Wilson,1986/1995)。作为一种相对间接的表达,流行语会引发多种理解的可能,这是直接表达所不能提供的。对某些较弱暗含的解读会收到成效,用以抵消听话人对话语的解读所付出的额外加工代价。更为隐性的交际形式所达成的效果往往更为精妙,这是流行语的语用解读所关注的焦点。

　　从关联理论角度讲,说话人选择的流行语表达的话语方式,也是因为用流行语表达,其蕴含的语用意义以及产生的语境效果,会比其他方式更符合最佳关联的语境假定。同时,流行语意义的多个维度也会带来多重认知效果,包括修辞效果。"这一(流行语表达)方式是否具有修辞性,在于它是否能在传递信息意图的同时传达诗学效果(poetic effects),表现为是否传递弱暗含(weak implicatures)(Sperber & Wilson,1986/1995)"(转引自陈新仁,2007)。后文将对流行语不同语境下的语用解读进行详细的探讨。

　　流行语语用意义的特点,即不确定性、不透明性、隐喻性和典故性,使得流行语的解读出现了两个层面的过程(实际上任何话语交际都必须由话语信息的认知过程以及在此基础上做出语境假设的推理过程组成,然后找出话语和语境假设之间的最佳关联,推出语境暗含,最终取得认知效果,实现成功交际):一个是明说部分的解读,另一个是暗含部分的解读。一般来说,明说部分的解读要先于暗含部分的解读,听话人总是在解决最基本的解歧问题、概念指称问题并获得概念维度之后,才会进一步去解读概念维度背后的其他维度:语用意义的人际维度和意义的修辞维度。

6.1.1 对流行语明说部分的理解

斯珀伯和威尔逊(1986/1995)的关联理论认为,交际是一个明示—推理的模式。每一个明示的交际行为本身具有最佳关联性。最佳的关联性来自最佳的语境效果。人们对话语和语境假设推理越成功,话语内在的关联性就越清楚,就可以无须付出太多的努力取得最好的语境效果,从而正确解读话语,获得交际的成功。明示与推理是交际的两个方面,从说话人角度而言,交际是一个明白的示意过程,但从听话人角度而言,交际又是一个推理的过程,即从说话人通过明示手段提供的信息中推断出说话人的交际意图。

明说"由语言的解码和语境的推理得到的概念特征所组成。明说的明晰程度取决于语境推理的情况:所需的语境特征越少,明晰程度越高"(何自然,陈新仁,2004)。虽然格赖斯认为只要是通过了一定的推理,所得出的含意就应该是会话含意,但是在斯珀伯和威尔逊看来,格赖斯所谓的隐含的内容其实是话语逻辑形式经过充实的结果,需要结合语境进行推理。如前文所述,卡尔斯登(Carston, 2004)认为,完整的命题形式需要把明说的内容,通过以下五个方面将概念表征或逻辑形式补全或充实:1) 意义选择或解除歧义(sense selection or disambiguation);2) 指称锁定(reference resolution);3) 饱和(saturation);4) 自由充实(free enrichment);5) 临时概念构建(ad hoc concept construction)。在卡尔斯登(2002a)看来,一个通过明示方式传递的假设,它是对话语所编码的不完整概念表征(或逻辑形式)进行推导和充实的结果。因此,虽然我们说,暗含的概念内容完全由语用推理获得,明说的内容其实也是编码的语言意义和语用推理意义两者结合的结果。斯珀伯和威尔逊把这些推理的过程叫做命题式的识别过程,总的来说涉及三个子任务:解除歧义、确定指称以及充实语义(卡尔斯登所论述的饱和、自由充实、临时概念构建等三个逻辑形式补全的方面,都被归于充实语义之中)。下面举例分别对这三个命题式的识别过程进行阐述。

首先是解除歧义。语言的歧义现象是任何自然语言都具有的普遍特征,总的来说,歧义的产生有两种不同的种类,一种是语言层面上的歧义,另一种是言语层面上的歧义。

语言层面上的歧义表现在句子的字面意义上,或者是由于某一语言单位,如词语的多义性,或者是由于句法结构单位能解读为多个不同话语结构,比如汉语中的歧义小句"下雨天留客天留我不留",这个经典的例子非常生动地展现了句法结构的不同而产生的歧义,根据不同位置的标点符号的添加,该例句至少可以有以下六种不同的句法结构,因而产生了六种不同的意义解读:

(1) 下雨,天留客,天留我不留!
(2) 下雨天留客,天留我不留!
(3) 下雨天,留客天,留我不?留!
(4) 下雨天,留客天,留我?不留!
(5) 下雨天留客,天留我不?留!
(6) 下雨天,留客天,留我不留?

当然,以上的例子是比较极端的情况,大部分的情况下歧义的产生不会有这么多,只要是有了足够的语境,语言层面的歧义解除是可以实现的。比如"我去上课"这一简单的句子,光看句子里的这四个字,是会出现歧义的,因为不同的语境(包括上下文和说话的情境)下,该句子至少有两种不同的解读:

(1) 我去给学生上课。
(2) 我去听老师上课。

两种完全不同的语义的出现,来自对"上课"这一词语的不同解读,因为在汉语中"上课"既有"讲课"的意思也有"听课"的意思,到底是哪一个,完全取决于当时说话的语境:说话人是谁?在什么时候、地点、情况下说?对谁说?都是决定到底是"听课"还是"讲课"的重要因素。因此,如果能替换一些表达,比如把多义的词语替换成单一意义的词语,"上课"替换成"讲课"或"听课",或添加词语,歧义现象就消除了。

另外一种消除歧义的方式是调整词语间的顺序,比如把"这个人谁也不认识"改为"谁也不认识这个人"或"这个人不认识谁"就消除了歧义。当然添加或改变标点符号也是可以达到消除歧义的目的,如上文所举的经典例句。

言语层面的歧义,表现在语言使用中的意义上,它产生于语言交际过程中,包括说话人的表达和听话人的解读两个方面,当两者没有完全统一时就会产生歧义。言语歧义的出现表明,语言内部的因素有时不足以对听话人的解读提供选择的依据,那么,语言使用的场合和语境就应该成为被考虑的因素。

请看下面的例子:

> 例(1) 某单位年终晚会筹备组开会,会议结束时,筹备组宣布:"今年晚会,女同志一律不许穿裤子。"话音一落,大家都呆住了。过了一刹那,大家哄堂大笑起来。

这个例子中,筹备组的意思是"女同志不穿裤子,穿裙子",听众在那一刹那呆住的时候,应该是本能地根据语言字面的意义理解成"女同志不穿衣服",语言的理解在这里出现了歧义,但是这个歧义并没有持续多久,听话人很快就反应过来,并正确解读了说话人的含意,继而哄堂大笑,表示对自己最初的本能理解感到滑稽可笑。

听话人在很短的时间里应该做出了如下解读:

筹备组让女同志不穿衣服→成年人除非是特殊场合(如公共浴室)一般不在公共场所不穿衣服(这是依赖对社会规约的经验认知而产生的)→晚会现场不是公共浴室等非常特殊的场合→筹备组不可能提出这样不合常理的要求→筹备组一定是要求女同志要

穿衣服来参加晚会的→女同志的衣服除了裤子还有裙子（这是依赖对百科知识的认知）→裤子和裙子这两种服装在女同志的穿着中是非此即彼的关系：女同志要么穿着裤子要么穿着裙子（这是依赖对百科知识的认知）→不让女同志穿裤子→就是要求女同志穿裙子。

通过这样一个推理的过程，听话人顺利地理解了说话人的语用意义，其间涉及了对社会规约和百科知识的认知，这些要素在消除歧义的过程中是必不可少的，也自然而然会出现在听话人的脑海中。只要是具有正常思维和语言使用能力的人，在言语层面的解歧中一定会自动寻找关联的信息，来支持特定语境下话语的解读。

第二个命题式的识别过程是确定指称。指称有多种形式，如：人称代词"你、我、他/她/它"等，专有名词如人名、地名，指示代词如"这、那、这些、那些"，还有普通名词在现实世界中的所指等等。要确定话语的命题式，必须在语境中为指称寻找最符合关联原则的指称对象。

以下面这句话为例：

例（2）这里挺热的。

该话语的解读仅仅依靠语言层面的解歧似乎并无效果，因为话语中的"这里"可能是"这个地方或城市"这一大环境，也可能是说话人呆的"这个房间"这一小环境，话语字面意义无法确定所指到底是哪一个。如果仔细分析，其实应该一共会有四种不同的可能的说话情境：

(1) 小环境很热，大环境不热；
(2) 小环境很热，大环境也很热；
(3) 小环境不热，大环境很热；
(4) 小环境不热，大环境也不热。

在情境(1)和情境(3)中,因为小环境和大环境中只有一个是热的,所以毫无疑问,到底是小环境还是大环境热就比较明确了;而在情境(2)和情境(4)中,需要考虑更多的语境因素才能得出选择。在情境(2)中:a. 如果说话人的上下文语境是关于自己的生活感受、是比较宽泛的讨论、不谈论说话时当下的细节,或者是说话人对于听话人上一话轮询问该地方生活情况做出回应,那么"这里"可以选择解读为"这个地方或城市";b. 如果说话人的上下文语境是描述说话时当下的细节和感受,或者说话人话语表达时伴随的非语言因素让听话人找到了某种关联,如环顾四周、扇风、擦汗等动作,那么"这里"可以选择解读为"这个地方或城市"也可以选择解读为"这个房间",因为房间这个小环境很热是受大环境很热的影响。听话人也可能基于当时与听话人共享的亲身体验,对小环境的热表明自己的判断,或是因为人多而热,或是因为空调温度高而热,或是因为不通风而热,但是不管怎么样,这种生理感受应该与在场的听话人的感受是基本一致的,基于这种感受与话语之间的关联和相当程度的可及性,听话人应该能确定说话人"这里"的所指是小环境。在情境(4)中,小环境和大环境都不热,这时说话人的"这里"指代的一定不是当下,因为这是与事实情况不符的虚假命题,因而常规上是违反话语交际的真实原则的,所以"这里"应该指代的是大环境,而我们的百科知识和生活认知的累积让我们知道,气候是一个地方多年的天气平均状况,它是相对稳定的,以冷、暖、干、湿这些特征来衡量,对于气候这个大环境的概念的判断并不依赖当下具体的冷热阴晴,因此情境(4)中的"这里"一定是指代"这个地方或城市"。

在确定了话语的意义和指称表达的指称对象之后,有时还是不足以确定话语的唯一命题式。例如:

例(3) 这道题太难了。

首先要确定"这道题"到底是什么，是学生的作业题，是老师出的考试题，还是电视上的智力节目中的题目？在确定"这道题"的指称对象之后，我们也可以确定"难"的意义，但是，我们仍然很难对该命题式的真假作出判断，因为"难"是非常主观的词，具有程度上的差别，需要有参照对象才可以确定，如，在这以前的题目是什么样的难度、题目对于谁来说"太难"等等，因此命题式的概念还是难以确定。"可见，话语的语义表征与命题式之间的空隙不能仅仅依靠消除歧义和确定指称来填补，相反，必须对语义表征给予充实。充实过程是一个推理过程，涉及语境因素的参与，同时需要受到关联原则的约束。"(何自然，陈新仁，2004)

这种命题式的识别过程，对于包含流行语的话语也不例外。流行语的意义识别更多地要依赖语境；流行语的语境意义包含了概念意义和隐含意义，对于概念意义，需要充实调整，是话语明说的一部分。

我们看下面的一段报道内容：

> 例(4) 印度最大的"山寨"——宝莱坞，连名字都那么"山寨"，更何况生产了大量直接照搬好莱坞电影桥段的电影，诸如《风月俏佳人》《国王与我》等等全部被"山寨"了，最近又搞出一个印度版《哈利·波特》，就引起华纳公司很不爽，发誓要告倒他们，虽然结果多半是不了了之。
>
> ——《南都周刊》2008 年 9 月 17 日

在这一报道中，出现了三个"山寨"，根据它们在句子中的语法位置，分别应该是做名词、形容词和动词。按照前文对"山寨"语义不确定性的分析，我们知道了"山寨"作为流行语的起源和扩散的过程，并且了解了其多种使用语境，根据不同的语境，"山寨"一词的含义是可以得到合理解读的。下面来依次讨论三个"山寨"的使用,并看语境因素是如何帮助我们成功确定语用意义的。

第一个山寨——山寨1——的使用最会让听话人产生歧义,因而首先需要解除歧义。从"印度最大的'山寨'"看,除了山寨一词上加的引号会略有端倪,其实仅仅凭借这七个字,我们并不能确定这里的"山寨"指的是什么,因此我们可以确立三个语境假设:(1) 筑有栅栏等防守工事的山庄;(2) 山村;(3) 流行语意义上的"仿制、冒牌"之意。为了考察哪一个语境假设与语境中的新信息结合,能够具有最大的语境效果,我们需要加入更多的语境内容。破折号之后的"宝莱坞"作为一个新的信息进入听话人的大脑,接着出现了第二个"山寨"——山寨2:"连名字都那么'山寨'"。根据我们对语法结构的认识,此处的"山寨"应该是形容词,而传统概念意义的"山寨"是没有形容词的功能的。因此只有具有形容词特性的那个山寨的意义才是相关联的。那么三个语境假设中,只有(3)的假设在这种情况下是符合的。到这里,我们已经可以用对山寨2的语境假设的确定,使语境因素与山寨1也进行关联,并推导出话语中的概念意义:"连名字都那么'山寨'"指的是上文中"宝莱坞"这个名字是山寨版的,也就是仿冒别的事物,这是语言内语境因素的作用;"宝莱坞"仿冒的是什么呢,根据听话人的百科知识积累,我们很快会把这个名字与"好莱坞"产生关联,因为两个名字有极高的相似度(这是"山寨"事物的本质特征之一),这种关联并不需要付出太大的加工代价,因而关联度较高,也产生了相应的较大语境效果,至此,第一个"山寨"的概念意义也就呼之欲出了,它被确定为仿制和冒牌。"宝莱坞"是印度最大的仿制冒牌(基地),其中既有"仿制冒牌"之意,也意指这个仿制冒牌"好莱坞"的地方不受管束、远离行政干预(如同旧时偏远之处的"山寨"一样)。当话语继续下去时,我们的推理从后续的语境新信息中得以强化,概念的意义更加毫无疑问,"更何况生产了大量直接照搬好莱坞电影桥段的电影,诸如《风月俏佳人》《国王与我》等等全部被'山寨'了……",此处山寨3已经变成了动词,意味"被仿冒",其概念意义与前面两个"山寨"是一脉相承的,构成了连贯的概念意义。

当然,有时不是所有的语用意义的概念识别,都可以有这么多语言语境因素来构建概念意义的,有时需要依赖更多的社会语境因素,也就是需要更复杂的推理来明确。

依然以"山寨"为例:

例(5)　　不要把山寨一棒子打死。

都说"山寨"是模仿,是剽窃,但是作为草根经济,"山寨"产品已经为人们所熟知,并大行其道。存在的必然有其合理性,因此,我们也应该以新眼光审视"山寨"经济。

山寨产品虽然是草根市场的小品牌,但正是这些小品牌成为国际品牌超级利润的终结者,中国电子消费大众化的推动者,电子产品进口替代的生力军,中国电子产品技术创新的推进器。

——《竞争力》2009年第4期

这篇文章的标题,如果没有额外的语言语境,听话人需要进行一番推理才能确定汉语中"山寨"其语用意义的概念,这就要涉及用来推理的依据是什么。"一棒子打死"这一短语语出毛泽东《在中国共产党全国宣传工作会议上的讲话》(《毛泽东选集》第五卷):"收,就是不许人家说不同的意见,不许人家发表错误的意见,发表了就'一棍子打死'。这不是解决矛盾的办法,而是扩大矛盾的办法。"此处的"一棍子打死"同"一棒子打死",比喻认为没有丝毫可取之处而全盘否定。那么"山寨"作何释义时可以被"全盘否定"呢?生活认知经验告诉我们,一般被"全盘否定"的事物,即便不是完全一无是处,也一定有消极的、负面的意义,因此,从该短语中已经隐含地告诉了听话人,此处的"山寨"应该是有负面意义的一个概念。这是听话人进行思维推理后得出的结论。作为传统词汇意义的"山寨"确实有负面意义的释义,即"旧时被草寇或绿林好汉占据的山中营寨",但是这里是否为此释义呢?草寇和绿林好汉的故事历来都有人称颂,很多时候他们甚至代表了反抗腐朽堕落的封建专制、伸张正义、充满豪气、有胆有识的草莽英雄,因此,如果要说有人想要全盘否定这些人、而文章作者认为这些人不能被"一棒子打死"似乎不切合我们对这些人积累下来的认知,因为这些人本来就没有被"一棒子打死";那么,作为流行语的"山寨"有负面释义吗?回答是肯定的,因为"山寨"一词的流行的概念意义最初就是负面的、消极的,而随着该流行语的不断扩散使用,在越来越广泛的语境下,"山寨"的概念有了与社会文化的共变,如前文所述,其概念中已经开始有了"创新、时尚、个性、进取、有竞争力"等积极和正面的色彩,在这样的语言使用社会语境下,无论什么"山寨"一律"一棒子打死"显然过于主观和绝对,才会有"不要把山寨一棒子打死"的呼吁。这样的解读过程体现了与语言语境以及社会语境很好的关联性,也是对流行语用中的概念意义的确定过程。

此外,从该例中标题之外的内容所提供的语境信息,如"大行其道""合理性""新眼光""推动者""生力军""推进器"等来看,这些信息与传统概念的"山寨"并无关联(如果非要去找关联将会付出巨大的加工代价,这种牵强的关联也不会产生足够的语境效果,完全得不偿失),因此可及性程度较差;而流行语的"山寨"的含意与"创新、时尚、个性、进取、有竞争力"的语境假设则与文中语境有较高的关联,付出的加工代价也较小,语境效果令人满意。

6.1.2 对流行语暗含部分的理解

在斯珀伯和威尔逊(1986/1995)看来,暗含是指说话人为了使自己所讲话语具有明显的关联而故意向听话人表明的语境假设或含义。对此前文已有阐述,以下再举例进行说明:

例(6) Rose:The phone is ringing, Bob.
Bob:I am taking the bath.

在以上的对话中,电话响了,按照常理应该是去接电话,但是 Rose 本人并没有去接,原因并没有在话语中提及,而是告诉 Bob 电话响了,在当时的语境下是间接地发出请求,要 Bob 去接电话。Bob 的回答表面上与 Rose 的请求不相关,但是作为听话人的 Rose 识别出了话语中隐含的前提,并且这个前提是听话人 Rose 自己提供的,即"人在洗澡的时候无法从浴室出来做其他事情,因而也不能出来接电话",这是来自头脑中积累的记忆和经验认知在当时的语境下被激发而做出的符合关联原则的语境假设,并且也是最容易提取的隐含前提。在此基础上,可以推理出与当时语境相结合的隐含结论,即 Bob 拒绝了 Rose 让他接电话的请求。Bob 的话语看似与 Rose 的话语不相关,但是他期盼听话人 Rose 能够获取暗含的意义,以表明自己的话语对听话人来说是关联的。

流行语的暗含意义是话语含意的一部分。对流行语暗含部分的理解与一般的话语交际中暗含的理解有不同之处。在一般的话语交际中,语言本身的字面意义单独来看并不带有隐含之义,比如上文的例子中"洗澡"本身并不隐含着什么特殊的喻意,就是生活中的一个普通行为,它之所以有了隐含之义,完全是因为该话语是在"被要求接电话"的语境下发出的,如果没有话语的前提,"洗澡"是没有任何暗含之义的。

而流行语不一样,它们本身就是有隐含之义的。"山寨"之所以是流行语并不是因为它是"山里的村寨",而是因为它隐含了"复制、冒牌、剽窃、劣质、廉价、草根、恶搞、个性、创新、时尚、DIY"等众多含义,这些含义彼此交织融合,或突出某一特性,或融合多个特性,表达出复杂的情感和态度,普通词汇中已经找不到可以替代它的词语,它的独一无二和独特魅力驱使着人们去反复地、广泛地使用它。

这样的流行语,从开始阶段,经过了不断的扩散使用,成为被广为接受、高频使用的流行语,原因在于其语义的不断泛化和隐喻化，其产生的大量暗含之义，相对于字面意义，内涵和外延都有了极大的扩展，甚至有时与字面意义完全不同。暗含之义是流行语的生命力所在，没有了暗含之义，流行语也就是干巴巴的普通词语，不会承载特殊的社会和文化内涵，也不会反映社会现实和人们的价值取向，那么流行语也就不存在了。

因此，对流行语暗含部分的理解是听话人一定会去努力实现的，也是必须去实现的。一旦话语中出现了流行语，听话人必然会去找寻任何与语境相关联的假设，并把语境假设与话语中的新信息结合，确定假设的可及性是否达到最佳关联，并得出对话语的解读。在这过程中，听话人首先会有一个暗含的前提，即该流行语不是普通词语，一定是有隐喻意义的，自己必须找到暗含之义才能谈得上对话语的解读，否则就无法实现。根据对该流行语之前使用的认知，听话人的大脑中已经储存了若干最基本的暗含之义，他需要做的就是把这些暗含之义与流行语当下的语境相结合，推导出具有最佳语境效果的暗含结论，这还需要考察推出暗含结论所付出的努力大小和获得的效果的大小，是否达到了最优化。其间，听话人大脑中对该流行语的认知已有的旧信息，与语境所能提供的新信息相互作用，从而形成新的语境。斯珀伯和威尔逊将此过程称为语境化，通过此过程，旧语境不断修正、充实和优化，形成易于处理或话语推导的基础。

以下面的话语为例：

例(7) 民间语文、"山寨"汉语或许只是一种最渺小且零成本的国家资源，可三五年乃至七八年后，我们不难发现，原来，某个"说法"本身，已是一种兼具记录历史、传递某种复杂微妙民情民心等多种功用的津梁，并因此显出珍贵，乃至稀罕。

——《南都周刊》2009 年 1 月 9 日—1 月 15 日

要解读话语中"山寨"汉语的意义,首先要解歧和确定指称。此处的"山寨"用在名词"汉语"前面,应该对该名词起界定的作用。根据该语言语境,我们可以假设此处的"山寨"是流行语意义的山寨,与传统意义上的概念相区别。这种假设在语境下产生了最佳的关联,因此可以确定概念意义,把歧义解除。在流行语范畴下的"山寨"的含义是非常丰富的,粗略算来有十余个:复制、冒牌、剽窃、劣质、廉价、侵权、草根、恶搞、低俗、个性、创新、时尚、DIY、进取、非正式、民间等等,并且还在因为其不断被使用而处于活跃的变化发展之中。这些含义构成了听话人头脑中的隐含前提。我们根据语境提出,此处的"山寨"有几种语境假设,分别是(1)假设该词具有贬义含意;(2)假设该词具有中性含意;(3)假设该词具有褒义含意。那么这些假设是如何与语境相结合推出正确的语用意义的呢?

最直接的方法可能是把假设与语境分别结合,看看在语境下的关联程度,并根据不同程度进行可及性排序,可及性最高且付出加工代价最少的就是话语含意,也就是该流行语的正确解读。但是这种方法需要满足若干条件才能进行:首先,听话人必须可以穷尽或是基本穷尽该流行语的所有暗含意义,如果是因为个人的认知经验造成较大疏漏,则无法进行与语境的全方位结合;其次,关联程度本身就是一个很主观的概念,无法量化;再次,如果流行语的暗含意义较多,则需要花费较多的时间和加工代价,而有些时间和加工代价基本是无效的,不会给最终解读带来作用。因此,这种依次结合语境得出假设并验证的做法只是一种理论上的过程。人的大脑天然具有向经济省力方向靠拢的趋势,人脑会在最初自动识别并剔除那些显著不相关的假设,为接下来进一步细化的推理打好基础。

在以上例句中,话语中出现的"资源""功用""珍贵""稀罕"等语词的使用帮助听话人在大的范围内剔除含有贬义色彩的暗含意义,即语境假设1,如"冒牌、剽窃、劣质、廉价、侵权、恶搞、低俗"

等,因为从话语语境来看,只有褒义色彩的含意才跟语境的关联程度更高,因此"山寨"所传达的含意也应该是褒义的。排除了贬义含意之后,意义里面只剩下了"复制、草根、个性、创新、时尚、DIY、进取、非正式、民间"等褒义及中性色彩的含意,根据话语的语法结构和逻辑关系,这时的语境假设应该是"山寨"汉语表达了与"民间语文"概念并列或一致的含意。那么何为"民间语文",要先解读出它的含意才可能为"山寨"汉语推导出确切的解读。根据《生活周刊》2012 年 1450 期的报道,民间语文是"或发自民间,或被民间改装过的语文,描摹了民间的处境、表达了民间的心态……主要还是嘲讽、挖苦、消解,但也已经具有实实在在的行动力"。由此看来,"山寨"汉语应该与民间语文相映生辉,共同成为一种"国家资源",而资源从某种意义上说是长期的、稳定的、有价值的物质和精神要素的总称,那么"复制、时尚、草根、DIY"等含意与此语境信息的关联度较低,可以进一步排除语境假设 2。最后我们在"个性、创新、进取、非正式、民间"等含意中进行筛选,可以得出结论,这些含意都符合我们对"山寨"在该话语中的语境假设 3,能够推出最佳语境效果的解读,付出的努力也较少,因此是符合关联制约下的暗含部分的解读。

6.2 流行语理解中的收窄和拓展过程

几乎所有的语言交际都涉及语言的使用和解读两个方面,一个是自主的语言选择:自己到底用什么样的方式什么样的语句来说话?想要达到什么样的效果?而另一个是非自主的语言解读:别人说了什么内容?他想表达什么意思?作为自主的语言选择,说话人可以有相当的自由度,想说什么想怎么说都在于自己,至于说话意图是否能够达到,说话人并不能完全控制,他能做的就是以自己认为最经济、合理、恰当的方式来把特定的语言单位,如词语、短语、句子等,组合起来,给听话人一个质量和数量都合适的话语信息,并确保在当时的说话语境下有某种程度的关联,并以此来给听话人某种暗示,希望听话人能够准确解读话语中绝大部分的含意(因为要百分之百理解说话人的含意似乎是一个可以无限接近但是不能最终达到的目标)。

至于听话人能够解读到什么程度,就是说话人所不能控制的了,这与听话人对说话人的熟悉程度、听话人自己的个人生活背景以及听话人的知识储备密切相关,比如说话人的生活圈子和个人背景与听话人并无交集,那么只有两种情况发生,要么是打着说话人个人深刻烙印的话语信息被毫无生活交集的听话人所刻意忽略,要么就是以听话人所拥有的不同生活背景和知识来勉强支撑着解读,往往导致误解或无解。因此话语含意的解读不是简单的听话人的任务,也应该有说话人的责任在里面,其中需要考虑的就是语境,不只是上下文,还有对谁说、在什么时候什么地方说的问题也需要考虑,一旦这些语境因素被考虑进去了,话语的含意就不单单是话语意义或词汇语义那么简单直白的东西了;话语含意这时就呈现出了动态性,听话人对听到的话语进行临时概念(ad hoc concept)的构建,通过不同的语用加工,把握说话人需要传递的信息,推导和获取话语在特定语境中的真实含意。

在词汇语用学的研究中,听话人需要对说话人的话语进行某种程度的语用推理,"这一过程被称为语用充实,包括词汇、结构及整个话语在特定语境下的语用收窄和语用扩充,以此来构建词汇语用信息的语境,寻找词汇信息的最佳关联,以满足所在话语信息的最佳关联期待"(冉永平,2008)。

流行语扩散过程中的语义泛化是流行语最终成为流行语的最关键步骤。"所谓语义泛化,指的是词语在保持越来越少的原有语义特征的情况下,不断产生新的使用方式以将越来越多的对象纳入自己的指谓范围。一般词语的语义演变也有语义泛化的现象,但是只有在流行语中语义泛化表现得特别充分和集中,而且泛化的速度特别快"(刘大为,1998)。根据这一表述,流行语的语用充实过程应该更多地集中在语用意义的拓展上,这与语义泛化的趋势是一致的,两者的目的都是能更多地涵盖复杂语境情况下的指称对象,由此语义的抽象性会越来越高,逻辑语义被不断淡化和剥离,流行语的语用意义被不断拓展。

下面以框填式流行语"被××"的语用意义的拓展为例:

例(8)几年前,安徽阜阳市某区委修了一幢酷似美国白宫的豪华办公楼,被当地干部李某某举报。随后,李某某和几个亲属被该区检察院罗织罪名,予以逮捕。今年初,李某某意外死在监狱医院。检察院迅速作出鉴定结论,称其"自杀"。众多网民认为,他是"被自杀"而死的。

网民的定义推动了《中国青年报》等传统媒体的报道,也鼓励了其家属的进一步举报。几个月后,当时的区委某领导张某某及颍泉区检察院汪某被查办,证实了网民的猜疑。有关方面通报说,张某某滥用职权,假公济私,对举报人李某某及其亲属实施报复陷害,导致举报人自杀死亡。

——《东方早报》2009年8月16日

例(9)河南荥阳出台措施,要在全市设立1 000多个慈善组织,推举出5 000多个慈善大使,荥阳市委书记杨福平宣布,要将荥阳打造成"慈善城市",一场殃及全城百姓的"被慈善"运动开始了。打造"慈善城市"让人人都持有慈爱的心,其出发点是好的。但是慈善是一种自愿,并非下发红头文件,设立上千个慈善组织就能见效。

做慈善是一种境界,此境界不是靠发文件,靠嘴皮游说,而是来自现实的感染力、震慑力,能够打动心灵,像汶川大地震,不论东南西北,不论国内国外都踊跃捐款捐物。如果说只是为了增收,此种慈善就很难让人痛痛快快往外捐。做慈善又必须有一定的经济能力支撑,有的人即使是想献爱心,可是自己还要政府救济,生活还处于低保,或者说,购房欠了几十万,看病借了好几万,就是有慈善的念头也力不从心。因而,慈善应因时而异,因人而异,看时机,看对象。

——新浪网 2009 年 8 月 12 日

例(10) 形成这种局面的原因在于,听证会代表缺乏一个有效的遴选过程,没有规则可依。比如,消费者代表自愿报名,随机产生。这样产生的代表不能有效地代表消费者权益。可取的办法是,从那些已经公开表达意见的人士中遴选代表。总之,价格听证会制度需要进行调整,至少,国家须出台听证会代表遴选的规则,改变各地民众屡屡"被代表"现象。合格的代表是听证成功的前提。由此形成的价格决策,才能在公众心目中获得程序的正当性。

——中新网 2009 年 12 月 22 日

例(11) 时下流行的"被就业"现象其实早已存在,很多年前,在一切都是计划分配的年代,学生毕业后的工作也是学校统一分配,而这种分配绝少考虑到学生的意愿,实质上也是某种意义上的"被就业"。

——中国人力资源开发网 2009 年 8 月 5 日

例(12) 中国幸福城市调查,多数网友惊呼"被幸福"。幸福城市实际上是老百姓的幸福感,幸福理念的提出主要也是针对民众需求的满足程度。如果民众的基本需求能够满足,这座城市无论是基本建设,还是环境、交通、管理、服务,应该都是做得比较好的;反过来,如果这些都做好了,民众的幸福感也是应该能够继续提升的。

——舜网 2013 年 11 月 6 日

"被"字句的原型意义是表示受动者被强制接受由施动者引起的某种动作行为。施动者引起某种动作的行为,并影响了受动者,受动者被强制接受该动作行为,对该动作行为具有不可控性(刘斐,赵国军,2009),如"他被老师狠狠批评了一通","他"是受动者,"老师"是施动者,"批评"是由老师引起的某种动作行为,"他"被强制接受了这一行为,并受到该行为的影响,对该行为不可控。需要注意的是,在"被"字句的原型使用中,其中的动作行为是施动者和受动者发生关系的中介,由施动者引起的行为动作具有"强动作性",受动者因此受到了全面影响,如"我的帽子被风吹走了",施动者和受动者之间是强及物关系,在原型使用中,如果施动者和受动者之间不存在强及物关系,则很难进入"被"字句。

然而,现在出现的流行语的"被××"的框填结构,被充填进入的动词都不具有强及物性,一般不是及物动词(如"自杀"),甚至是名词(如"慈善")或形容词(如"幸福")。

应该说"被××"框填结构开始进入流行语始于"被自杀"事件。例(8)中举报人李某某意外死亡,检察院作出的鉴定结论为"自缢身亡",但其家属不认可其自杀的结论,认为死亡原因蹊跷。网民为了表达对此结论的不认可,提出了李某某死于"被自杀"的说法。而后真相浮出水面,明明是"遭陷害",却宣布是"自杀",一个"被自杀"令人玩味。

从该事件而来的"被自杀"是一种获得自杀鉴定结果的蹊跷死亡,疑似他杀。这种死法之所以以自杀而不是他杀命名,是因为这种死法表面看来都是自杀,之所以要在前面加上"被",是因为这种自杀鉴定结果经不起推敲、疑点重重、证据不足,违背了人们的常识。因此,在例(8)中,"被"字句的原型结构被突破,并未发生的事件只是因为某个不为人知的原因而宣称该事件已经发生,以掩盖事实的真相,这是对听话人的欺骗,"被"字句的原型意义因此得以拓展到新的使用语境之中。与此相似,例(12)中的"被幸福"同样也是在言辞上实现了事实上并未实现的事件,显示了施动者造假与受动者被欺骗被愚弄的话语含意。

"被自杀"事件之后,"被××"的框填结构被广泛接受并流行,并渐渐拓展出了更多的含意。例(9)中,"被慈善"反映出施动者自主地发出某种行为,对受动者进行压制,并强制要求受动者去接受该行为。人们是否进行"慈善"活动完全是自主自愿的行为,与当地政府原本是没有关系的,但是在该事件中,当地政府(施动者)的强制下,当地的百姓(受动者)被迫进行"慈善"活动,无论男女老幼,无论收入高低,受动者受到了施动者的全面影响而不得不接受某种行为,当地政府与当地百姓从原来没有必然联系发展为具有强及物性的关系,从而导致了其中的"慈善"及物化,语言出现了变异,"被"字句的原型意义被进一步拓展,真实反映了荒诞的社会现实。

与此类似,例(11)中的"被就业"也把"就业"这种自主的行为变成了非自主、不可控的行为。需要进一步说明的是,例(11)中的两个"被就业"应该解读为两种不同的话语含意:第一个"被就业"是指当下流行的一种造假现象,即学校以造假的手段宣称学生已经就业,而事实上并未就业,言辞上达到欺骗的目的;而第二个"被就业"是指计划分配的年代里,学校不顾学生的意愿而强行分配工作的现象,学生确实"就业"了,但是有时是违背了自己的意愿不得已而为之,显示了施动者(学校)对受动者(学生)的压制和受动者(学生)对事件(就业)的被强制接受性。如此看来,施动者对受动者压制进而强制受动者接受某一行为的发生并不是一种新的社会现象,而是早已有之,当拥有较强势力的一方对较弱势力的一方进行某种程度的压制和强制时,"被××"现象必然会出现,"这种被动,根本上是弱势的公民权利在某些强势的政府权力面前的被动,每一个'被'字短语之后,都有一个强势的权力主宰和操纵着一切。

公民的自由,本就依赖着权利与权力的平衡,权力天然的强大,必须有一种制度对强大的权力进行限制和约束,使其在公民面前保持谦抑和顺从。法律筑建的坚固城堡使私人有一个确保自主的私域,风能进,雨能进,国王不能进,在这个私人领域中个人可以自主地决定自己的一切,政府无权干预,强制减至最低限度。如果个人权利与公共权力间缺乏这道坚固的法律堡垒,个人权利必然就是被主宰、被操纵、被侵犯的命运。'被'字描述的就是这种主宰与受制的格局"(曹林,2009)。

至于例(10)中的"被代表",同样也在"被自杀"事件之后屡屡见诸媒体,所谓"被代表",指的是百姓的意见被一些所谓"代表"代表了,真正的民意并没有体现出来,最早的"被代表"事件报道来自济南市拟对城市居民生活用水的价格(污水处理费)进行调整,在举行的价格调整听证会上,爆出了假听证、假代表的消息,引起了群众的强烈质疑和不满。"被代表"是一个言辞上的讽刺,是内心的愤怒,也是对这种走过场、欺骗群众的代表制度表现出的强烈反感和对于听证、选举等的实际执行力的渴望。这里的"被××"框填结构已经超出了"被欺骗、被愚弄"的话语含意,表达了更多的讽刺和不满,以及对自我权利实际执行力的期盼,话语含意被进一步拓展。如果说例(9)(11)(12)中的"被××"框填结构仅仅表达了受动者在现实生活中处于被动的处境,希望通过这一流行语来诉求自己的遭遇,表达对个体权利的无奈追求,那么,"被代表"的背后则意味着公民意识和权利意识的觉醒,折射出公众政治参与意识的主动态度。

较之于流行语语义理解中的拓展过程,流行语理解的收窄过程不占主导地位。在普通词语使用中,听话人为了达到与语境的最佳关联而对特定话语中的词汇进行语义收窄和语义扩充,两种过程并没有明显的主次之分,完全是依赖于语境和说话人的交际意图来决定使用何种语用充实的过程。这与流行语的理解中语用意义的扩充和拓展占主导的特点是不同的,这种不同也是流行语形成、发展、传播的特有规律和属性决定的。当然,完全排除流行语理解中的收窄过程也是过于绝对的,在某些特定的语境下,语义的收窄也同样存在。有些流行语的话语意义本身并不具备某些特殊的含意,但是因为该流行语在后续使用中偏离了最初的含意,拥有了特定的含意,打上了感情色彩的烙印,并被广泛接受。对于这些流行语,其语用意义就需要在宽泛的基础上进行收窄以反映其普遍接受的语用意义。下面以"富二代"一词为例进行分析。

根据百度百科的内容,"富二代"一词最早见于香港凤凰卫视节目《鲁豫有约》,该栏目对"富二代"的定义是:80年代出生,是我国改革开放以来最早一代民营企业家"富一代"们的子女,继承家产丰厚。他们被称为"富二代"是因为他们靠继承家产,拥有了丰厚财富。

可以看出,"富二代"一词最初是一个没有太多感情色彩的词,讲的是一个客观事实;但是很快,该词在当今的中国社会被邪恶化了,开始带有强烈的感情色彩和倾向性。这与屡屡曝出的富二代们出位的言论和行为密切相关,"富二代"一词的使用反映出说话人的鲜明态度:"富二代"指代的是挥霍无度、骄横跋扈的一群年轻人。请看以下几个例子:

例(13) 富二代驾跑车撞死25岁浙大毕业生

2009年5月7日晚,25岁浙大毕业生谭某在过斑马线时,被快速行驶的跑车撞死。红色三菱跑车中的驾驶员胡某,19岁,杭州师范学院体育系大二学生。"富家子"撞死"平凡上进青年"、警方最初关于车速"70码"的错误认定,"交通肇事"与"危害公共安全"罪名的争议,都激发了人们的关注。

——网易2009年5月15日

例(14) 近日,网上疯传一组富二代炫富照片。这位所谓的"深圳顶级富二代"目前真实身份还有待鉴定,不过照片中的他,看起来样貌清秀,虽然年仅16岁,却过着犹如王子般的梦幻奢侈生活。美女如云簇拥环绕,顶级豪车,私人飞机,私家游艇,侍从以及数不清的奢侈品令人眼花缭乱。很多网友看后惊呼,自己的生活与之差距太大。有人透露着羡慕之情,也有网友对其炫富行为表示不屑和反感。

——光明网2013年2月27日

例(15) 近年来,"富二代"这一称谓因一系列负面事件被打上"炫富奢靡""自私冷漠""纨绔坑爹"等标签。然而,杨某对自己的身份并不避讳。他说:"我不在乎别人叫我富二代,这对我没什么影响。我还是我,跟富二代没有关系。"

——凤凰网2015年2月6日

以上例子中,"富二代"的含意都通过对最初的"富二代"一词进行语义收窄而获得,把"富二代"身上某一种特性进行了凸显,而不是讲述一个客观事实。这种语用充实的过程依然是受关联制约的。在例(13)中,语境中出现了一个对比:"富家子"撞死"平凡上进青年",由此得到的语境假设是:"富家子"是"平凡上进青年"的对立面,即"不平凡也不上进",而这一假设在语境的其他信息中得到验证,如"跑车""交通肇事",与语境是关联的,因此可以推导出"富二代"一词语义收窄后的含意:生活奢侈、无视他人、不遵守法规等负面含意。在例(14)中,语境信息中的"炫富""奢侈生活""美女如云簇拥环绕""顶级豪车""私人飞机""私家游艇""侍从""奢侈品"等话语内容,无一不与"奢侈挥霍"的概念相关联,根据最省力原则,可以很容易得出"富二代"语用意义的语境假设并得到验证,即收窄后的凸显了负面意义的"富二代"的语用意义。其获得的语境效果也是最大的。

例(15)中的"富二代"的语用意义则与前面两例有所不同。对话语中第一个"富二代"的语境假设可以是两个：a. 讲述事实不带感情色彩；b. 具有"奢靡""骄横"等贬义色彩；根据语境中的新信息，我们可以对以上两个假设的可及性进行分析："他的父亲杨休向南京大学捐赠 4.1 亿元，刷新了内地个人单笔捐赠高校纪录"，因此他是不折不扣的"富二代"。语境信息中的内容强调他父亲的富有，除此之外没有额外的信息，因此语境假设 b 与语境没有明显关联，可及性程度较低，可以排除；语境假设 a 则与语境提供的信息有较高的关联度，因此产生了较大的语境效果，同时推理时付出的加工代价也较少。话语中第二个"富二代"鲜明地指出语境假设 b 的内容，因此，无须推理就可以知道其语用意义。话语中第三个"富二代"根据语言语境来看是指一种称呼："叫我富二代"，这里该词的语境假设同样可以是 a 和 b；但是称呼来自他人，作为听话人，无法确切认定这一称呼是否有贬义的含意；但是紧接着的语境信息中，杨天桓说"我还是我，跟富二代没有关系"，这里是"富二代"一词第四次出现，同样也可以有 a 和 b 两个语境假设，杨天桓说自己跟富二代没有关系，但是，话语提供的信息是，他的父亲非常富有，因此如果把此处的语境假设为 a，则与话语信息的关联度较低，因为他自己明显就是富豪的儿子，因此该假设与话语的可及性较低，不予采用。如果此处的语境假设为 b，则该词的语用意义是贬义的，杨天桓说自己跟这个含意的"富二代"没有关系，即指自己不是奢侈骄横的人。加上前文语境中新的信息"独自居住""养了一只狗一只猫"，假设 b 在话语中的关联度更高，语境效果更大。再看第三个"富二代"一词，基于话语逻辑上具有连贯性的特点，该词此处的语用意义也应该与第四个"富二代"一致，用语境假设 b 来解读才具有最佳的认知效果。

6.3 流行语理解中的隐喻化过程

隐喻最初主要是作为一种常见的重要修辞手段来研究的。然而,隐喻在认知中不仅是一种修辞手法更是一种思维方式,是人们对外界抽象范畴进行概念化的强大认知工具。莱考夫和约翰逊把隐喻定义为"从一个认知域投射到另一个认知域"(1980),这个投射的过程是以事物之间相似性的联想为心理基础的,人们通过隐喻将某一领域已经获取的概念和经验来说明或理解另一个领域未知的概念,以期得到新的知识和理解。

隐喻化过程是词语义项增加的理据所在。词语的意义是语言使用者赋予的,但词语产生新的意义并不是任意的。新的意义的产生和发展是依随着使用者的认知经验和能力的。根据皮亚杰(Piaget,1972)关于认知发生的研究,人类认知世界的基本方式之一是经验主义的。在认知新事物的过程中,人们自觉地借助已有的经验知识比对新事物,探寻新旧事物之间的相似和相异,建立新事物的概念,并在社会交际活动过程中检验和确认认知的成果(蔡龙权,2004)。

随着社会的不断发展,新的概念、新的范畴不断涌现,人们可以用已有的具体概念去理解新的抽象概念,这样,原有的语言符号就通过隐喻思维而被赋予了新的意义,原有的语义得到了扩展甚至创造。隐喻的存在,使得一句话或者一个词语因认知个体的经验和认知能力的不同而具有了不同的意义,流行语的产生和扩散是人们使用隐喻的思维方式认知事物的结果,流行语之所以流行,是因为隐喻的认知方式使其获得了丰富的意义,隐喻成为创造流行语和流行语意义的重要认知模式。

流行语有些是旧词被赋予了新意。为了反映新的社会现实和社会心态,原有的旧词被赋予了新的意义,并超出原来旧义所使用的语境,在更广泛的语境中被使用,这时我们也可以说原来的词语增加了新的义项。随着流行语使用频率不断增高,它被隐喻化的可能性也不断增高,正是隐喻化过程中的语义转移,为词语的意义扩展提供了平台,造就了一词多义。乌尔曼(Ullmann,1962)认为隐喻是"词义产生的主要理据,是表达的机制,是同义和多义的来源,是强烈感情的释放口,是填补词汇缺口的方法"。在纽马克(Newmark,1988)和克韦切什(KÖvecses,2002)看来,甚至可以说一个语词除本义外的所有义项都是隐喻的。这与流行语语义扩散的过程和机制是相符的。

以"山寨"为例,它的词典意义在《现代汉语词典》(修订第三版)有两个义项:(1)在山林中设有防守的栅栏的地方;(2)有寨子的山区村庄。在《现代汉语词典》(第五版)中对"山寨"的解释是:(1)指筑有栅栏等防守工事的山庄。(2)泛指山村,如少数民族山寨:回族山寨、瑶家山寨、大凉山彝族山寨等。(3)指旧时绿林好汉占据的山中营寨,多为演义小说所用。(4)指穷地方,穷寨子,穷人住的地方,与其相对的是大宅,有钱人住的地方。比较《现代汉语词典》对山寨的释义可以看出,较新的版本中增加了两个义项,而这两个义项完全可以看作是对原来的两个义项进行隐喻化的结果。隐喻化的过程本来就是人们认识世界的重要手段,人们利用已有的经验和熟悉的事物,与不熟悉的事物或新事物进行类比,符合人们经验式的认知倾向,在语言学上的表现是以实喻虚,而这种隐喻性认知机制的运作关键就是确定两者之间的相似属性,看看它们之间存在的共享属性有多少,是否为显著属性,是否可能被交际双方共有的认知所接受。

就"山寨"一词通过隐喻化增加了"绿林好汉占据的山中营寨"义项而言,两者的显著性共享属性为"地理位置偏远",因而引申出"不受政府约束和管理"(这与我们的经验相符)。在此基础上,与本义和第一层隐喻性意义相关联的新的意义又在新的社会语境下得到派生,在相似性的基础上,非正规的电子产品加工厂和绿林好汉聚居地之间共有的显著属性是"躲避政府管理、在当地占山为王、地理位置偏远隐蔽"等,这是进一步引申的阶段。

随着使用的频率不断增加,人们对该词语使用的多领域要求不断增加,希望它能具有极强的概括性,因此该词语的内涵特征进一步缩减,外延进一步扩大,词语通过隐喻化进入泛化的初级阶段,原来只是在IT行业和电子行业流传,现在凡是模仿、假冒的东西都可以被称为"山寨";除了物质层面的"山寨",社会和学术领域又把"山寨产品"推衍成"山寨文化"或"山寨精神",专指仿冒、盗版这一社会文化现象,至此,"山寨"已被隐喻化地应用于几乎所有领域之中。由于在极其广泛的领域内被使用,"山寨"的内涵已经被高度抽象化,外延也无限被扩大,其隐喻化的含意也进入了含混和通俗化的阶段,重复的高频使用使得该词变得越来越浅显易懂,"山寨产品"和"山寨精神"或"山寨文化"带有了更多非正式和民间的意味,对"山寨"的褒贬也渐渐在微妙地变化着,褒义的含意渐渐被接受。与此同时,由于使用的限制被不断突破,"该词语的使用在语法上几乎已经没有了规则,该词语隐喻化过程到了最后几乎成为一个概念化了的隐喻,一旦与不同的语境结合,所可能产生的语言性隐喻将不可穷尽"(蔡龙权,2004)。"山寨"于是具有了形容词属性,如"很山寨""最山寨",也有了动词的味道,如"我山寨,我快乐""只有想不到,没有山寨不了的"。

由此,流行语的"山寨"的隐喻化过程慢慢走到了终点,其新颖性被不断削弱,它的普通词语特征逐渐显现,隐喻化后的新义项因为其使用的普遍性,开始被词典接纳;但是,并不是说"山寨"已经失去了生命力,当它不断与新出现的语境进行结合时,其隐喻性的意义依然会显现,并让听话人根据语境,选择当时最具有关联并产生最大效果的解读,从这点来说,只要能与新语境结合,"山寨"就依然能够焕发出它的生命力。

除了通过隐喻可以让旧词被赋予新意,当流行语是新词时,依然可以通过隐喻来赋予流行语特殊的意义,而且隐喻化后的意义与流行语的起源密切相关,比如"欺实马""宅""躺枪"等等,它们从一开始就具有相当的隐喻性,并通过不断的后续隐喻化过程进行充分的语义泛化,并具有以下特征:(1)词的创造往往是在特定的事件中,针对的是特殊的语境要求、一种独特的事物或社会现象,且该事物或现象并无现成的语言来表达,或者已有的语言表达并不足以真实反映这一事物或现象,因而无法在现有的词语上进行语义泛化来获取需要的语义。因此它们在最初往往具有强烈的专指性。(2)该新词以其特有的语言形式和文化内涵引起了人们的兴趣,迫切想使用它的强烈愿望使得人们将它的语义作为观察周围现象的一个坐标,也就是将其中的一些语义特征作为类比性特征而在生活中努力发现可类比的对象,然后通过隐喻化增加新的义项(刘大为,1997)。(3)与旧词新意的语义泛化过程相似,新词的语义也开始高度抽象,伴随着新词使用的特定语境,高度抽象的逻辑意义与语境信息相结合,构建出该语境下的临时性的语用信息,也是听话人对话语信息进行语用加工和调整。新词可以类指某一类事物和现象,其显著特征在使用的语境中也会是凸显的,不会因为语境的扩大而丧失原有的属性特征。

以"欺实马"为例,该流行语完全是由网友杜撰而来的新词,它的由来是杭州的一起飙车撞人致死的交通事故。2009年5月7日晚,年仅20岁的大学生胡某,驾驶三菱跑车在杭州市西湖区文二西路与朋友飙车,撞死了正在过斑马线的年仅25岁的青年谭某。事件经媒体报道后,立刻成为网民持续关注的话题。网友经过搜索发现胡某所驾驶的跑车曾多次严重超速,而随后交警在通报会上称"通过旁证(旁边人的证明)和肇事者的口供,当时车速在70码左右"更引起网友的质疑,从而产生了网络新名词"欺实马"(70码)。

从字面意义来看,"欺实马"作为"70码"的变体,代替了词语化的"七十码",更具有语义的倾向性,其中已经有了"欺骗""掩盖现实"之义,内涵已经大大超出了"70码"所承载的仅仅反映车辆

行驶速度的意义。这时新词的隐喻性已经呈现,语义投射的落点更能体现出隐喻化的结果。看下面的例子:

例(16) 死者谭某的父亲:5月15日,也就是杭州市公安局新闻发布会的当天晚上,杭州市政府秘书长代表市委、市政府来对我们表示慰问,对我们在这次事故中冷静的处理态度表示感谢,同时表态会很快、很公正地处理此案,这对我们是一个很大的安慰。

《新民周刊》:你们担心接下来的处理过程会上演"欺实马"吗?

死者谭某的父亲:不担心,我们相信法律。

——网易新闻2009年5月20日

该话语中,"欺实马"是民众对公众事件解释及处理不满时的一种反讽,针对的是那些任意篡改事实、混淆视听、试图掩盖真相的行为。"欺实马"和"70码"语义上毫不相关,但是"70码的车速不可能造成这么大的伤害,有点常识的人都知道这个车速不可能把人撞出5米高、20米远","70码"引起了公众的普遍质疑。因此"欺实马"和"70码"的相似性属性在语境中得到突显:虚假、不真实、欺瞒。在此基础上,与上文所述流行语类似,人们开始在更广泛的领域使用这一新颖的表达,内涵也超出了公众权力等因素的范畴,"欺实马"的隐喻化程度进一步提高,内涵进一步缩小,集中在"欺"上面,延伸出去的领域逐步扩大,使用范围更广。如:

例(17) 一大早,火箭再爆惊人消息,"姚明在回到休斯敦接受伤情检查时发现伤情严重,有可能缺席下赛季常规赛比赛甚至影响到职业生涯",真假难辨的消息让球迷炸了窝……姚明的伤病恢复并不理想是真,但严重到这种地步,让人不可想象。换一种说话,这只是火箭教练组放出的烟幕弹。分析如下：

姚明回国后,是参加了一系列的公益活动,在一个星期前返回休斯敦的,按照常理,像他这种明星级别球员的伤病,一般是医生跟踪治疗和检查,从休斯敦到上海再到休斯敦,只是短短的二十天左右的时间,这种以恢复为主的伤病不可能在短期内发生这样不可预见的重大情况。

另一种情况是,五月初的伤情报告不准确,这种借口显然更站不住脚,作为全球对运动伤病治疗最为先进的美国,对一个为球队打了七年球的球员,医生肯定再熟悉不过了,他身上的每一块骨头多长队医都很清楚,这显然更说不过去。而且在姚明回国前,球队还专门为他作过检查。

……

在全球经济不景气的情况之下,NBA各支球队老板都在精打细算地过苦日子,火箭是为数不多的另类,为什么,姚明加盟火箭后,虽然从球队战绩上并没有为火箭作出多大的贡献,但他使火箭老板财源滚滚。七年间球队经营步步攀升,一句话,是他让火箭不差钱。另外,客观地讲,虽然他不是科比和小皇帝等超级球星,但仍是一个当打之年的优秀大个子。因此,火箭不会容许他离开休斯敦。这才是真正的原因。

莫雷是个精明的人,第一,发布这种消息后让其他球队减轻对大个的非分之想,一支球队不可能会与一个拿着顶薪有可能生涯报销的人合作的,尽管你来自中国。第二,球队给姚明施加压力后,有可能在为引进另一位重量级(也许是将来的重量级)的球员作铺垫,一山不容二虎。球队在以未来火箭的核心相许,这不禁让人想到了西班牙人。

生意人永远都是作着两手准备。姚明职业生涯报销是美国版的欺实马。

——中国网2009年6月30日

在该语境下,"欺实马"有"通过发布一些不实消息取得某些预想的效果"之义。语境提供的关联信息如下:首先,该消息的来源是火箭队的队医向当地媒体透露的,火箭高层并没有做出任何声明;其次,在全球经济不景气的情况之下,NBA各支球队老板都在精打细算地过苦日子,火箭是为数不多的另类,因为"姚明加盟火箭后,虽然从球队战绩上并没有为火箭作出多大的贡献,但他使火箭老板财源滚滚"。因此,火箭不会容许他离开休斯敦。这才是真正的原因。火箭队的老板莫雷是个精明的人,第一,发布这种消息后让其他球队减轻对姚明的非分之想,一支球队不可能会与一个拿着顶薪有可能生涯报销的人合作的,尽管你来自中国。第二,球队给姚明施加压力后,有可能在为引进另一位重量级的球员作铺垫。因此,姚明职业生涯报销是美国版的"欺实马"。

总之,不管流行语的来源如何,在其扩散过程中的语义泛化离不开隐喻化的过程。流行语语用意义的充实过程也离不开隐喻化。流行语的隐喻化传播和隐喻化语用充实过程,为其理解扫清了使用中因为指谓对象的区别性特征而产生的语义障碍,使流行语的使用和理解更加随心所欲、畅通无阻。

6.4 流行语理解中的认知联想

在不同的语境下,对流行语语用意义的隐喻化认知是一种心理的联想过程,在联想中,隐喻的目标域和源域概念所具有的共同特征被联系起来,复杂而抽象的概念被简单具体的形象表述阐明,更易于被理解和接受。丁昕(1998)介绍了联想方式的分类系统,将联想分为简单联想和复杂联想两大类,再将简单联想分为接近联想、类似联想、对比联想三类,将复杂联想分为因果联想、隶属关系联想、部分与整体关系联想、作用与效应关系联想四类。在此基础上,吴本虎(2007)根据收集的语料进行归类,分辨出八类联想方式:接近联想、类似联想、对比联想、因果联想、关系联想、功能联想、范围联想和动态联想,他把前三类总结为感性联想,后五类总结为理性联想。以上各类联想方式帮助听话人在不同的话语语境中构建出本体和喻体之间的联系,或者通过形象思维,或者通过抽象思维。

以框填结构"微××"为例,"微××"在《咬文嚼字》编辑部公布的"2013年十大流行语"中成功入选,反映了该流行语在上一年度的热门程度。"微"本指小、细、轻、少、弱等,如今成了一个时尚语素,生活中出现了一批以"微"命名的新事物,如微博、微信、微新闻、微电影、微商等等。"微××"正在改变人们的生活方式以及思维模式。

"微××"作为一个框填结构并非真的是在今天才进入社会语言生活之中,如"微创手术"在"微××"成为框填流行词语之前就已经存在了,正如前文所述,框填结构是语言中的普遍现象,可以利用最基本、最抽象的关系信息来表达实际话语场景中更为具体、复杂、丰富的种种话语关系,也是流行语适应多个话语场景、在多个话语场景中负载相似性、保留流行语义的重要手段。但是,"微创"中的"微"与当下的"微××"并不具有完全同样的意义,只能说是在抽象意义上具有相似性,因此不能把"微××"当作"微创"在"微+××"隐喻化后的语义泛化。"微创"表达的确是"小、轻"之义,与今天"微时代"语境下的各种"微××"相比,虽然具有相同的逻辑语义,却有着不同的话语意义。

如今有一种生活叫微生活,玩微博,上微信,看微新闻,读微小说,看微电影,去微旅游,写微游记,住微酒店,在网上微购物,享受这个微时代的微幸福。"微"概念的潜入正影响并改变着我们的生活方式。2009年8月,新浪微博正式测试,标志着中国进入"微时代"。微博作为一个公共平台,以140字之内的短小文字篇幅更新信息,并实现即时分享。在此之后,各种以"微"为代表的新媒介的兴起,使人们的生活发生着"微""秒"的变化,在网络化的基础上,生活变得"短、平、快",人们期望着通过有限的、小量的时间、金钱、精力投入,感受到不同的生活体验。这是"微××"的凸显特征和属性所在。

当"微××"在不同语境下与不同的词语搭配形成框填结构,其话语意义应该更加开放,却依然因为其内在的相似性而保留着基本的属性意义,这种内在的相似性是内涵意义的浓缩,社会的多元构成和变化为其隐喻性表达提供了场所,也是一种必然;有时隐喻性的意义具有即时的创造性,当语境中的因素必然成为话语解读赖以产生的基础时,通过联想寻找既保留浓缩意义又符合语境需要而构建出来的临时性信息,就成为话语的合理解读。因此,当"微信"出现时,作为人际交流新的手段、一种社交网络平台,听话人通过类似联想,寻找到了两者之间具有的某种类似的性质或特点,因此被隐喻化为与"微博"相似的"迅捷短小的信息分享、传播和获取"。"微小说"则是"微博"价值延伸的一种生动表现形式,是微文化诞生的基础,由此衍变出了"微电影"等微文化形式的衍生作品。"微小说"最为显著的特征还是贴近真实生活、反映社会现实、体现时代精神。因此除了篇幅的"短小精悍",还在主题上与那些宏大题材的小说相对应,题材微小而具有现实性,对于它的解读可以借助功能联想,找寻出"微小说""微电影"在文学中发挥的作用。

"微新闻"相比传统一句话新闻那种需要考虑文体、组织语言修辞来叙述的新闻体,以"短、灵、快"为特点,几乎不需要很高成本,无论你是用电脑还是手机,只需三言两语,就可记录下自己身临其境或者发生在自己身边的新闻事件、可供分享和快速转发的信息,这样的即时表述事实情况,更加迎合我们快节奏的生活。这里的"微"更强调了文体的不受约束、简洁性和即时性,通过接近联想,解读出与最初的"微博"所具有的近似的意义。

所谓"微旅游"就是指短小的旅行,随时可以出发。不需要太多的行装,不需要长时间精心计划和刻意安排;可能到一个陌生的城市,走一条陌生的小路,看陌生的一切;也可能逗留在生活的城市,逃离电子产品,只是读读书、晒晒太阳、发发呆,甚至只是出门去慢慢享用一顿可口的大餐或在丝瓜棚下尝尝农家土菜,这些都可以是旅游。于是旅游的概念从单一变成一种多层次的自我放松和休闲方式,无论去哪里、无论去干什么,只要是与平日里的常态不相符,并且带有放松的目的,都可以是一种"微旅游",这里"微小"的概念也存在着,但是更多强调的是一种心灵的细微调节,不会为了旅游而旅游,不会把自己搞得太疲倦,一种适度而轻巧的生活改变就可以成就身心的愉悦。通过范围联想可以解读出"微旅游"更广泛松散的概念。

至于"微酒店",除了其微空间的特征,还带着一种小清新的风格,有着颠覆传统酒店的创新房型——阁楼房,住在这样的酒店甚至有"那一年我们一起住的宿舍"的感觉。这里的"微"与豪华和标准化设施相对应,体现的是一种朴素和怀旧,可以通过功能联想得到合理解读。

总之,以上的"微××"的不同解读具有鲜明的话语特征。通过不同的认知联想,总能找到符合话语场景的理解,当然各类联想方式并不完全独立地发挥作用,许多情况下,多个联想方式共同运作,与流行语最初的语义进行比对筛选,找寻联想最可及、最具关联意味的话语解读。"微××"的框填结构并没有泛化到可以单独随意使用并不断通俗化的程度。它只有结合相应的语境,才有可能进行解读。而这种与语境的结合又多多少少考验着听话人对于社会基本经验和认知的获取程度;有时听话人的认知和经验还不足以对其进行最恰当的解读,但是其浓缩的内涵意义不会因为语境的变化而发生大的变动,因此即便无法做到最恰当的解读,如果往合理的方向去努力的话,部分解读也是能够实现的,并在此基础上，可以因着听话人个体的不同经验和认知，解读出一些变化的意义，虽然不能完全还原说话人的本意，却也是对话语含意的另一种补充和创新。流行语的生命力本来就蕴含在不断的使用过程中，作为使用主体的说话人，完全可能发挥自己的能动性来赋予流行语更鲜活的生命力，由此推而广之，使流行语的语义不断泛化，推动其流行达到一定的高度。

6.5 小 结

流行语语用意义的解读在事实上还是遵循了话语在不同语境中解读的基本规律。流行语语用意义的特点，即不确定性、不透明性、隐喻性和典故性决定了流行语理解的语用认知机制，其理解需要两个层面的解读过程：明说部分的解读和暗含部分的解读。在斯珀伯和威尔逊看来，明说和暗含部分的解读都需要推理的参与才能提取假设。明说是由语言的解码和语境的推理得到的概念特征所组成，在卡尔斯登(2004)看来，完整的话语的概念表征或逻辑形式需要把明说的内容通过意义选择或解除歧义、指称锁定、饱和、自由充实和临时概念构建等五个方面来补全或充实。而对于话语暗含部分的理解，因为流行语本身就有隐含之义，而多个隐含之义彼此交融，表达出复杂的情感和态度，这种复杂性是普通词语无法企及的，因而具有不可替代性。大量隐含之义产生的原因在于流行语语义的不断泛化和隐喻化。

流行语的理解需要在具体的语境下对话语进行某种程度的语用推理，即语用充实过程，包括词汇、结构以及整个话语的语用收窄和语用扩充，从而构建词汇语用信息的语境，寻找词汇信息的最佳关联。由于流行语扩散的特点以及其语义泛化的必然过程，流行语的语用充实更多地体现在语用意义的拓展上，在拓展的过程中，流行语的语义抽象性不断提高，仅仅保留反映流行语义的部分,其他反映指谓内容的部分则不断淡化,从而能够更多地涵盖不同语境下的指称对象,促进流行语的广泛使用。

此外,隐喻化也是流行语语用意义理解中重要的语用充实过程。隐喻化过程本身就是词语使用中产生新的意义的理据所在。人类通过已知的经验认识新的事物,利用隐喻把两者进行比对,寻找相似性,从而建立新事物的概念。流行语扩散中的语义泛化,在很大程度上依赖隐喻化的过程,隐喻的认知方式和思维方式使得流行语在使用中获取了丰富的含意。也正因为如此,流行语理解中的隐喻化成为与流行语语义特征相吻合的、必然的解读手段。

最后,流行语的理解还需要合理的认知联想,因为在不同的语境下对流行语的隐喻认知也是一种心理联想过程。通过感性联想和理性联想,在特定的语境下与流行语的原始语义进行比对和选择,寻找出最具关联意味的话语的联想意义,并把该意义放入话语中,得出对说话人真实意图的解读。有时,由于听话人的个体认知和经验的差异,会产生一些不完全符合说话人话语意图期望的联想,甚至是不相关的联想,在这种情况下,虽然说话人的话语意图无法得到还原,却是话语的可能性意图的另一种补充和开创,只要在该语境下能够构建出合理并关联的信息,不管是正关联还是负关联,都是一种有益的尝试,也是话语交际中双方能动性的体现。流行语的生命力蕴含在不断的使用和创新中,语义的不断拓展是让流行语得以生存下来的新鲜血液,也不断推动流行语的使用攀上更高峰。

第七章 流行语英译的个案分析

本章节将以基于关联理论的翻译观为基础,探讨在特定的语境下如何对流行语进行理解,并在理解的基础上结合对听话人的交际期盼,寻找合适的译文来表达,理想的译文所要实现的目的有:一,可以传达流行语中抽象的概念意义;二,可以达到使用流行语的特殊认知效果和联想效果。当然,因为流行语承载了太多的社会和文化信息,而很多文化和社会的信息并不是不同语言使用者所共有的,因此,并不是所有的流行语在不同语境下的使用都可以实现上面两个理想的目的,有部分的流行语的英译需要增加必要的背景注释,有的甚至只能放弃对流行语的直译,转而用普通的词语来表达;信息的缺失是翻译中永远会遇到的问题,流行语由于其语用意义非常丰富,往往缺失的情况更加普遍。作为译者,在平衡语用意义的传达和语境效果的获取二者之时,需要有更透彻的汉语流行语的解读以及更深厚的外语功底。本章以流行语"潜规则"和"裸×"的英译为例,试图对流行语翻译中语用意义的理解过程进行描述和阐述,寻找合适的翻译手段,并希望能给流行语的英译带来一些启示。

7.1 基于关联理论的翻译观

古特(Gutt,2004)率先在其著作 *Translation and Relevance: Cognition and Context* 中将关联理论应用于翻译研究,指出翻译是一种言语交际行为,是与大脑机制密切联系的推理过程,它不仅涉及语码,更重要的是根据动态的语境进行动态的推理,而推理所依据的就是关联性。作为交际的翻译,在原语的理解和翻译过程中人们对于语码的选择所依赖的也是关联性。

交际的本质就是从刺激中推导出关联,这种刺激可以是语言的也可以是非语言的。比如,当我在坐得满满的会议室中看到一个同事走进来,眼睛四处搜寻着试图找到一个座位时,我会冲他挥一挥手,然后指一指身边的空座位。我的这些动作就可以成为一种刺激,这些动作的信息意图就是我希望我的同事能从我的动作中推理出我的意图,即我身边有一个空座位,他可以坐到我身边来。这是非语言刺激。当然对于语言刺激也是一样的。当我在路上走时,可能会有一个陌生人走向前来问我"去火车站怎么走",我可能会回答说"对不起,我是外地人",我的意图是希望问话人能够从我的回答中推理出来一个事实,即我无法提供他所需要的信息(Gutt,2004)。语言交流是所有的交流方式中最显明的一种,这种显明在非语言交流中往往是隐含的(但是非语言交流依然可以通过某种传达,让接受者根据关联的原则推理出信息意图)。

翻译活动中的刺激是语言,原文的语言和译文的语言。原文的语言对译者产生刺激,让译者通过对原文的语境和对原文背景、作者、风格的认知,而与原文产生关联;通过关联,译者推理出原文作者的信息意图;译文的语言对译文读者产生刺激,让译文读者通过对译文的语境的认知,与译文产生关联,并推理出与原文读者推理出的相似性最大的信息意图。这时,译者的任务才算完成。但是,必须看到,就翻译而言,由于译者处于一个二级交际语境(secondary communicative environment)之中,又受到语言、文化等差异的制约,原文作者的信息意图往往在译者看来是不确定的(indeterminate)和开放的(open-ended)(Gutt,2004),而译入语读者的认知语境和原文读者的认知语境也是不同的,把原文的信息意图原封不动地传达给译入语读者是不可能的。译文不可能表达原文的全部意义,有时着重表达某个意义,同时隐含其他意义,这些意义有时只可意会不可言传,这时,根据关联理论的原则,译文应该根据译入读者的认知语境,判定原文的数个意义或功能不同程度的重要性,给予不同的考虑,"确定译文该在哪些方面与原文相似"(Gutt,2004:107),以期达到"充分的语境效果",同时又不至于让译文读者"付出不必要的认知努力"(Gutt,2004:106)。

对于译者而言,古特在斯珀伯和威尔逊关于直接引语和间接引语的理论基础上提出了一对新的概念,即"直接翻译"和"间接翻译",根据斯珀伯和威尔逊的理论,直接引语保留了原文所有的"表面语言特征"(superficial linguistic properties)(Gutt,2004:133),而间接引语仅仅意在保留原文的认知效果。古特认为,直接翻译有点像直接引语,"力图表达原文中所有的语言特征"(Gutt,2004:135),间接翻译则相当于间接引语,意在取得"认知效果的相似性"(Gutt,2004:133)。但是事实情况是,直接翻译不可能像直接引语那样,保留原文所有的语言特征,它只能尽可能地去表达,因为语际的交际和语内的交际有本质的不同。古特认为,"风格特征"(stylistic properties)(Gutt,2004:133),无论是话语的语音特征、形态特征、句法特征还是语义特征,都是"引导读者获取交际者本意"的"交际线索"(communicative clues)(Gutt,2004:134),都应该尽可能予以保留。直接翻译意味着译文读者将付出更大的认知加工代价,这与关联理论所倡导的让读者用尽量小的努力达到尽量大的认知效果的原则并不矛盾,因为读者在付出较大的认知加工代价的同时,也必然会收获"超过他们多付出的认知努力"(Gutt,2004:148),即更大的认知效果作为较大加工代价的补偿;而间接翻译则意味着译文读者的认知结构和认知语境与译文有更大的关联度,因此他们付出的认知加工代价也相对较小,但同时,得到的认知效果也较弱。

对于直接翻译和间接翻译的概念,古特把两者统一在关联理论的框架之中,强调两者都是"语际阐释用法"(Gutt,2004:171)。他把翻译现象比作是一个"连续体"(continuum),"间接翻译占据了这个连续体的大部分,直接翻译只是连续体的一端的顶头"(Gutt,2004:172),这与翻译实践的情况也是相吻合的,绝大部分情况下的语际翻译都是间接翻译,极端的直接翻译的出现往往是在文化缺省的时候才会使用,当一种语言环境下的某种文化现象在另一种语言环境中完全缺失时,极端的直接翻译可能是唯一的选择,这与翻译中的异化观点颇为相似。直接翻译和间接翻译之间不是对立的,而选择哪种翻译方法,古特认为要取决于译者的"交际意图"(informative intention)和读者的"期望"(expectations)(Gutt,2004:190)。连续体的概念意味着,极端直接翻译和极端间接翻译之间有个渐进的过程,因此译者到底是采用直接翻译还是间接翻译,其实是根据各种因素,在一个直线的维度上选择一个综合考虑各因素后的合适点,这个点是与原文、原文读者、译者、译文、译文读者多方产生关联的,多种关联在一个最佳关联的框架内进行整合,寻找最佳平衡点。

关联理论在宏观上对翻译实践提出了指导性的意见,使我们对于翻译本质的理解又进了一步。但是古特的论述中依然存在进一步探索的空间。古特所说的"关联理论足以解释翻译中的一切现象,没有必要建立独立的翻译理论"的论断,可能过于绝对化。关联理论固然是一个解释力强大的理论,但是翻译面临的千差万别的内容,决定了这项活动的复杂性。关联理论在解释时似乎游刃有余,但在对具体问题进行分析时往往会力不从心,比如,关联理论难以解释文化缺省的问题;当原文中的文化现象在译文中根本不存在时,谈论关联就没有意义,因为关联是两个事物之间的一种特殊关系,当其中只有一个事物在现实中存在、而另一个事物根本不存在时,它们的关系也就消失了。关联理论可以解释翻译的可译性、信度和效度以及重译问题,但是对于文学翻译中文化缺省在译文中的移植问题,如果仅仅以关联作为唯一的原则,仅仅强调的是语用上的动态对等,那么翻译活动的结果就会导致大量的归化翻译,原文中的文化信息就无法得到传播,文化间的交流也无法实现。

除此之外，决定关联与否的两个概念是"足够关联"产生的语境效果和"最少的加工代价付出"，它们都是模糊的概念，如何在考虑两个概念的同时找到合适的关联点也是困难的。康迪特(Tirkkonen-Condit,1992)和马姆克(Malmkjar,1992)提出"在不同的翻译语境里，由谁、怎样来决定关联等级的问题"(Hatim, 1998)，关联概念的模糊性确实给其对翻译的解释带来了困难。

古特对关联理论和翻译的论述基本没有讨论从本族语译入外族语的情况，这似乎是个缺陷，因为这种情况下，译者对于译入语读者的认知语境的判断与从外族语译入本族语是完全不一样的。比如，当中国的译者需要把中国当下的流行语译为英语时，对英语读者的认知语境的判断只能依赖于译者的知识储备，那么当英语为母语的译者对中国的流行语进行翻译时，他对英语读者的认知语境的判断应该是更准确的，但是他对于原语的认知语境的判断就可能出现偏差。就如同《红楼梦》两个著名的英译版本，一个是杨宪益和戴乃迭所译，可视为本族语译为外语的典范，另一个是霍克斯(David Hawkes)所译，堪称外语译入本族语的代表。两个译本，一个更多采用直接翻译(异化翻译)，一个更多采用间接翻译(归化翻译)，到底哪一个更胜一筹最后并无定论，这是译者不同的交际意图所致。因此，无论从外语译入本族语还是从本族语译入外语，似乎都有各自的优势也同时存在缺陷。当然翻译实践中的个案因为具体情况不同，可以把这些不确定因素相对确定化，否则翻译实践将无所适从，翻译的标准也将流于空泛。

在古特看来，人们如何能够把一种语言所表达的内容传达给另一种语言的受众？在这个过程中人脑有什么因果关系链能够使这种语际的交际成为可能？什么因素导致了交际的成功或失败？什么方法导致了交际的成功或失败？关联理论所要解释的就是与以上问题相关的内容。对翻译现象进行解释也并不是广义的，而是指通过讨论翻译行为，解释交际如何成功、怎么会失败。古特还指出，对于某些特定文本的翻译，可以被当作"隐性翻译"(covert translation），包括旅游手册、使用说明、广告等文本，翻译的目的不在于提供与原文有相似关系的译文，这些译文的文本完全可以脱离原文，用另一种语言进行表达，因为这些文本的目的，如吸引旅游者、提高销售等，如果可以达到，那么译文的交际效果就达到了。

关联理论对于翻译的贡献在于它提供了一个新的视角，人们开始对翻译过程的认知进行研究。根据关联理论的明示—推理模式（说话人通过话语进行明示，听话人进行推理），古特发展出了"刺激取向翻译模式"和"理解取向翻译模式"，还出现了"翻译的推理空间等距原则"，认为译者必须保证原文读者和译文读者推理作者意图的空间等距，为了达到这个目的，有时需要对那些作者给予意向读者所明示的假设进行可及性调整，以便让不同认知语境的人们有相同距离的推理空间，从而达到期待和相同的认知效果（付出同等的加工代价得到同等的语境效果）（王建国，2004）。

关联翻译观的研究焦点是对翻译的过程进行认知解释性研究，这和关联理论本身的研究对象（明示—推理、语用认知）是一致的，比如涉及"明示—推理交际观"。古特强调再现"交际线索"在明示—推理交际中的重要性，提出了"刺激取向翻译模式"和"理解取向翻译模式"，从而对翻译现象的过程进行描述、对翻译结果进行解释。在微观上的具体个案研究中，人们主要根据关联理论对"隐喻""诗性效果"（poetic effects）等现象进行解释，包括文学翻译在内的各种翻译，如隐喻翻译、影视字幕翻译、幽默翻译、歇后语翻译、话语标记语翻译、反讽语翻译和专有名词翻译等。[①]

[①] 可参见西班牙学者 Francisco Yus Ramos 组建的关联理论研究网址：http://www.ua.es/dfing/rt.htm。

7.2 翻译的语用维度

翻译是一种跨文化的信息交流和交换的活动,其追求的是在意义不变的情况下用另外一种语言来传达原来的语言内涵。对翻译的认识既强调了跨语言特征,也强调了跨文化特征,因此翻译不是把一种语言文字转换成另外一种语言文字的简单替代过程。从本质上看,翻译中语码转换的重点在于意义和信息的表达,原语信息的正确理解是翻译的前提,译语信息的准确表达是翻译成功的关键。正如奈达(Nida,1993)所说,翻译就是翻译意义。但意义不是语言符号的解码结果,多数情况下是以语境为参照推导出来的语用意义,"也即对原语中交际意义的获取离不开对交际主体(如说话人、作者)语用用意或交际意图的推演"(冉永平,2006)。

翻译中包括话语的理解以及话语的语码转换等,既有字面意义也有隐含意义,"其中涉及说话人/作者、听话人/读者、译者之间的意义协商,以及语境(包括物质的、社会的、心理的和语言的)和话语潜在意义之间的相互制约与顺应"(冉永平,2006)。可见翻译是一个以语境意义为对象的多向的动态交际过程。这也体现了翻译的语用特征与维度。其中涉及的不仅仅是原语的理解,还有译语的建构,理解和表达都是在具体的语境中进行的。

翻译的语用维度,在原语的理解层面主要体现在语境的补缺,在译语的构建层面主要体现在语用的充实(同上)。

7.2.1 语境与翻译

语境的问题只要有交际的存在就会永远存在,语内交际如此,语际交际也是如此。作为语际交际不可或缺的翻译活动,由于其跨越了两种不同的语言,对于语境的考虑也应该是多重的。

我们在交际中遇到的语境往往是复杂的、多层次的,大的语境之中往往包含着多个小的、细微的语境,对语境的分析也往往需要一层一层进行,先观察大的语境,如时代、地区等等,然后再网罗小的语境进行分析,如上下文、时间、交际对象等等。把这些都综合起来看,根据交际的内容,可以找到与内容相关度最高的那部分语境信息,并以此为基础,把其他的语境信息叠加在上面,使得原有的那部分语境信息更丰富饱满。

从语用学的角度来说,原语传递的信息应该也是一种以语境为基础、包括语用意义在内的隐含意义的复杂含意。原语说话人传递的信息应该也不仅仅是字面信息,而是存在着大量当时语境下的暗含信息。根据语境寻找原语的言下之意、弦外之音(冉永平,2006)是信息理解和处理的关键。在原语语境是已知的和给定的情况下,语境成了一系列存在于人们大脑中的假设。翻译中的原语理解过程就是语境假设的参与过程,而语境的假设要先对语境中呈现的不完全进行补缺,针对的主要是四种类型的缺损:"(1) 不同语言或语码之间的差异致使原语和译语之间出现不对等甚至不存在的词汇或结构,从而出现'形式空缺';(2) 不同语言或语码之间的社交文化差异致使原语和译语之间出现不同的信息表达形式,从而出现'社交文化的信息空缺',此类空缺亦可产生第一种空缺;(3) 信息交流时,因为依赖于不同的语境假设,说话人/作者可能省缺某些词汇或结构,比如出现省略句(如无主句、动词缺省等)等,从而出现'语境假设空缺';(4) 因受制于不同的交际目的,说话人/作者蓄意使用带有含糊性、指称不确定的词汇或结构,从而出现需要充实的'松散信息'"(同上)。

从流行语的翻译来看,鉴于流行语语用意义的特征,"形式空缺"和"社交文化的信息空缺"的问题应该占主导的位置,在原语向译语的转换中应该更关注这两类问题。

语境的分析层层进行,但是,分析到什么时候可以停止,关键取决于多方面的要素融合在一起是否达到了最佳关联;找到了最佳关联,特定的语境才可以被确定。一旦确定了语境,解读也可以确定，从而选择合适的话语，必要时进行语用加工，然后译出。因此，无论是语内交际还是语际交际，关联是确定语境、理解原文话语、选择译语话语的准则。

7.2.2 语用充实与翻译

语用充实大量存在于日常会话的使用过程中，它在理解和重现话语真实意义方面起着重要作用。听话人根据语境和交际需要，对目标话语进行不同程度的语用加工，以原语语境为基础对信息的缺损进行充实、调整和顺应。

语用充实也大量存在于翻译这样的语际交际之中。而翻译过程中的语用充实又表现出一定的特殊性，即译者不仅需要对言语刺激加以充实，还必须根据他对译文读者认知语境的评估，将语用充实的结果在译文中加以体现。作为交际者的译者在进行翻译时，目的语文本的语码转换往往不是对编码信息的直接转化，而是进行多种语用处理（包括信息的添加、省略或替代等）后的信息转换，依据的就是语言环境、非语言环境、社会文化制约、百科知识、逻辑信息等（张新红，姜琳琳，2008）。

既然我们认为"形式空缺"和"社交文化的信息空缺"的问题在流行语翻译的原语理解的过程中是两个主要的问题，那么在译语的语用充实过程中也就相应地存在着"语用语言的信息充实"和"社交语用的信息充实"（冉永平，2006）。

语言信息的语用充实涉及负载着隐含信息的交际信息的重构和再现，包括词汇等语言形式所隐含的语用意义的再现：不同语言形式之间的语用意义的差别和同一语言形式在不同语境下的语用意义的差别都要在译文中体现出来。这是语言使用中的语境特征。

相比之下，社交文化信息的语用充实，更因为不同语言下社交文化的语用差异而需要特别关注，比如，由于文化表现形式的空缺，或者社交习俗或文化规约的不同，由此产生原语文化和译语文化之间的语用冲突。这些都需要听话人进行以语境为基础的信息补缺;在选择恰当的译语形式的同时,还需进行"以读者为基础的语用充实,比如采用脚注、后注,或通过意译直接传递交际信息"(同上)。但是,显然,一旦采取了意译的方法来直接传递交际信息,那么对于流行语这一类词语,其译文中丧失的信息往往就代表了流行语最独有的交际效果,因而应该放在最后考虑。

要实现不同语言之间相同信息的传递与交际效果的等效,就不能不强调以语境为基础、借助推理才能获取的非明示语用信息以及跨语言、跨文化交际中的社交语用信息,这是实现语用等效翻译的关键。"翻译应该重现原语作者/说话人语用意图,而非语言形式的简单转码。因此,语用翻译观以意向读者/听话人对象为前提,强调原语信息的正确性、译语形式的恰当性、适宜性与可接受性,尤其是交际的语用效果"(同上)。语用信息和语用意义,都不等于一个话语或结构的字面语义,因此对具有交际特征的翻译来说,从一种语言到另一种语言的翻译不是字面上的静态再现,而是一个不断选择、调整与顺应的动态过程。

7.3 流行语英译的个案分析

本节将以流行语"潜规则"和"裸×"的英译为例,以对包含这两个流行语的话语语用意义的解读为基础,充分考虑语境因素对语用意义的临时建构作用,对流行语的意义进行语用加工,再对语用充实之后的意义进行翻译,同时考虑译语读者的认知环境和对译语的接受程度,选择适当的译语话语表达。流行语的翻译是基于语境的翻译,主要是语义泛化翻译原则和隐喻化翻译原则;当需要对极度泛化后的抽象意义进行翻译、却无法体现流行语的新颖和丰富内涵时,可以用加注的形式帮助译语读者更深入了解该流行语的独特魅力。

7.3.1 "潜规则"英译的个案分析

当"潜规则"一词以极其迅猛的速度被人们广泛接受和使用时,不同语境下使用的"潜规则"显然代表了人们对不同事物的评价和认识,只有经过语用充实的英译才能准确传达该词背后难以言说的细微精妙。

一般来说,从流行语的特殊语境中派生出的意义具有一定的联系,即从原型产生隐喻和转喻;而"潜规则"在使用中所派生出的多种含意和词性,则需要对空缺的交际信息根据不同语境进行补缺,消除歧义和模糊现象,顺应关联理论中的关联期待的最省力原则,在译语中进行合理的语用充实,使其意义更加具体化、语境化。"潜规则"的使用代表了一种词汇现象,它表明语言具有复杂的心理基础和社会背景,并表现出很高的文化含量。借助广播、电视、书报和网络等媒介,"潜规则"的语义出现了延伸现象,其本身也呈现出开放性,承受着各种偏离字面的转义,接受并容纳各种新用法。

"潜规则"的英译策略还要遵循汉英两种语言的不同特质。根据语言表达直接程度高低,语言传播方式可以分为高语境传播(high-context)和低语境传播(low-context)(陈琳霞,何自然,2006)。前者表现为传播信息存在于物质语境或内化于个人身上,较少通过语言来明确表达;后者刚好相反,交流双方相互之间必须借助清晰、准确的编码信息,才能达到互相沟通的目的。在中英两种语境中,中文语境属于高语境传播,人们借助相互之间的默契,可以理解隐藏在符号编码之后的各种含义,无须明示。当人们在交流过程中以"潜规则"指向各种看不见的、但是又必须遵循的规则时,无论多么间接委婉,对方总能明白说话者的意思。而英文语境属于低语境传播,为了让对方明白自己的意图,语言表达的直接与清晰就显得格外重要。

翻译可以解码,也可以不解码,也可以在二者之间,故可导致不充分。豪尔(Stuart Hall，1993)强调指出，编码和解码，虽然只是相对自主，却是"具有决定性质的时刻"。所谓决定性质是针对意义而言的，无论是编码，还是解码，都能直接影响意义。翻译是二度编码，自然有机会影响意义的形成。在"潜规则"的解码过程中，译者要设法处理好三种问题：(1)"潜规则"的语篇含义；(2)"潜规则"引发的新义辐射；(3)"潜规则"的词性变化。通过上述分析可以发现，"潜规则"的含义和语境密切相关。鉴于中文的高语境传播特点，翻译的语际交际功能只有通过语境线索才能被使用英文这一低语境传播语言的使用者所理解。出现在不同语境中的"潜规则"，其所指不尽相同，译者要仔细体会，选择恰当的语用充实，把各种含义表达到位。

国内媒体在2006年对演艺圈"潜规则"做了大量的报道，成为当年的一个热点。据某演员揭露，为了得到角色，很多女演员"用身体换角色"，通过和导演、制片人发生关系来获取机会，已成为演艺圈的"潜规则"。对于这一"潜规则"曝光事件，国内英文媒体报道如下：

(1) The aspiring actress decided to choose the Internet to blow the whistle on some of China's top TV and filmmakers—those who have demanded sex in return for roles in their soap operas and movies. She made films herself by releasing 20 graphic sex videos of her and a host of big names. The videos expose how China's **casting couch** works. [1]

(2) The most oft-repeated phrase for this sleazy story is "**the hidden rule**", which governs the casting of

---

[1] 参见中国国际广播电台网站：http://english.cri.cn/3086/2006/12/04/44@170363.htm。

unknown young actresses. Plainly spoken, they have to offer sex services to those in power, usually the casting director, the director and the producer, in order to get a chance to pry open China's Tinsel-town of glitter and glamour.①

中国日报英语点津栏目(Language Tips)最先讨论该词的英文表达,发现娱乐圈现行的"潜规则"和美国电影界长期存在的"casting couch"如出一辙;而当"潜规则"在各个领域被广泛使用后,对那些不以"性"为外延意义的"潜规则",比如医生违背职业道德向病人收取红包的"潜规则",提议用"hidden rules"来表达。②前者以英语国家的社会存在和常用说法为依据,准确地道;后者则是一种泛化的英文表达。作为一个编码符号,"潜规则"借助语境,在中文里具有丰富的"所指"和语用含义;而"casting couch"和"hidden rules"在英文中的所指则显得较为单一和直白,二者和中文里大量的"潜规则"流行语在意义上只存在部分重合。

中文高度概括性的语言表达,尤其是一些已经深入人心的习惯性表达非常精练,省略了相关的主题信息,对于原文读者,这些表述不会造成任何障碍,因为他们在原语环境中的认知语境足以让他们轻松清楚地理解言语的意义;而对于目的语读者而言,有可能会因为百科知识和认知环境的不同而无法理解原语的表达内容,这时,译者就要积极地充当沟通的桥梁,为其补充合适的认知语境,使其顺利理解原文意义。在中文语境中为大家心知肚明的"潜规则",译入英文后,可以泛化为"hidden rules",但在实际使用中,许多情况下需根据在不同语境的意义,采用不同的对应英文词

---

① 参见《中国日报》网站:http://www.chinadaily.com.cn/china/2006-11/30/content_746700.htm。

② 参见《中国日报》网站:http://www.chinadaily.com.cn/language_tips/2006-12/20/content_763972.htm。

汇或表达加以传译。倘若处理不好，有时会失去其在原文中的味道，甚至让英文读者感到莫名其妙。在翻译过程中，应该先解读"潜规则"在不同语境中的各种含义，根据关联理论寻找话语中的关联性，并进行恰当的语用充实后译入英文。

在中文语境中，无论所指对象如何，"潜规则"的一个特征就是"潜"，带有"不明显""暗藏"，或"不言而喻"的特点。根据语义分析法，一个词之所以能指称一类对象，是因为这类对象的基本属性被概括为一组语义特征而组成了该词的义项。在诸多特征中，"潜在"是"潜规则"所指对象最突出的特点。在英文中，可以表达"潜在"含义的词语有很多种。在《韦氏大词典》(*Merriam Webster's Collegiate Dictionary*, *Tenth Edition*)中，可以找到如下方式：

Concealed：to prevent from disclosure or recognition (p.238)

Hidden：being out of sight or not readily apparent (p.546)

Implicit：involved in the being in the nature or essence of something though not revealed or expressed (p.583)

Potential：existing in possibility, capable of development into actuality (p.912)

Tacit：expressed or carried on without words or speech (p.1199)

Underlying：1. lying beneath or below 2. evident only on close inspection (p.1288)

在"潜规则"的英译过程中，这些词语为译者提供了除"hidden"之外的更多选择。比如，为了某些不可告人的利益关系，"潜规则"一般在暗中操作，"concealed"就准确揭示了这一特点。再者，某些"潜规则"存在着"明化"的可能，成为真正的规则，表达这一特征的最佳选择应该是"potential"。此外，译者也可以用"tacit agreement"来表达利益双方达成的不成文的默契。

在此基础上，让我们回到第五章"潜规则"的各种实例中，试着找出较为合适的英文表达方法：

例(1) 已成"行业潜规则"，租车公司为何不用"租赁"性质车辆？

8月22日，红星新闻记者以消费者的身份，走访成都10余家小型租车公司，提出想租一辆使用性质为"租赁"的车辆，但没有任何一家租车公司能够提供。记者也表明身份，采访了几家租车公司的老板(应受访者要求不具名)，对方均告诉记者，使用"非营运"车辆租赁是行业普遍现象。

记者提出租用"非营运"车辆若出现事故，保险公司不予理赔怎么办，一家租车公司工作人员直言："你就说是借朋友的车，我做租车这么久，出险的也不少，就没有遇到过不赔的，只有一个客户不听劝，说好了不要说是租的，结果转个背就把(真实)资料提供给车管所。"记者表示自己很诚实不会说谎，他则说："诚实归诚实，但有时候不能'迂腐'。"

而一些车险从业者也对这种现象心知肚明。一名车险从业人员告诉记者："我们确实知道他们用'非运营'车来租，但是(报险的时候)我们没有办法一一核实。"另一名车险从业人员表示："(租车行业利用潜规则)减少运营费用是'人之常情'，只能说不出事就算了，出了事也该承担法律责任、经济责任。"

——《红星新闻》2023年08月24日

例(2) 人们在消费时经常遭遇一些"潜规则"，比如找搬家公司谈好价格却临时被告知要按楼层加价、买窗帘遭遇商家收打孔费等。所谓"消费潜规则"大多是商家的"不成文规定"，或所谓的"商业惯例"，消费者面对商家的这些"商业惯例",即使很不情愿,但通常只能被动接受。这些"消费潜规则"实际上存在侵犯消费者知情权、选择权的问题。你遇到过"消费潜规则"吗?

近日,中国青年报社社会调查中心联合问卷网,对2015名受访者进行的一项调查显示,73.8%的受访者遇到过"消费潜规则"。装修(46.3%)、家居产品(40.2%)和电子产品(35.2%)领域被认为最容易出现"消费潜规则"。面对"消费潜规则",59.6%的受访者觉得维权不容易。67.8%的受访者建议完善立法,打造对消费者友好的法律环境。

——《中国青年报》2018年11月15日

例(3) 泰国队和越南队目前分别以4分的积分成为各小组的领头羊。东道主从"鱼腩"变成"黑马",成为本届亚洲杯的一大亮点。

反观那些东道主球队,在主场优势的心理暗示下,既不消极防守也不盲目进攻,而是步步为营地发挥自身快速灵活的整体优势。一旦对手心浮气躁导致防守出现破绽,他们的偷袭战术就有了用武之地。泰国等东道主球队接连击败西亚劲旅,离不开天气和东道主优势这块土壤。然而,如果没有一定实力作为基础和保证,"鱼腩"部队就算有再多的潜规则优势,也无法"咸鱼翻身"。

——《解放日报》2007年07月14日

例(4) 时评版面不接纳评论同城报纸的稿件,这或许并不是白纸黑字的"制度",却似乎是一种业内心照不宣的潜规则。这样的潜规则存在的理由很简单,同城的报纸在报业的竞争中,对手如敌国。选用作者评论同城其他报纸新闻的时评,仿佛在某种程度上认可了对方新闻采编的水平和能力,同时承认了自身新闻敏锐度的不足。

——《中国新闻出版报》2008年09月25日

例(5)但数日来,中国政法大学的校园BBS"沧海云帆"上,种种揣测不绝于耳,信息海量增长,关于此事的讨论几乎占据了主要板块。事发当晚,有学生网上发帖称,程某与付某女友有暧昧关系,导致血案发生,"情杀说"与"师生恋"的说法开始流传。此后,有人一度在"沧海云帆"论坛发帖称,"付某是因为女友在保送读研期间被程某'潜规则',因此心理失衡产生报复"。

——网易2008年10月29日

例(1)中,"使用'非营运'车辆租赁"是汽车租赁行业普遍存在的"潜规则",考察社会语境后,可以采用明示的译法使之具体化,译为"the hidden rule of using non-operating vehicles for rental"。

例(2)中的"潜规则"已明确说明是指所谓的"商业惯例",不如就采取明晰的方式,译为"business practices",让读者一目了然,而不一定要坚持译出"潜规则"三个字。

例(3)中,东道主球队在比赛中受到裁判偏袒是足球圈内的常见现象,只要裁判没有过于明目张胆,没有人会提出异议。这种"潜规则"可以译为"umpiring in favor of host team"或者是"hidden practice of side umpiring",将隐性信息明晰化,表明这一违背公平原则却通行的做法。

例(4)中,已经明示给听话人"慎评同行",是新闻界不言自明的"潜规则",为了双方的共同利益,同行间避免恶性竞争和相互攻击,"tacit agreement"可以说准确传达了这层含义。

在例(5)中,"潜规则"已转义为动词,蕴含着"性侵犯/性骚扰"

的意思,"casting couch"从意义上相近,也可以根据语境进行语用扩充,延伸到娱乐圈之外的其他领域。但受词性限制,译者可采用灵活的变通方式,译为"sexually harassed or taken advantage of"。

最后,笔者还就"潜规则"的翻译和来自美国的学者进行了讨论,了解以英语为母语的人如何表达现实生活中的"潜规则"。他指出,美国人都能领会"hidden rule"和"unspoken rule"的含义,但他们对这类规则较多理解为行为规范,比如"You don't call your boss by first name."有趣的是,提到"用身体换机会"的潜规则时,一些人会用"casting couch",也有人干脆说"interview sofa"。此外,还有一个直截了当的说法——"quid pro quo(报酬,交换物)",意思是"something for something",这个源自拉丁语的表达准确道出了"潜规则"背后的利益关系,值得借鉴。当"潜规则"变成"钱规则",或者暗指"以物换物"的交易时,就可以采用"quid pro quo"的说法。

7.3.2 "裸×"英译的个案分析

《咬文嚼字》编辑部2009年发布的十大流行语中出现了"裸"。翌年,北京语言大学发布的流行语中,"裸捐"一词便出现在文化类流行语中。之后"裸×"家族中新词不断出现,在百度上搜索,截至2023年8月,光是"裸×"的搜索结果就达到7 450万条。"裸×"广泛流行,并不断被赋予新的意义。

就"裸"字本身来说,其意思是"露出,没有遮盖"(《现代汉语词典》第6版),词语如"裸露、裸体、赤裸裸、裸子植物"等。翻译成英文应该有"naked, bare, nude, undressed, stripped"等等,比如"裸体"就是naked,"半裸"就是bare to the waist或者stripped to the waist,"裸体画""裸体雕塑"就是a nude。

作为流行语的"裸×",是流行语框填式结构的典型例子,其"框",即作为流行语主体的"裸"是取其"只有本身事物,没有装饰、没有附加物,也不讲条件"的引申意义。从"裸×"的自身结构来看,"裸"修饰限制了后面的"×","×"可以是动词,如"奔、捐、考、退、辞"等,也可以是名词,如"妆、婚、分、博、官、价"等,"裸"通过与它们的组合,表示此种动作或事物呈现出一种引申意义上的"裸"的状态。

"裸×"框填中非常流行的组合词有:裸妆、裸婚、裸考、裸博、裸官、裸捐、裸退、裸辞等等。如果不考虑在"×"中填入的到底是什么,在什么语境下使用,这些组合词的英译几乎无法实现。在语境缺失的情况下,naked、nude、bare 等英文词语不能拿来直接使用,比如"裸婚"决不是搞 naked wedding。因此先结合原语的话语语境,对"裸"的引申意义进行明确化,然后根据其语用意义,再对其英译进行语用充实,才能准确传达各种"裸×"在话语中的交际意图。下面以以上提及的一些"裸×"为例,说明其在语境中是如何解读并经过语用充实英译出来的。

例(6)彩妆能够让人变得年轻、有活力,也能够让一个妙龄少女变成老成的"大妈"。想要抛开呆板、俗气的大妈妆容?赶快来学习一下气质清新的韩式裸妆吧。韩式裸妆以透薄为重点,坚持表现出最自然、没有彩妆痕迹的妆容效果。下面一步步地教你画韩国最流行的清透裸妆,能让你瞬间变成超有气质的自然派美女哦,不学你就亏了!

——太平洋时尚网 2014 年 8 月 25 日

例(7)"我没车没钱没房没钻戒,但我有一颗陪你到老的心,等到你老了,我依然背着你,我给你当拐杖,等你没牙了,我就嚼碎了喂给你,我一定等你死后我再死,要不把你一个人留在这世界上,没人照顾,我做鬼也不放心。童佳倩,我爱你。"——《裸婚时代》说出了无数男生的心里话。但是回归到现实生活,裸婚,我们真的幸福吗？有人多现实，就有人多浪漫。裸婚对于那些浪漫主义者来说，是最纯粹的爱情，是他们一生所向！而裸婚对于现实主义者来说，则相当于爱情的死亡，生活的不幸！你如何看待裸婚与婚姻的幸福呢？

——网易公开课第 22 期

例(8)"裸考时代"何时来临？高考加分设立的初衷，本是为了照顾弱势群体，兼顾考试公平，但这项政策实施若干年，眼下却因为弊案频出，而带来越来越多不公平，正遭遇多方抨击。因为高考加分政策并没有真正惠及那些应该受益的人群，反而成了一些权贵左右高考的手段。只要存在加分制度，就有人琢磨怎么造假。在当前无法保证加分政策公正的情况下，不如取消。

——搜狐教育观察第 30 期

例(9) 昨日，刚刚参加完国考的东莞理工学院刘同学说，"我是来'裸考'的，之前两个月都在实习和找工作，没空复习，这次纯粹是因为交了报名费，来体验一下的。"她告诉记者，感觉到公务员考试有所"降温"，"班里只有几个女生报考"，究其原因，她认为是"现在公务员不好当，我表姐就是公务员，她说现在好大压力，没有以前那么好了。"

——公务员考试网 2014 年 12 月 1 日

例(10) 最近两天，网上流传着一份全国部分高中名校 2016 年考入清华北大人数名单。榜单上统计了全国各重点中学被北大、清华录取的总人数排名，山东省有 17 所高中入围。记者采访中了解到，北大清华今年在山东一共录取了 307 人，而纯凭裸分考取的，仅有 124 人。

众多的考生通过自主招生、保送生、专项计划、综合评价招生等多种方式进入这两所名校,受此影响,小县城进入国内顶尖高校的机会,如今也越来越少。

——手机人民网 2016 年 10 月 13 日

例(11) 博士毕业没有工作经历的人,在这两年被冠以"裸博"的称谓,而这一称谓越来越被指代国外大学培养的博士。让博士"裸"成"裸博"的原因,就是这博士资历光光,难以成为其光鲜的外衣。而海外自然科学领域的"裸博"们近两年发现回国找工作越来越难,这让不少人颇感叹息。

——和讯网 2012 年 2 月 13 日

例(12) 裸官已经成为干部队伍的"毒瘤"、干群联系的"冰山"。"人民日报政文"记者刚刚从中组部获悉:根据中央决策部署,2014 年,各级党委(党组)及其组织人事部门进一步加强"裸官"管理监督。截至目前,结合开展领导干部报告个人有关事项工作,全国共有 3 200 余名副处级以上干部报告了配偶或者没有配偶但子女均已移居国(境)外的情况;对近千名在限入性岗位任职且配偶或子女不愿意放弃移居的领导干部,全部进行了岗位调整。

——观察者 2014 年 12 月 15 日

例(13) 对于中国富豪们热议的"裸捐"话题,阿里巴巴集团创始人马云上周末在一个公开演讲中发表了自己的看法,他表示,财产一点不留给孩子和全留给孩子都是不负责任的,并认为"不考虑自己的人,不要相信他会考虑社会","无私就是最大的私"。

马云认为"不给孩子留下任何东西,这也是不负责任的",同时他也认为,"都留给孩子是肯定不负责任的"。这个折中方案可能代表了中国这个推崇中庸之道的国家的企业家们的普遍想法。

——网易科技 2010 年 9 月 14 日

例(14) 在北京这个生活节奏超快的大都市,多数上班族都顶着巨大的工作压力,身心疲惫达到了极限,或长期缺乏工作幸福感,让不少人都难以在一个岗位上长期坚持下去,频繁跳槽已经成为当下年轻人的常态。在老人们的传统观念中,找工作这事一定要"骑驴找马",除非找到了下家,否则一定不能贸然辞掉眼下的工作,以免工作间断,造成收入"断顿儿",同时还会影响工龄和社保的接续。但这些传统的老观念到了追求自我和个性、充满叛逆感的 90 后眼里,根本不足以成为阻挡他们打破现状、追求工作的新鲜感和幸福感的理由,选择裸辞的年轻小白领正在逐年增加。

——搜狐教育 2014 年 2 月 12 日

以上 9 个例子中的"裸×"在各自不同的语境下凸显出"裸"的引申意义的某一方面。

例(6)中,"裸妆"一词使用的语境中包含了"气质清新""最自然""没有彩妆痕迹""清透"等信息,强调了"裸"的含意中的"没有装饰、没有附加物"的特点;另外鉴于 makeup 一词的动词应该是 wear,而没有穿(not wearing)常用的英文词语应该是 bare(如 bare feet),因此"裸妆"可以译为 bare makeup。

例(7)中,"裸婚"代表了"最纯粹的爱情""没车没钱没房没钻戒""有一颗陪你到老的心",因此,婚姻中"裸"的不是爱情,而是车、钱、房、钻戒等东西;对于爱情来说,这些东西都是物质层面的而非精神层面的,因此"裸婚"中的感情不附带任何条件,两手空空依然可以结婚,可以不办婚礼,不穿婚纱,不戴戒指,不请客,不买房,也不搞什么蜜月旅行,只是领个结婚证,可以译为 bare-handed marriage, simplistic marriage, flat marriage, 或对此进行加注,即 get married without a house, car, diamond ring or grand wedding ceremony, 使其语用意义更加明确。

例(8)和例(9)中都出现了"裸考"一词,但是因为语境的不同,显然两个"裸考"的含意是不同的。例(8)中,高考"加分制度""取消加分"等语境信息使得我们对这里的"裸"的假设成为"没有加分、不加分、只有考试成绩本身",因此,这里的"裸考"可以译成 no-extra-points examination。而例(10)中的"裸分"更清晰地表达了这一相同的含意,即没有"通过自主招生、保送生、专项计划、综合评价招生等多种方式进入这两所名校"。而在例(9)中,语境提供的信息是"没空复习""来体验一下",因此该例中的"裸"是"没有复习准备",因此,可以译为 non-prepared examination。

例(11)中,"裸博"的语境信息是"没有工作经历","裸"是"不带有某个附加的条件",可以在翻译中进行解释,即 doctorate holders without any practical experiences;当然,这样的译法有点冗长,鉴于 green 在英语中表示"没有经验",是否可以试译为 green Ph. D. (doctorate holders)。

例(12)中,"裸官"的身份确定主要根据"配偶或者没有配偶但子女均已移居国(境)外的情况",这些年,中国出了许多"裸官",其中有不少贪官,他们贪赃枉法,把存款、妻儿都安排到国外,准备必要时逃亡他国。英语没有类似的说法,因此,翻译时只能将译语充实为 those officials who have put all their savings, or rather illegally gained money in foreign banks and sent their families abroad;国内对此的相关报道的英文则使用了相对简洁的表达:"Government officials whose spouses have moved overseas will not be promoted according to a regulation released by the

Organization Department of the Communist Party of China Central Committee, the Party's top personnel agency."①

例(13)中,"裸捐"不是没有捐,而是捐过之后,自己的财产就"裸"(没有)了,即语境中的"财产一点不留给孩子";而"裸捐"的最初倡议者是世界首富比尔·盖茨,这种情况下,"裸捐"的英译就有了参照,对比尔·盖茨的善举,英文的完整表达可以是 donate his entire fortune to charity after his death,也可以简单说是 all-out donation②,thorough donation(陈德彰,2011)。

例(14)中,"裸辞"的语境信息是"传统观念要骑驴找马,90后追求自我和个性,对传统观念叛逆",因此90后并不"骑驴找马",即"没有在还未辞职时就找好下家",也即"辞职时没有找好另外的工作"。对此的英译可以是 naked resignment,但是对此也有必要加注,即 quitting a job without having another job lined up。

从以上各例可以看出,"裸×"的翻译无一不是通过语用充实达到的,直接在前面加上 naked 等词往往令英语读者不知所云。而语用充实的依据就是其使用的语境。语境的信息帮助流行语的语用意义得以被解读出来,也决定了译者在译语中如何对其进行语用加工,使译语读者也可以获取对等的语用意义。

7.4　流行语语用充实对翻译的启示

"潜规则"和"裸×"的英译尝试让我们更多关注和思考那些新兴的、反映现实的流行语的英译。中国需要向世界介绍自己,世界也渴望了解中国的发展。越来越多的新词成为我们生活不可分割

---

① 参见《中新网》网站:http://www.ecns.cn/2014/01-17/97417.shtml。
② 参见《中国日报》网站:http://www.chinadaily.com.cn/language_tips/trans/2010-07/06/content_10071999.htm。

的一部分,也成为世界了解中国的窗口。语用充实后的翻译帮助新词走向世界。

在改革开放30周年纪念大会讲话中,时任党中央总书记的胡锦涛同志的一句北方方言"不折腾"也给了新词的英译更多的思考(施燕华等,2009)。《现代汉语词典》(第6版)对"折腾"有三个释义:翻过来倒过去;反复做(某事);折磨。汉英词典给出的释义与汉语词典相当。在中国政治生活中所说的"折腾",除了以上三个特征还有特定的政治含义。当时的总书记使用该词的完整语境为"只要我们不动摇、不懈怠、不折腾,坚定不移地推进改革开放,坚定不移地走中国特色社会主义道路,就一定能够胜利实现这一宏伟蓝图和奋斗目标"。"不折腾"后的两个"坚定不移"成了理解"不折腾"的注解,也给了语用充实依据,因此,可以译为"no hassle over ideology","avoid self-inflicted setbacks","no political fuss",使得海外受众的理解能够明晰。

另一种有意思的观点是,使用汉语拼音的"bu zheteng"作为英译,2008年12月30日,国务院新闻办发布会上的现场翻译就直接使用了"bu zheteng"。而另一对曾经出镜率奇高的词"给力"和"不给力"则被完全生造出了对应的英文单词"gelivable"和"ungelivable"。这种创造体现了中西合璧的造词逻辑。前缀"un-"在英语中表示否定,可翻译为"不";后缀"-able"在英语中表示单词为形容词;而中间的"geli"却是直接音译自中文的"给力(geili)"。与其他英文单词相比,这一"中式英语"单词基本上符合了英语造词规则,并立刻大受欢迎。如果"gelivable"有朝一日能够被收录进英语词典,那就为汉语流行语的英译开辟了一个新的道路,随着中国国力的增强和世界影响力的不断提高,假以时日,海外的受众会主动了解中国的一切,并逐渐接受我们约定俗成的语言。

对以上的译例进行总结,我们大致可以看出在流行语的翻译中以下几个步骤:

（1）对流行语概念意义的理解。这是翻译的基础，是整个过程的重要步骤。其中实际上已经包含了更细化的步骤，如，首先要识别流行语的明说部分的意义，其次识别流行语暗含部分的意义。

（2）对流行语的语用意义进行语用充实。根据具体的语境，充实的过程可以是拓展、收窄和隐喻化等，这时，必须仔细考虑语境。

（3）在得到流行语完整的概念意义和语用意义之后，通过使用词典等工具书找寻符合两者的英文表达，这时找寻到的英文表达可以是多个，以备选择。

（4）查询平行文本，这是整个过程的另一个重要步骤。寻找英文的文本中是否有类似的表达需求，如果有，把找到的平行文本与备选的英文表达进行比对和筛选，尤其是要比对两者的语境，看是否具有相似性。

（5）选出一个相对最佳的表达方法，放入译文的语境之中，进行检验和调整，看该表达是否在语言层面与其他语言单位契合。

（6）如果在（1）（2）之后，因为文化信息在他语中的缺失而无法进行（3）（4）（5），则用直接翻译的方法，并添加注释予以说明。

层出不穷的汉语流行语和新词给翻译和跨文化交流带来了理解和表达上的困难，但也丰富了英语的表达。翻译是一个不断选择、调整与顺应的动态过程。语用翻译观强调对原语信息的语境补缺以及译语的语用充实、语用顺应，并不追求原语和译语形式的对等，其实质在于实现交际意义的语用等效。"潜规则"等系列流行语在中文语境里的各种含意给译者带来诸多考验。只有加强对新词的认识，通过具体语境来解读，才能有目的地找到合适的英文表达，并不断修正调整，让内涵丰富的"潜规则"们在提倡明晰的英文语境中"浮出水面"。

第八章 结 语

在本研究的结论部分,将对整个研究的各个方面进行梳理,提出研究的主要发现、研究的不足和未来研究的展望。

8.1 研究的主要发现

本研究对狭义概念的流行语作了重新界定,明确了研究的对象。根据研究对象的特点,本研究以关联理论和词汇语用学为理论框架,分析了流行语在基于最佳关联的假定下,语用意义的认知机制和推导过程。这个推导过程也是词汇语用学所研究的语用充实过程。对流行语进行概念意义和语用意义的推导之后,流行语基于语境的解读也会水到渠成,在此理解的基础上,本研究对流行语的个案尝试进行了翻译,描述了翻译的过程,为流行语的翻译实践提供了启示。具体说来,本研究的主要发现如下:

(一)流行语的理解经历了基于最佳关联的认知加工过程。不同的语境下,流行语会传达出符合语境的语用意义。

1. 一般来说,在话语交际过程中,听话人对听到的话语进行意义上的临时构建,通过不同的语用加工,来把握说话人需要传递的具体概念意义,推导出话语在特定语境中的含意。流行语和一般话语一样,同样要解决两个层面的信息解读,一是明说部分的解读,一是暗含部分的解读,并且按照一般情况,听话人总是在解决最基本的明说部分的解歧、概念指称等概念维度问题之后,才会进一步去解读之后的其他维度,即人际维度和修辞维度。

流行语的歧义现象来自其"旧词新义"形成方式和语义泛化的发展规律,流行语的多义性、不明确性等语用意义的特点,使它们很多情况下需要在语境中首先解歧。解歧过程就是在多义中根据上下文进行选择,只要是有了足够的语言语境,语言层面的歧义解除是可以实现的;但是当语言内部的因素不足以对听话人的解读提供选择的依据时,言语场合和社会语境就应该是被考虑的因素。交际双方的表达和解读没有完全统一时,听话人需要在非语言语境中自动搜寻关联的信息,其间涉及对社会规约和百科知识的认知,并以这些要素为依据推出其语用意义。确定指称也必须在语境中寻找最符合关联原则的指称对象,仅仅依靠语言层面的解歧有时并无效果,更多语境因素需要被考虑才能得出选择,包括话语间的关联程度和某一关联的可及性。

　　流行语的暗含部分的理解比明说部分更为复杂。流行语本身就有隐含之义,多个隐含之义彼此交织融合,表达出复杂的情感和态度。流行语经过不断的扩散使用,其语义不断泛化和隐喻化,产生大量的隐含之义,因此对流行语暗含部分的理解是听话人一定会去努力实现的。听话人一般在大脑中已经储存了若干该流行语最基本的隐含之义,他接着需要把这些隐含之义与流行语使用的当下的语境相结合,推出语境假设,看哪一个假设能够付出较小的努力,获取最佳的语境效果。这个过程也是听话人头脑中对流行语认知的旧信息与语境所能提供的新信息相互作用的过程,即语境化的过程。旧语境的信息不断得到修正、充实和优化,形成话语处理和推导的基础。

　　2. 流行语的语用意义要基于语境,通过语用充实才能获取。流行语扩散过程中的语义泛化是流行语最终广泛流行的最关键的步骤,因此,流行语的语用充实过程应该更多集中在语用意义的拓展上,以便能更多地涵盖多语境情况下的指称对象,语义的抽象性也越来越高,逻辑语义被不断淡化和剥离,流行语的语用意义得到不断拓展。当流行语的最初含意在后续使用中凸显出了某一特定的部分,并被广泛接受之后,有时特定话语语境下的解读反而要把语义收窄,逆向寻找其在有限范围内使用的初始含意。

除了拓展和收窄过程,流行语理解还必须关注其隐喻化的理解,因为隐喻是创造流行语的重要认知模式。流行语产生和扩散时,人们使用隐喻的思维方式认知事物的结果,隐喻化中的语义转移为词语意义的扩展提供了平台,并随着使用的限制被不断突破,流行语有时候使用时几乎没有了规范,所可能产生的语言性隐喻也会不可穷尽,对其解读也只能依靠与出现的语境相结合,凸显出隐喻意义,听话人才可能选择出符合当时最佳关联假定的解读。

当语言语境和言语语境在共同对流行语的语用意义的认知产生作用,并借助语用充实的手段明确流行语的语用意义时,人们在使用中对流行语理解上的认知联想也可以辅助流行语在多语境下的解读。感性联想和理性联想帮助听话人在不同的流行语话语语境中,构建出本体和喻体之间的联系,通过形象思维,或者通过抽象思维。通过不同的认知联想,总能找到符合话语场景的理解;许多情况下多个联想方式共同运作,与流行语最初的语义进行对比和筛选,找寻联想最可及、最具有关联意味的话语解读。交际双方不同的认知和经验注定了流行语的浓缩内涵不会被完全复原,联想也因此变得不可控。但是共享的认知和经验又保证了交际依然能够进行下去;听话人解读出的意义虽不能完全复原说话人的本意,却是对话语含意的另一种创新和补充。认知联想极大地发挥了交际双方的主观能动性,赋予流行语更鲜活的生命力。

3. 流行语语用意义的多个特点决定了其解读的独特性。流行语的不确定性和不透明性来自其内涵的逻辑意义越来越被抽象化,最后甚至成为一个抽象的区别性标记。流行语有时几乎可以被解读为与任何语境相关的含意,有多少语境就有多少不同的解读。人们几乎可以按照自己的意愿和理解任意使用它们,其语义也随之不断膨胀并含混不清。相应的解读几乎到了不借助语境就很难把握确切意义的地步,因此具有了鲜明的个人色彩和对语境的强烈依赖。

此外,流行语的典故性和隐喻性难以完全分开,可以说两者是相辅相成、互为作用的,其间并没有绝对清晰的界线。有典故来源的流行语因为隐喻性的语义泛化得以迅速传播和扩散,而隐喻性的流行语最初几乎都涉及某一特定的时间或人物。流行语的起源事件有时仅仅是偶然事件,隐喻化的过程使之产生了新的意义,并与许多其他语境能够建立起一种相似性的关系,从而获得了原来没有的非字面的意义。在许多与起源事件的语境相似的语境中,人们使用具有典故性的流行语,想表达的是由典故性所获取的隐喻意义。其解读也要把隐喻意义编织到各自独有的话语中,与流行语的原始语境产生类比,引发联想和共鸣,并借此实现具体的交际意图,体现独特的交际价值。

(二)流行语传达出的认知效果更多体现在概念意义的语用充实和隐含意义的语用推理之后,尤其是对弱暗含的推理所得到的诗性效果。传达的认知效果需要听话人付出比理解普通词汇更大的加工代价去获得。

流行语中相当大的一部分语言表达的含义用普通词汇基本上也可以表达。这一类流行语与那些新词不同。新词的出现是因为人们找不到合适的词语来表达新兴的事物,所以才需要创造新词来满足表达的需要;而那些已经有了常规表达方式的事物,却越来越多地用话语意义相似而语用意义不同的流行语来表达,这一现象说明,流行语一定是具有比普通词语的常规表达更丰富更达意的内涵,更能传达说话人的意图。这种含意的解读就是暗含之义的解读,其中尤其是以弱暗含为非常重要的解读内容。

很显然,人们如果在说话中使用流行语,达到的表达效果与使用普通词语的表达一样,流行语就失去了使用的价值和意义。人们使用流行语往往期盼着达到某些额外的认知效果。从某种意义上来说,作为一种间接的表达方式,流行语会引发更多的理解可能,某些可能的表达可以是显明程度不强的弱暗含,而对这些弱暗含的解读,因为其不显明性,需要听话人付出额外的加工代价,当然也会收到额外的解读成效,来抵消所付出的额外加工代价。更进一步来说,这种表达是比间接表达更间接的隐性表达,得到的解读往往更为精妙,能给予听话人更多的理解上的满足感。

流行语中体现出来的个性和语境依赖性,使其具有了普通词语没有的优势:它们的意义是极其多元而复杂的,暗含和弱暗含合在一起组成了非常庞大的意义群;人们的话语变得更加间接和隐晦,话语的真正意图到底是什么似乎越来越难以弄清楚,所谓"仁者见仁智者见智",流行语让交际变得意味深长、变化多端,人类思维的复杂性和多层次性通过流行语得到了真正的体现。

(三)流行语的意义解读带给翻译一些启示,流行语的翻译是一种基于语境的翻译。没有语境的辅助,流行语的翻译难以达到准确传达的目的。流行语本身就以其不确定的意义而区别于普通词语,如果不考虑使用的语境,翻译简直难以下手。太多的模糊和不确定让人无法看清话语的真正意义,还谈何翻译?因此,只有先解决了理解的问题,翻译才可以往下一步走。

本研究具体总结了六个步骤,希望能对翻译的理解和接下来的翻译过程有所启示。这些步骤是对前面研究中语用认知解读的实践,具有一定的可操作性。如,解歧和指称确定的明说解读;之后的暗含之义的解读;解读中基于语境的假设;以关联为制约,对假设在语境中可及性进行研究,考察其是否符合最佳关联假定;解读中对流行语意义的特点通过选择译文的词语加以体现;译文传达弱暗含和诗性效果;译文提供的足够话语信息,以鼓励相关联想,等等。

8.2 研究的启示

本研究的发现也为现有的研究和后续的研究带来一些启示。

（一）对流行语下一个泛泛的定义，研究很难有针对性，也就难以深入下去得出有意义的结果，这是本研究对于流行语界定的启示。本研究为对能产性汉语流行语的解读研究，首先对多个媒体近十几年发布的大量流行语进行了梳理，结合词典对"流行语"一词的释义和研究者对"流行语"一词的定义，提出了具有研究价值的流行语类别的界定。根据研究的角度和预期，来界定符合自己研究要求的流行语类别。

（二）对流行语的研究终究要落实到其使用中，因此，对其在使用中语用意义的解读应该是对流行语研究的中心。

从理论上看，流行语的解读研究应该是对流行语使用的动态过程的研究，特别是它们在传播过程中的语义扩散和语法属性的变化更值得我们去关注，因为只有这些使用和变化才是流行语的核心和精髓；从这些使用和变化中我们可以窥探背后深层的原因，比如，语言运用反映了一般和普遍的行为规范；个人能否被接纳成为某一团体的成员，取决于他的语言使用是否符合该团体当时的语言实践；流行语流行的个中原因无非源于以下若干点：(1) 它们反映了社会最新发生和出现的事件、观念等；(2) 它们新颖生动，比普通词汇具有更丰富的内涵和表现力；(3) 它们代表了一种当前被不断仿拟和传播的语言实践；(4) 它们顺应了人们在语言使用中的趋同和从众，同时又标榜创新和求异的心理。在大众传媒并不发达的过去，社会中人们的交往范围往往非常有限，人的活动范围也窄，交往的社会环境也相对单纯，人们对语言变异的需求也很小；而在大众传媒极度发达的今天，人们的活动范围大大扩展，交往的范围也可以延伸到社会的各个角落，那么人们对于语言变异的需求也大大增加，多样化的语言表达也成为交往的必然要求。

基于这样的理论背景，对应用中流行语的解读研究会更有针对性，解读会更加关注人们的使用心态和社会现实，也就是说更能把语境的因素放大进行考虑，把流行语的解读进行语境化，从而得出符合语言规律也契合使用意图的最合理适切的解读。

（三）流行语语用意义的解读和在此基础上的翻译,对词典编纂、词汇学和跨文化交际都有启发作用。

词典的静态性和流行语的动态发展处于一个相对矛盾的状态。词典的编纂速度永远赶不上流行语的发展速度。为了紧跟时代的发展和变化,词典的编纂者始终需要考虑把一些新的词汇收入词典之中。然而,不是所有新出现的流行语都应该被收入词典。词典的权威性和可靠性决定了被新收入词典的流行语一定是符合某种标准的。那么对流行语意义解读和使用的研究,就可以为词典编纂中流行语收入的标准提供启示。层出不穷的流行语中,有一部分经历了时间和历史的考验,已经具有了稳定的语义、构成形式和使用范围,并被大众接受得以广泛使用,这些流行语更具备进入词典的条件,因此,可以进入词典的候选条目之中。

词汇学的研究越来越注重词汇使用中的研究,即词汇的语用研究。流行语的词汇语用研究为词汇研究拓展了研究范围,提供了新的例证,也为词汇研究提供了启发。词汇学研究可以更多关注词汇在语境中的动态意义,对词汇的理解也应该更加基于语境来实现。

流行语的翻译为跨文化交流提供了更通畅的渠道。当今社会没有哪一个国家可以独立于其他国家而快速发展,跨文化交流成为必然趋势。流行语作为最直接反映国家和社会现状和变迁的显示器,具有重要的意义。流行语的翻译给跨文化交流也带来了启发,对流行语进行英译,介绍给其他国家的人们,可以有效实现沟通,消除文化中的误解和不透明。

8.3 研究的不足

本研究尽管在理论和实践上都对流行语这一语言现象的解读

进行了深入的分析研究,但是依然存在一些不足之处。

首先,本研究收集的相关英文文献并不完全针对流行语的研究,虽有客观原因,但也应是研究的缺憾。由于国外对于流行语的界定与国内的界定有一些不同,对于流行语的提法也没有相对应的英文表达,国外的研究多注重新词的研究,与本研究的对象并不完全吻合。这与英文和汉语两种不同的语言的词汇构成是密切相关的:英文中的词汇所指对象具有单一性,词汇本身也是一个整体,无法分割(组合词汇和合成词汇除外),因此,往往对于新兴的事物和现象很难用现有的词汇进行表述,因而新词的出现也成为满足这一语言表达需求的必然结果;汉语则不同,汉语中最小的语言单位是字,词汇是由字组成的;每一个字都有其自身的意义,通过组合,成为有效的词汇,满足话语交际的需要。当新兴的事物和现象出现时,汉语的特点使得许多用来指代那些新兴事物和现象的词语完全不需要去新造,只要对相应的字进行合理的组合或运用,就能满足对新兴事物和现象在话语交际中指代的需要。

其次,本研究只能在有限的时间范围内,对流行语的产生发展进行探讨和论述。鉴于流行语使用的语料数量巨大而且庞杂,本研究只选取了传统媒体和新媒体(主要是网络媒体)上的语料进行分析研究;对于人们在真实语境中话语交际时使用流行语的情况,因为语料的收集难度较大,有效语料的提取难以得到保证,所以并未有太多涉及,因此对于流行语使用的解读的全面性存在欠缺。

另外,当今社会飞速发展、新兴事物不断出现、资讯极度发达、传媒影响巨大、人们的交际越来越方便、交际范围日益扩大,流行语的数量几乎每天都在增长,现有的流行语也因为语境的不断变化要满足新的使用需求,会在原有的语义和使用方法上派生出新的内容。这些过程都是动态变化的,因此,想要完全穷尽所有的流行语类型或者穷尽某一流行语的所有使用方法都是不现实的。这也是本研究的不足之处。

最后,本研究对于流行语语用意义解读的认知机制略显宽泛,语用意义理解的语用化过程的分类不够细致,阐述缺乏足够的区别性特征,因此会造成各个不同的语用化过程界限不清、属性模糊的问题,尤其是对于流行语理解中的收窄过程的论述,因为语料收集的有限性导致的不充分,可能会使阐述的说服力不够。另外,对流行语理解中的认知联想的论述,因为并没有进行访谈和问卷等实际调查,存在个人的主观性。这些都是在后续的研究中需要格外关注并逐一得到解决的。

8.4 研究展望

　　流行语的研究应该更多地采撷前人已有的成果,发现其中的不足,并针对特定的问题进行深入的、有建设性的研究,这在今后研究中的文献和已有研究成果上应有所关注,也应该由此发现更多的研究空间,填补已有研究的空白。

　　本研究中对于流行语的多个语料没有涉及定量分析,也未能在时间周期的基础上针对流行语的语义流变找到可循的规律。在今后的研究中,应该把定性分析和定量分析结合起来,充分利用不同时期的不同语料,得出更有说服力的结论。

　　对于语言的解读终究是仁者见仁智者见智,不同的听话人对于同样的话语,由于生活经历、教育背景、工作环境、个人性格等多方面的因素,总会多多少少产生差异,因此,每个个体的解读都具有相对的主观性,对于语境的认知也会带有个人的色彩,同样的场景会被不同的人解读出不同的含意,各人观察角度不同,各人侧重不同,各人由此产生的联想也就不同。因此,流行语的解读研究需要采用一些方法来淡化研究者个人的主观色彩,更多地了解公众的态度和意见,并与研究者的认识相结合,达到一种平衡,既不过于主观,又不过于疏离。但这种矛盾的有机调和也是很难做到完美的,语言解读本身就是很私人的事情,但是又不能以个人的好恶来代表大众的普遍观念,在这一点上,如果后续的研究能够寻找出一种平衡或者寻找到达到相对平衡的一种机制,那么将会使流行语的解读研究更具有科学性和普遍性。

参考文献

Ayto, J. "Lexical Life Expectancy: A Prognostic Guide". Ed. Svartvik, J., *Words: Proceedings of an International Symposium, Lund, 25 -26 August 1996*. Stockholm: Kungl. Vitterhets Historie och Antikvitets Akademien,1995: 181 - 188.

Blutner, R. Lexical Pragmatics. *Journal of Semantics*, 1998a, 15(2): 115 - 162.

Blutner, R. "Lexical Underspecification and Pragmatics". Eds. Ludewig, P. & Geurts, J., *Lexikalische Semantik aus kognitiver Sicht*. Tubingen: Gunter Narr, 1998b: 141 - 171.

Carston, R. Linguistic Meaning, Communicated Meaning and Cognitive Pragmatics. *Mind and Language*, 2002a, 17(1/2): 127 - 148.

Carston, R. *Thoughts and Utterances*. Oxford: Blackwell, 2002b.

Carston, R. "Relevance Theory and the Saying/Implicating Distinction". Eds. Horn, L. & Ward, G., *Handbook of Pragmatics*. Oxford: Blackwell, 2004: 155 - 181.

Choi, J. Interpreting Neologisms Used in Korea's Rapidly Changing Society: Delivering the Meaning of Neologisms in Simultaneous Interpretation. *Meta: Translators' Journal*, 2006(51): 188 - 201.

Collins Cobuild Advanced Learner's English Dictionary. Massachusetts: Heinle ELT, 2006.

Dascal, M. Conversational Relevance. *Journal of Pragmatics*, 1977, 1(4): 309 – 327.

Dascal, M. *Interpretation and Understanding.* Amsterdam: John Benjamins, 2003.

Grice, H. P. "Logic and Conversation". Eds. Cole, P. & Morgan, J., *Syntax and Semantics: Speech Acts.* New York: Academic Press, 1975: 41 – 58.

Grice, H. P. *Studies in the Way of Words.* Cambridge, MA: Harvard University Press, 1975/1989.

Gutt, E. A. *Translation and Relevance: Cognition and Context.* Shanghai: Shanghai Foreign Language Education Press, 2004.

Hall, S. "Encoding, Decoding". Ed. During, S., *The Cultural Studies Reader.* London & New York: Routledge, 1993: 96 – 98.

Hatim, B. "Text Politeness: A Semiotic Regime for a More Interactive Pragmatics". Ed. Hickey, L., *Pragmatics of Translation.* Clevedon, Philadelphia, Toronto: Multilingual Matters Ltd. ,1998: 72 – 102.

Heine, C. & Hunnemeyer, F. *Grammaticalization: A Conceptual Framework.* Chicago: University of Chicago Press, 1991.

Ishikawa, S. "When a Word Enters the Dictionary". Ed. JACET Society of English Lexicography. *English Lexicography in Japan.* Bunkyo-ku: Taishukan, 2006: 39 – 52.

Kövecses, Z. *Metaphor and Emotion.* Cambridge: Cambridge University Press, 2002.

Lakoff, G. & Johnson, M. *Metaphors We Live By.* Chicago:

University of Chicago Press, 1980.

Lee, J. Lexicalization Patterns of Neologisms in Korean under the Influence of English. *International Area Review*, 2010, 13(3): 167 – 180.

Lehrer, A. "Blendalicious". Ed. Munat, J., *Lexical Creativity, Texts and Contexts*. Amsterdam: John Benjamins, 2007: 115 – 136.

Levinson, S. C. *Pragmatics*. Cambridge: Cambridge University Press, 1983.

Worsøe, L. B. What's in a word—What's a word in? *Language Sciences*, 2011, 4(33): 603 – 613.

Longman Dictionary of Contemporary English. London: Longman, 2004.

Malmkjar, K. Review—*Translation and Relevance: Cognition and Context* by E. A. Gutt. *Mind and Language*, 1992, 7(3): 298 – 309.

Marmaridou, S. S. A. *Pragmatic Meaning and Cognition*. Amsterdam: John Benjamins Publishing Company, 2000.

Merriam Webster's Collegiate Dictionary (Tenth Edition). Springfield: Merriam Webster Incorporated, 2001.

Metcalf, A. A. *Predicting New Words: The Secrets of Their Success*. Boston, Mass: Houghton Mifflin Company, 2002.

Munat, J. "Editor's Preface". Ed. Munat, J., *Lexical Creativity, Texts and Contexts*. Amsterdam: John Benjamins, 2007: xiii – xvi.

Munat, J. "Lexical Creativity as a Marker of Style in Science Fiction and Children's Literature". Ed. Munat, J., *Lexical Creativity, Texts and Contexts*. Amsterdam: John Benjamins, 2007: 163 – 185.

Newmark, P. *A Textbook of Translation*. New York: Prentice Hall, 1988.

Nida, E. A. *Language, Culture and Translating*. Shanghai: Shanghai Foreign Languages Education Press, 1993.

Piaget, J. *The Principles of Genetic Epistemology*. London: Routledge & Kegan Paul, 1972.

Renouf, A. "Tracing Lexical Productivity and Creativity in the British Media: The Chavs and the Chav-Nots". Ed. Munat, J. *Lexical Creativity, Texts and Contexts*. Amsterdam: John Benjamins, 2007: 61 – 89.

Rey, A. *Essays on Terminology*. Amsterdam: John Benjamins Publishing Company, 1995.

Rua, P. L. "Keeping up with the Time: Lexical Creativity in Electronic Communication". Ed. Munat, J., *Lexical Creativity, Texts and Contexts*. Amsterdam: John Benjamins, 2007: 137 – 159.

Sperber, D. & Wilson, D. "Mutual Knowledge and Relevance in Theories of Comprehension". Ed. Smith, N. V., *Mutual Knowledge*. London: Academic Press, 1982: 61 – 85.

Sperber, D. & Wilson, D. *Relevance: Communication and Cognition*. Oxford: Blackwell, 1986/1995.

Sperber, D. & Wilson, D. Preface. *Revista Alicantina de Estudios Ingleses*, 1998(11): 1 – 2.

Taylor, J. R. *Cognitive Grammar*. Oxford: Oxford University Press, 2002.

Tirkkonen-Condit, S. A Theoretical Account of Translation— without Translation Theory. *Target*, 1992, 4(2): 237 – 245.

Ullmann, S. *Semantics: An Introduction to the Science of Meaning*. Oxford: Basil Blackwell, 1962.

Ungerer, F. & Schmid, H. J. *An Introduction to Cognitive Linguistics*. Beijing: Foreign Language Teaching and Research Press, 2001.

Veisbergs, A. "Occasional and Systematic Shifts in Word-formation and Idiom Use in Latvian as a Result of Translation". Ed. Munat, J., *Lexical Creativity, Texts and Contexts*. Amsterdam: John Benjamins, 2007: 239 – 261.

Verschueren, J. *Understanding Pragmatics*. London: Arnold, 1999.

Wilson, D. & Sperber, D. "Representation and Relevance". Ed. Kempson, R. M., *Mental Representations: The Interface between Language and Reality*. Cambridge: Cambridge University Press, 1988: 133 – 153.

Wilson, D. *Relevance Theory and Lexical Pragmatics*. Presented at the 8th China National Pragmatics Conference, Guangzhou, China, 2003.

Wilson, D. & Sperber, D. "Relevance Theory". Eds. Horn, L. R. & Ward, D., *The Handbook of Pragmatics*. Oxford: Blackwell, 2004: 607 – 632.

Zipf, G. K. *Human Behavior and the Principle of Least Effort*. Cambridge: Addison-Wesley, 1949.

蔡龙权. 隐喻化作为一词多义的理据[J]. 上海师范大学学报, 2004(5): 111—118.

蔡晓. "很 X 很 Y"语模与"很 X"的新功能[J]. 语文建设, 2008(6): 54—56.

仓理新等. 流行语折射的网络文化[M]. 北京: 旅游教育出版社,

2012.

曹林."被"字一语风行后的权利焦虑[N].中国青年报,2009年7月30日.

岑泽丽.中国语言生活状况报告(2013—2019)年度流行语研究[J].汉字文化,2020(S2):1—2,17.

陈德彰.热词新语翻译谭[M].北京:中国对外翻译出版公司,2011.

陈芳等.当代流行语[M].北京:中国社会出版社,1999.

陈建民.口语里的新词新语与社会生活[J].语文建设,1991(9):38—39.

陈琳霞,何自然.语言模因现象分析[J].外语教学与研究,2006(2):108—110.

陈寿.三国志[M].上海:上海古籍出版社,2016.

陈文博.汉语新型"被+X"结构的语义认知解读[J].当代修辞学,2010(4):80—87.

陈新仁."X不是Y"句式的语义—语用研究[M]//熊学亮,曲卫国.语用学采撷.北京:高等教育出版社,2007:149—156.

陈新仁.国外词汇语用学研究述评[J].外语研究,2005(5):5—9.

崔蓬克.当代汉语流行语概念的再界定[J].当代修辞学,2012(2):27—31.

丁柏铨.主流报纸流行语漫谈[J].探索与争鸣,2005(12):36—38.

丁加勇.论流行语语义的不确定性及其发展前景[J].华中科技大学学报,2004(4):79—82.

丁昕.试论联想与联想意义[J].中国俄语教学,1998(3):42—48.

董成如.词汇语用学的认知视角—话语中词义缩小和扩大的图式范畴化阐释[J].现代外语,2007(3):231—238.

范可育.从"生词熟字说"看词义和构词语素义的关系[J].语言文字应用,1993(1):49—55.

冯青.基于体认语言学的流行语生成机制分析[J].语言与文化研

究,2022(3):9—14.

顾源.社会学视野下的网络流行语分析[J].理论界,2009(7):142—143.

管雪.网络流行词的演变:新词—热词—词媒体[J].新闻世界,2011(9):129—130.

郭大松,陈海宏.五十年流行词语(1949—1999)[M].济南:山东教育出版社,1999.

郭熙.中国社会语言学[M].南京:南京大学出版社,1999.

何歌.关于潜规则与显规则的几点联想—潜规则为什么能在中国大行其道?[J].中国律师与法学家,2008(1):63—65.

何洪峰,彭吉军.2009年度热词"被×"[J].语言文字应用,2010(3):81—88.

何自然,陈新仁.当代语用学[M].北京:北京大学出版社,2004.

何自然,冉永平.关联理论—认知语用学基础[J].现代外语,1998(3):95—109.

何自然.语言中的模因[J].语言科学,2005(6):54—64.

胡明扬,张莹.70—80年代北京青少年流行语[J].语文建设,1990(1):36—40.

郇昌鹏,汪红.流行语的模因性语义泛化研究[J].北京第二外国语学院学报,2011(2):18—22.

黄涛.流行语与社会时尚文化[M].上海:上海辞书出版社,2004.

姜望琪.合作原则与关联原则[J].浙江外国语学院学报,2014(4):1—7.

蒋秀玲.网络流行语的生产与扩散机制研究[M].广州:中山大学出版社,2016.

蒋严.语用推理与"都"的句法/语义特征[J].现代外语,1998(1):10—24.

杰拉西.诺贝尔的囚徒[M].黄群,译.天津:百花文艺出版社,2004.

劲松.流行语新探[J].语文建设,1999(3):22—26.

亢世勇等.最新流行语小词典[M].上海:上海辞书出版社,2002.

李军华.论交际意图和言语行为[J].求索,2007(4):189—191.

李明洁.从语录流行语到词语流行语[J].修辞学习,2009(3):70—78.

李明洁.年度词语排行述评与流行语的概念辨析[J].当代修辞学,2014(1):48—54.

李行健.词义演变漫议[J].语文建设,1994(7):2—5.

李迅.模因文化与网络流行语[J].语文建设,2013(2):68—69.

李玉洁.符号学理论视角下的网络流行语传播—以"囧"为例[J].东南传播,2009(8):111—113.

李兆增.英语词汇的构词力及其局限性[J].滨州师专学报,2001(3):28—31.

廖晟.流行语翻译与本土化途径[J].中国科技翻译,2008(3):58—61.

廖志勤,文军.汉语新词新语的文化透视及其英译原则研究[J].四川外语学院学报,2008(5):99—102.

林伦伦.流行语漫谈[M].广州:花城出版社,2003.

刘大为.流行语的隐喻性语义泛化[J].汉语学习,1997(4):33—37.

刘大为.语言文字学刊流行语中的语义泛化及其社会功能(第一辑)[M].上海:汉语大词典出版社,1998.

刘斐,赵国军."被时代"的"被组合"[J].修辞学习,2009(5):74—81.

刘晓丽.全媒时代媒体传播对流行语的影响[J].求索,2010(6):94—95.

刘晓梅.当代汉语新词语研究[D].厦门:厦门大学,2003.

刘一玲.寻求新的色彩,寻求新的风格—新词语产生的重要途径[J].语言文字应用,1993(1):85—90.

吕叔湘.大家来关心新词新义[J].辞书研究,1984(1):8—14.

吕勇兵.流行语的特点摭议[J].吕梁高等专科学校学报,2001(4):37—39.

吕兆格.新词—热词—流行词[J].语文知识,2010(3):52—55.

马若宏,杜敏."躺平"的流行及其语用指向[J].语文建设,2021(18):78—80.

缪俊."山寨"流行语中语义泛化与社会文化的共变[J].修辞学习,2009(1):82—89.

倪梁康.译者的尴尬[J].读书,2004(11):90—97.

牛保义.会话含意理论研究回顾与展望[J].外语研究,2002(1):6—13.

乔彩.流行语"一言不合就×"探微[J].汉字文化,2018(16):110—111,115.

曲质斌.我国近十年校园流行语研究综述[J].海外英语,2020(13):233—234,240.

冉永平.词汇语用信息的临时性及语境构建[J].外语教学,2008(6):1—6.

冉永平.词汇语用信息的语境依赖与词汇释义之缺陷[J].中国外语,2009(2):32—39.

冉永平.词汇语用学及语用充实[J].外语教学与研究,2005(4):343—350.

冉永平.翻译中的信息空缺、语境补缺及语用充实[J].外国语,2006(6):58—65.

冉永平,方晓国.语言顺应论视角下反问句的人际语用功能研究[J].现代外语,2008(4):351—359.

任荣.从语言经济学的角度看流行语[J].语言与翻译,2004(1):27—30.

阮恒辉,吴继平.上海话流行语词典[M].上海:上海大学出版社,2003.

商务印书馆辞书研究中心.古今汉语词典[M].北京:商务印书馆,2004.

申连云.话语的人际功能:分析与翻译[J].四川外语学院学报,2004(3):91—96.

沈怀兴.汉语规范化求疵[J].语文建设,1992(11):23—26.

施燕华,杜艳等."不折腾"英译大家谈[J].中国翻译,2009(2):58—61.

宋子然.100年汉语新词新语大辞典(1912年—2011年)[M].上海:上海辞书出版社,2014.

宋子然,王勇,李金来等.当代流行语的社会价值研究[M].北京:中国社会科学出版社,2021.

孙冬惠,张恒军.传播语言学视域下网络流行语研究[J].现代语文(语言研究版),2017(12):104—106.

孙云梅,林巍.大学生校园流行语使用状况调查与研究[J].语言研究,2006(4):118—120.

王德春.反映时代脉搏的词典—谈谈新词词典的编纂[J].辞书研究,1981(1):184—189.

王德春.论词典的类型[J].辞书研究,1980(1):94—106.

王建国.从翻译研究看关联理论语境观和系统功能语言学语境观[J].外国语言文学,2004(1):52—56.

王珏.词汇的跨域使用与词义的衍生[J].徐州师范大学学报,1997(3):49—51.

王铁琨.从某些新词语的"隐退"想到的[J].语文建设,1999(5):33—34.

王铁琨.新词语的规范与社会心理[J].语文建设,1988(1):50—55.

王希杰.论潜词和潜义[J].河南大学学报,1990(2):96—100.

维索尔伦.语用学诠释[M].钱冠连,霍永寿译.北京:清华大学出版社,2003.

吴本虎.隐喻认知的联想方式分析[J].西安外国语大学学报,2007(3):6—9.

吴思.潜规则:中国历史中的真实游戏[M].昆明:云南人民出版社,2001.

武和平,王玲燕.强势模因的生成、复制及传播—山寨一词的个案研究[J].语言教学与研究,2010(5):78—83.

夏中华,曹起.汉语流行语产生途径的考察与分析[J].沈阳师范大学学报,2004(5):78—82.

夏中华.关于流行语流行的基本理据的探讨—基于近三十年汉语流行语的考察与分析[J].语言文字应用,2010(2):89—96.

夏中华.关于流行语性质问题的思考[J].语言文字应用,2012(1):92—99.

夏中华.面向多种媒体的当代汉语流行语研究[M].北京:中国社会科学出版社,2016.

夏中华.中国当代流行语全览[M].上海:学林出版社,2007.

向超.关于新词和新义[J].语文学习,1952(1):3—7.

肖丹青.大学校园流行语探[J].文学界,2012(8):116—117.

辛仪烨.流行语的扩散:从泛化到框填—评本刊2009年的流行语研究,兼论一个流行语研究框架的建构[J].当代修辞学,2010(2):33—49.

邢福义,吴振国.语言学概论[M].武汉:华中师范大学出版社,2007.

熊涛,毛浩然.话语分析的三个维度和一个转向[J].外国语言文学,2012(2):90—95.

熊忠武.当代中国流行语词典[M].长春:吉林文史出版社,1992.

徐朝晖.当代流行语研究[M].厦门:暨南大学出版社,2013.

徐洁,徐国珍.从"给力"探流行语的形成因素[J].汉语学习,2011(6):113—114.

徐盛桓.关联原则与优化思维—关联理论的阐释与献疑[J].外国

语,2002(3):2—10.

徐幼军.新词语新用法与社会心理[J].语文建设,1988(3):29—32.

杨建国.流行语的语言学研究及科学认定[J].语言教学与研究,2004(6):63—70.

杨婕.新闻标题中流行语的模因论研究[J].外语学刊,2008(1):79—82.

杨娟,曾贤模.网络流行语隐喻特征及其传播功能研究[J].汉字文化,2020(22):5—6,9.

杨全顺.新时期网络流行语汇释[M].北京:中国言实出版社,2020.

杨文全.流行语的界说与初步描写[J].新疆大学学报,2002(2):125—130.

杨文全,徐瑾.试论流行短语的生成渠道及其语用效能[J].北方论丛,2003(3):104—109.

杨绪明,杨文全.当代汉语新词新语探析[J].汉语学习,2009(1):97—104.

杨薛颖.从符号学角度看网络流行语[J].古今文创,2022(46):70—72.

杨自俭,李瑞华.英汉对比研究论文集(1977—1989)[M].上海:上海外语教育出版社,1990.

姚力之.流行语语义变化的认知隐喻解读[J].湖南社会科学,2012(6):39—41.

于国栋.Marmaridou〈语用意义与认知〉评介[J].现代外语,2001(4):433—440.

于鹏亮.网络流行语嬗变与审视[M].上海:上海交通大学出版社,2020.

余义勇.汉语流行语的翻译策略[J].中国科技翻译,2010(4):44—46,11.

俞燕,仇立颖.框填式流行语何以如此流行?[J].修辞学习,2009(6):71—80.

岳好平,黄钰涵.从原型范畴理论探析网络流行语的变异[J].长沙大学学报,2018(6):102—104,109.

曾常红.试论现代流行语流行的基本条件[J].华中科技大学学报,2004(2):100—103.

曾青青,杨尔弘.中国主流媒体流行语的特征分析[J].语言文字应用,2010(1):52—60.

曾衍桃.词汇语用学概观[J].山东外语教学,2005(4):3—10.

曾衍桃,何晓勤,陈开举.国内词汇语用现象研究十五年之述评[J].江西财经大学学报,2009(6):73—79.

詹全旺.词汇语用过程新解[M].合肥:安徽大学出版社,2009.

张辉,蔡辉.认知语言学与关联理论的互补性[J].外国语,2005(3):14—21.

张蕾.近三十年中国流行语的文化阐释[J].文艺研究,2011(12):32—41.

张梅.旧词新义的常见特征分析[J].语言与翻译,2006(3):24—27.

张普.基于DCC的流行语动态跟踪与辅助发现研究[M]//第三届全国语言文字应用学术研讨会论文集.香港:香港科技联合出版社,2004:57—63.

张绍杰.一般会话含义的"两面性"与含义推导模式问题[J].外语教学与研究,2008(3):196—203,241.

张向京.流行语翻译中的三个问题[J].中国科技翻译,2004(1):41—43,57.

张辛欣,娄瑞娟.从模因论视角看流行语现象[J].语文学刊,2010(12):52—54.

张新红,姜琳琳.论法律翻译中的语用充实[J].外语研究,2008(1):21—29.

张雪梅,陈昌来.网络流行语"逆天"的演变与成因[J].当代修辞学,2015(6):64—69.

张颖,马连湘.流行语略论[J].学术交流,2003(11):134—136.

赵改梅,王晓斌.模因与流行语传播探究[J].西安外国语大学学报,2007(6):25—27.

赵艳芳.认知语言学概论[M].上海:上海外语教育出版社,2001.

郑庆君.流行语"被××"现象及其语用成因[J].西安外国语大学学报,2010(3):41—44.

中国社会科学院语言研究所词典编辑室.现代汉语词典(增补本)[M].北京:商务印书馆,2002.

周洪波.从隐性到显性:新词语产生的重要途径——兼谈新词新语词典的编写[J].辞书研究,1994(4):35—45.

周洪波.新词语中潜义的显义化[J].汉语学习,1996(1):36—39.

周统权,杨静.风行"山寨"的认知发展[J].外语研究,2010(2):14—19.

周炜.汉语新词研究中的几个问题[J].哈尔滨师范大学社会科学学报,2014(4):90—92.

周炜,廖瑛.从新词到流行语:模因论解释[J].重庆理工大学学报,2011(1):107—110.

周秀苗.英汉新词语发展因素及构词特点共性探析[J].百色学院学报,2007(2):96—100.

周一民.北京现代流行语[M].北京:北京燕山出版社,1992.

朱原等译.朗文当代高级英语辞典[M].北京:商务印书馆,1998.

邹嘉彦,游汝杰.全球华语新词语词典[M].北京:商务印书馆,2010.

附　录

附录 1：

北京语言大学发布的年度十大流行语分类如下(2002—2022)：

年份	类别
2002	综合类、国际类、经济类、文化类、时事类
2003	综合类、国际专题、经济类、非典专题
2004	综合类、国际时事类、国内时事类、经济类(国内)、文化类、科技类、突发性事件专题
2005	综合类、国内时政类、国际时政类、经济类、科技类、教育类、体育类、文化娱乐类、港澳台专题、廉政专题
2006	综合类、国内时政类、国际时政类、经济类、科技类、体育类、医疗卫生类、文化类、社会生活类、自然灾害专题、台湾专题
2007	综合类、国际时政类、经济类、教育类、科技类、国内时政类、社会生活类、文化娱乐类、构建和谐社会专题、民生专题、金融专题、奥运专题
2008	综合类、国际时政类、国内时政类、经济类、科技类、文教体育类、社会生活类、民生专题类、金融专题、海峡两岸专题、北京奥运专题、汶川地震专题、改革开放 30 周年专题、社会问题专题
2009	综合类、国内时政类、国际时政类、科技类、经济类、文化教育类、体育娱乐类、社会生活类、新中国成立 60 周年专题、两岸及港澳专题、环保专题、甲型 H1N1 流感专题、社会问题专题

(续表)

年份	类别
2010	综合类、国内时政类、国际时政类、经济类、科技类、教育类、文化类、娱乐类、体育类、社会生活类、世博专题、楼市专题、环保专题、灾害专题、社会问题专题
2011	综合类、国内时政类、国际政治类、国际时事类、经济类、科技类、社会生活类、文化类、教育类、体育娱乐类、中国共产党建党90周年专题、民生专题、楼市专题、社会问题专题、食品安全专题
2012	综合类、国内时政类、国际时事类、经济类、科技类、社会生活类、文化类、体育娱乐类、民生专题
2013	综合类、国内时政类、国际时政类、经济类、科技类、教育类、文化体育类、娱乐类、社会生活类、民生专题
2014	综合类、国内时政类、国际时政类、经济类、科技类、文化教育类、体育娱乐类、社会生活类
2015	综合类、国内时政类、国际时政类、经济类、社会生活类、体育娱乐类、文教科技类
2016	综合类、国内时政类、国际时政类、经济类、社会生活类、体育娱乐类、文教科技类
2017	综合类、国内时政类、国际时政类、经济类、科技类、文化体育娱乐类、社会生活类、民生专题
2018	综合类、国内时政类、国际时政类、经济类、科技类、文化教育体育娱乐类、社会生活类、民生专题
2019	综合类、国内时政类、国际时政类、经济类、科技类、文化体育娱乐类、社会生活类、民生专题
2020	综合类、国内时政类、国际时政类、经济类、科技类、文化教育体育类、社会生活类、民生专题、抗疫专题
2021	综合类、国内时政类、国际时政类、经济类、科技类、文化教育体育类、社会生活类、民生专题
2022	综合类、国内时政类、国际时政类、经济类、科技类、文化教育体育类、社会生活类、民生专题、航空航天专题

附录 2：北京语言大学发布的年度十大流行语

2022
综合类
　　北京冬残奥会、数字经济、俄乌冲突、高温、先手棋、抗原检测、神舟十四、科技伦理、数字藏品、《新时代的中国青年》
国内时政类
　　双奥之城、氢能、动态清零、党史学习教育常态化、上海疫情东数西算、援港抗疫、养老保险全国统筹、共青团百年、个人养老金制度
国际时政类
　　猴痘、REPC、西部陆海新通道、北约东扩、"诺曼底模式"四方会谈、卢布结算令、不明原因儿童肝炎、粮食安全合作战略、新冠重组毒株 XE、打击仇恨言论国际日
经济类
　　全国统一大市场、促消费、烟火气、新消法、留抵退税、冰雪经济、组合式税费支持政策、生物经济、顶梁柱、预付式消费
科技类
　　机械臂、二氧化碳制冰技术、数字哨兵、智能工厂、"珠海云"号、国家太空实验室、华龙一号、福建舰、量子直接通信、海基一号
文化教育体育类
　　一起向未来、沉浸式、中国女足、北京中轴线申遗、青绿腰、文化数字化、家庭教育令、一墩难求、长江口二号、教材插图
社会生活类
　　聚集性疫情、社会面清零、自建房倒塌、蔬菜直通车、中国这十年、全民阅读大会、IP 属地、东航客机坠毁、新国博方舱医院、雪糕刺客

民生专题

零容忍、高标准农田、常态化核酸检测、压舱石、乡村建设行动、教育数字化、促进残疾人就业、"耕耘者"振兴计划、健康老龄化、新八级

航空航天专题

天舟四号、天宫课堂、问天、梦天、长征二号 F 遥十四、太空出差、长六改、《2021 中国的航天》、天鲲二号、墨子号

2021

综合类

建党百年、脱贫攻坚全面胜利、神舟十二号、东京奥运会、中国与中东欧国家合作、春苗行动、绿色金融、新冠疫苗接种、爱国者治港、反食品浪费法

国内时政类

"十四五"规划、党史学习教育、第二个百年奋斗目标、修订香港基本法、七一勋章、《未成年人保护法》正式实施、生物安全法、"揭榜挂帅"、《反外国制裁法》、完善香港选举制度

国际时政类

疫苗援助、中美高层战略对话、美俄延长《新削减战略武器条约》、澜湄合作"金色 5 年"、《中俄睦邻友好合作条约》、《开放天空条约》、"乒乓外交"50 周年、中尼建交 50 周年、中俄核能合作、日本福岛核污水入海计划

经济类

红色旅游、国企改革、"专精特新"、海南自由贸易港法、虹桥国际开放枢纽、中国国际消费品博览会、粤港澳大湾区、数字人民币钱包、反垄断指南、京哈高铁

科技类

天舟二号、"祝融"号、月球样品、"碳达峰""碳中和"、甘霖-I、华龙一号、天和核心舱、星地量子密钥分发、深海一号、乌东德水

电站

文化教育体育类

《觉醒年代》、中国女足、三星堆遗址、"飞扬"、中国人民警察节、唐宫夜宴、北京环球度假区、佛首"回家"、家庭教育法草案、《人类减贫的中国实践》

社会生活类

一路"象"北、林长制、长江保护法、光荣在党五十年、戍边英雄、就地过年、"云拜年"、野生东北虎放归、网上年货节、一码通行

民生专题

婚姻登记"跨省通办"、教育整顿、乡村振兴局、延迟退休、免费接种、政务服务便民热线、三孩政策、双千兆网络、双高计划、职业培训券

2020

综合类

新冠肺炎、民法典、复工复产、天问、停课不停学、六稳六保、人类卫生健康共同体、脱欧、健康码、云生活

国内时政类

新基建、决战决胜脱贫攻坚、疫情防控阻击战、香港维护国家安全法、国歌条例、国家公共卫生应急管理体系、电商扶贫、"一省包一市"、生物安全、深圳经济特区建立40周年

国际时政类

守望相助、中国经验、G20应对新冠肺炎特别峰会、蝗灾、群体免疫、胞波情谊、中印边境冲突、"云外交"、反种族歧视示威游行、武器贸易条约

经济类

消费券、海南自由贸易港、双区驱动、地摊经济、共享员工、中美第一阶段经贸协议、国内国际双循环、商合杭高铁、数据要素、原油宝

科技类

珠峰高程测量、长征五号B运载火箭、北斗三号全球卫星导航系统、"海斗一号"、"载人龙"飞船、海洋一号D卫星、银河系结构图、藏木雅鲁藏布江双线特大桥、"探索二号"、"跨界"量子纠缠

文化教育体育类

永乐大典、强基计划、后浪、高考延期、云课堂、非遗购物节、"冰丝带"、东京奥运会延期、国际茶日、云游敦煌

社会生活类

口罩、居家隔离、社交距离、公筷公勺、最美逆行者、无接触配送、长江白鲟、"暂停键"、一盔一带、长江十年禁渔

民生专题

联防联控、抗疫特别国债、稳就业保民生、新证券法、小店经济、塑料污染治理、"不见面"服务、快递进村、"全球通办"、"免减缓"

抗疫专题

核酸检测、无症状感染者、方舱医院、战"疫"、火神山(雷神山)、防控物资、驰援武汉、常态化防控、"健康包"、武汉封城

2019

综合类

我和我的祖国、金色十年、学习强国、中美经贸磋商、"最美奋斗者"、硬核、垃圾分类、先行示范区、"基层减负年"、我太南了

国内时政类

新中国成立70周年、国庆阅兵、五四运动100周年、止暴治乱、北京世园会、制度建设、融合发展、"好差评"制度、我们都是追梦人、主题教育

国际时政类

亚洲文明对话大会、中俄建交70周年、"历久弥坚金不换"、极限施压、美俄"退约"、脱欧、"希腊入群"、文明互鉴、巴黎圣母院大火、禁飞波音737

经济类

区块链、华为、夜间经济、直播带货、科创板上市、沪伦通、数字货币、5G商用牌照、实体清单、中华人民共和国外商投资法

科技类

黑洞照片、"双龙探极"、京张高铁、海上发射、抗癌新药、月背软着陆、"量子霸权"、鸿蒙第三代、杂交水稻、高分七号卫星

文化体育娱乐类

军运会、良渚古城遗址成功申遗、"冰墩墩"、"雪容融"、《流浪地球》、"双万计划"、"双师型教师"、"敦煌女儿"、女排十一连胜、夸夸群、14亿护旗手

社会生活类

"盘它"、规范地名、携号转网、同心共筑中国梦、国家勋章、"996"、哭诉维权、猪肉价格、新职业、融媒体

民生专题

"两不愁三保障"、消费扶贫、接诉即办、疫苗管理法、体育强国、健康中国、婴幼儿照护服务、大兴机场启用、全国通办、候补购票

2018

综合类

改革开放40周年、宪法修正案、青岛峰会、北京八分钟、中美贸易摩擦、板门店宣言、中国特色自由贸易港、新时代属于每一个中国人、网络安全、提高个人所得税起征点

国内时政类

深化党和国家机构改革、监察法、乡村振兴战略、三大攻坚战、"枫桥经验"、"放管服"、督查"回头看"、湖长制、新时代新担当新作为、推普脱贫

国际时政类

加征关税、半岛无核化、美国退出伊核协议、"地价门"、特金会、"阿奎里厄斯"、移民儿童、空袭叙利亚、全面与进步跨太平洋伙

伴关系协定(CPTPP)、脸书用户数据泄露

经济类

中兴通讯、数字经济、"独角兽"企业、"证照分离"、品质革命、大数据"杀熟"、"放水养鱼"、智能物流、"一口办理"、人民币原油期货

科技类

霍金、"猎鹰重型"、"洞察"号、体细胞克隆猴、中国散裂中子源、"深海勇士号"、天鲲号、"鹊桥"号中继星、5G标准、人工智能芯片

文化教育体育娱乐类

马克思诞辰200周年、西湖大学、人工智能研究院、经典咏流传、平昌冬奥会、中国短道速滑队、俄罗斯世界杯、直播答题、旅行青蛙、红海行动

社会生活类

汶川地震十周年、青春是用来奋斗的、我只是专业、中国赞、统一法律职业资格考试、短视频、鸿茅药酒、阴阳合同、隐形贫困人口、网约车安全

民生专题

人才落户、只进一扇门、取消流量"漫游"、住房公积金存缴、加大精准脱贫力度、大病医保、儿童康复救助制度、提高基础养老金、下调日用消费品进口关税、抗癌药降价

2017

综合类

"一带一路"国际合作高峰论坛、撸起袖子加油干、雄安新区、天舟一号、C919大型客机、美联航暴力逐客、卡塔尔断交、北京新医改、港珠澳大桥、中国品牌日

国内时政类

常态化制度化、蓝天保卫战、香港回归20周年、民法总则、地理国情普查、全覆盖、电影产业促进法、反腐败斗争压倒性态势、国家赔偿法、农业供给侧改革

国际时政类

硬脱欧、金正男遇害、废除奥巴马医改、悬浮议会、锡金段、曼城恐袭、法国大选、巴黎气候协定、通俄门、禁穆令

经济类

自贸试验区、倍增计划、全自动化集装箱码头、入MSCI、全域旅游、共享单车、蓝色经济通道、大湾区、金砖+、中欧班列

科技类

"复兴号"、可燃冰试采、国产航母下水、光量子计算机、硬X射线调制望远镜、实践十三号卫星、米级定位、055大驱、"海翼"号、人机大战

文化体育娱乐类

中国诗词大会、朗读者、白鹿原、十四年抗战、周有光、公共文化服务保障法、文化和自然遗产日、中国乒乓球队、"达康书记"、王者荣耀

社会生活类

人民的名义、辱母案、勒索病毒、保姆纵火案、牙签弩、臭氧污染、蹲式窗口、丰县爆炸、广告表演艺术家、章莹颖失联

民生专题

民用无人机实名、"最多跑一次"、网络安全法、整治"散乱污"、堵"开墙打洞"、取消长途漫游费、"账随人走"、"总量封顶"、中医药法、新版教材

2016

综合类

"十三五"规划、两学一做、知识产权、脱欧、南海、阿尔法狗、熔断、工匠精神、寨卡病毒、暴雨

国内时政类

慈善法草案、创新驱动、五大发展理念、新型城镇化、精准扶贫、振兴东北、合议庭、国家安全、智能制造、九二共识

国际时政类

奥兰多枪击、恐袭、"萨德"反导系统、杭州 G20、维和部队遭袭、里约奥运会、熊本地震、罗塞夫、邮件门、伊核问题

经济类

互联网金融、供给侧改革、经济下行、跨境电商、万科、开放型经济、"反思创新、重塑增长、重设体系"、赤字率、营改增

文教科技类

人工智能、引力波、杨绛、长征七号、实践十号、自动驾驶、陈忠实、spaceX 猎鹰 9 号、虚拟现实、双一流

体育娱乐类

欧洲杯、科比、梅葆玖、情怀、上海迪士尼、莱昂纳多·迪卡普里奥、papi 酱、翻船体、拳王阿里、猴赛雷

社会生活类

抗洪、魏则西事件、号贩子、问题疫苗、毒跑道、血友病吧、负面清单、多校划片、快递实名制、公安部儿童失踪信息平台

2015

综合类

创客、三严三实、四个全面、反法西斯战争胜利七十周年、宪法宣誓、国际足联、控烟、股市、MERS、希腊债务

国内时政类

简政放权、"十三五"规划、司法改革、复兴航空、京津冀协同发展、红色通缉令、天网行动、也门撤侨、新国家安全法、双引擎

国际时政类

尼泊尔地震、也门危机、李光耀、缅甸事件、万隆会议召开六十周年、德国之翼、红场阅兵、美国古巴恢复外交关系、中拉论坛、查理周刊

经济类

自贸区、O2O、大众创业、纳什、G7、中国制造 2025、救市、高通

公司、互联网+、普惠金融
社会生活类
　　专车、东方之星、留守儿童、上海外滩踩踏事故、抢红包、姚贝娜、柴静、粉尘爆炸、僵尸肉、闰秒
体育娱乐类
　　苏炳添、真人秀、女足世界杯、颜值、大白、孙楠退赛、Duang、撕名牌、足球改革、聂隐娘
文教科技类
　　校园足球、汪国真、平凡的世界、物联网、校园暴力、苹果手表、人工智能、文化惠民、生源大战、5G

2014
综合类
　　马航失联、乌克兰局势、新"国九条"、京津冀一体化、国企改革、丝绸之路经济带、权力清单、零容忍、雪龙号、去哪儿
国内时政类
　　单独二孩、不动产登记、国家公祭日、南海问题、财税体制改革、人的城镇化、打大老虎、新环保法、三个一亿人、油改
国际时政类
　　"岁月"号沉船、克里米亚公投、日本解禁集体自卫权、塞西、伊拉克局势、封锁曼谷、诺曼底登陆70周年、侵华档案、环太军演、夫人外交
经济类
　　利率市场化、房产税、虚拟信用卡、楼市限购松绑、微信红包、移动支付、"宝宝"大战、微刺激、微店、自住房摇号
科技类
　　智能家居、中国南极泰山站、可穿戴设备、月宫一号、天河二号、"罗塞塔"号、门线技术、XP退役、车联网、微软小冰

文化教育类

邵逸夫逝世、职业教育、夺刀少年、在线教育、红楼梦、马尔克斯逝世、纸熊猫、深泉学院、穿青人、工士学位

体育娱乐类

巴西世界杯、索契冬奥会、马上体、点赞、都教授、最强大脑、中国好歌曲、且行且珍惜、苏神咬人、你懂的

社会生活类

最美家庭、婴儿安全岛、电子港澳通行证、聘任制公务员、茶叶蛋、主席套餐、儿童安全座椅、人物同检、裸辞、电子鞭炮

2013

综合类

三中全会、全面深化改革、斯诺登、中国梦、自贸区、防空识别区、曼德拉、土豪、雾霾、嫦娥三号

国内时政类

党的群众路线教育实践活动、钓鱼岛、党内法规、专题民主生活会、八项规定、新型城镇化、车改、周边外交、正"四风"、老虎苍蝇一起打

国际时政类

叙利亚问题、台风"海燕"、波士顿爆炸案、撒切尔夫人逝世、美政府关门、韩亚空难、底特律破产、穆尔西下台、开城事件、泰国局势

经济类

民营银行、遗产税、互联网金融、比特币、钱荒、中国大妈、信息消费、余额宝、自住型商品房、存款税

科技类

神十、4G（第四代移动通信技术）、3D 打印、无人机、旅行者 1 号、运-20、天河二号、可燃冰、"玉兔"号、石墨烯

教育类

太空授课、汉字听写大会、高考改革、最美校长、通用规范汉字

表、游学团、积分入学、减负十条、慕课、大学章程

文化体育类

旅游法、大黄鸭、恒人夺冠、最美乡村、网络文学、卡马乔、孙杨、园博会、文明出游、申遗（珠算、天山、哈尼梯田等）

娱乐类

小时代、小伙伴、女汉子、爸爸去哪儿、飞机大战、高端大气上档次、上头条、五仁月饼、网络新成语、熊孩子

社会生活类

双十一、H7N9禽流感、转基因、郑益龙、光盘行动、社会抚养费、广场舞、二维码、潮汐车道、打车软件

民生专题

以房养老、汽车三包、宽带中国、常回家看看、棚户区改造、"三旧"改造、定制公交、清洁空气行动计划、新消法、弃婴岛

附录3:《咬文嚼字》发布的年度十大流行语

2023

新质生产力、双向奔赴、人工智能大模型、村超、特种兵式旅游、显眼包、搭子、多巴胺××、情绪价值、质疑××,理解××,成为××

2022

"踔厉奋发、勇毅前行"、中国式现代化、新赛道、大白、烟火气、天花板、拿捏、雪糕刺客、精神内耗、沉浸式

2021

百年未有之大变局、小康、赶考、双减、碳达峰,碳中和、野性消费、破防、鸡娃、躺平、元宇宙

2020

"人民至上　生命至上"、逆行者、后浪、飒、神兽、直播带货、双循环、打工人、内卷、凡尔赛文学

2019

文明互鉴、区块链、硬核、融梗、"××千万条,××第一条"、柠檬精、996、我太难/南了、"我不要你觉得,我要我觉得"、霸凌主义

2018

命运共同体、锦鲤、店小二、教科书式、官宣、确认过眼神、退群、佛系、巨婴、杠精

2017

不忘初心、砥砺奋进、共享、有温度、流量、可能××假××、油腻、尬、怼、打call

2016

洪荒之力、吃瓜群众、工匠精神、小目标、一言不合就××、友谊的小船说翻就翻、供给侧、葛优躺、套路、蓝瘦香菇

2015
获得感、互联网+、颜值、宝宝、创客、脑洞大开、任性、剁手党、网红、主要看气质

2014
顶层设计、新常态、打虎拍蝇、断崖式、你懂的、断舍离、失联、神器、高大上、萌萌哒

2013
中国梦、光盘、倒逼、逆袭、微××、大V、女汉子、土豪、奇葩、点赞

2012
正能量、元芳，你怎么看？舌尖上、躺着也中枪、高富帅、中国式、压力山大、赞、最美、接地气

2011
亲、伤不起、Hold住、我反正信了、坑爹、卖萌、吐槽、气场、悲催、忐忑

2010
给力、神马都是浮云、围脖、围观、二代、拼爹、控、帝、达人、穿越

2009
不差钱、躲猫猫、低碳、被就业、裸、纠结、钓鱼、秒杀、蜗居、蚁族

2008
山寨、雷、囧、和、不抛弃不放弃、口红效应、拐点、宅男宅女、不折腾、非诚勿扰